Günter Blamberger

Das Geheimnis des Schöpferischen oder: Ingenium est ineffabile?

Studien zur Literaturgeschichte der Kreativität zwischen Goethezeit und Moderne

J.B. METZLERSCHE VERLAGSBUCHHANDLUNG
STUTTGART

Gedruckt mit freundlicher Unterstützung der Deutschen Forschungsgemeinschaft

Die Deutsche Bibliothek – CIP-Einheitsaufnahme

Blamberger, Günter:
Das Geheimnis des Schöpferischen oder: Ingenium est ineffabile? : Studien zur Literaturgeschichte der Kreativität zwischen Goethezeit und Moderne / Günter Blamberger. – Stuttgart : Metzler, 1991

Gedruckt auf säurefreiem, alterungsbeständigem Papier

ISBN 3-476-00745-6

Einbandgestaltung: Willy Löffelhardt
Satz: Typobauer, Scharnhausen
Druck: Gulde Druck, Tübingen
Printed in Germany

Inhalt

Le Baiser de la Muse
Zur Vorgeschichte der Untersuchung

Im Musée Granet in Aix-en-Provence findet sich ein Bild Paul Cézannes, das in den Jahren 1859/60 entstanden ist. Die Szene ist einfach: Ein schöner Jüngling sitzt in gelöster Haltung auf einem Stuhl, mit dem rechten Arm seitwärts an ein Schreibpult gelehnt, den Kopf, der leicht nach hinten geneigt ist, in die Hand gestützt, sein linker Arm hängt schlaff, mit geöffneter Faust, nach unten. Auf dem Pult liegt ein Blatt Papier, halb über die Kante des Tischchens gebogen. Vermutlich hat der Jüngling die obere Hälfte des Blattes beschrieben. Seine Augen sind nun geschlossen, und aus einer Dachluke fällt das schwache Licht eines nachtblauen Himmels auf sein Gesicht. In die Kammer ist auf Zehenspitzen ein weiblicher Engel getreten, mit der rechten Hand rafft er sein helles Gewand zusammen, daß es die dunkle Toga des Jünglings nicht berührt, die linke Hand ist, während er sich über den Kopf des Träumenden beugt, vorsichtig abgespreizt, die geschlossenen Lippen des Engels deuten den Kuß auf die Stirn nur an.

Le rêve du poète ou le Baiser de la Muse heißt dieses Bild Cézannes, eines der ersten, die wir von ihm kennen. Den Einfall dazu verdankte er keiner Muse, das ist das Kuriosum. Das Bild ist die, bis auf wenige, bedeutungslose Änderungen, getreue Kopie einer Darstellung, die der heute vergessene akademische Schulmaler Félix Nicolas Frillié 1857 entwarf. Original und Kopie hängen jetzt im Museum in Aix nebeneinander und geben damit scheinbar eine sinnfällige und dessen Aktualität bezeugende Demonstration des griechischen Mythos, welcher der Malerei keine Muse zuspricht, weil sie im Gegensatz zur Dichtung eine bloß menschliche Übung sei, ein Handwerk, erlernbar beim Kopieren.

Frilliés Werk war im Pariser Salon des Jahres 1857 ausgestellt, und Napoleon III. schenkte es dem Museum in Aix, sehr zum Leidwesen der hiesigen Kunstverständigen, denen die Mediokrität des Bildes bewußt war.[1] Cézanne hat es ohne den Auftrag eines Lehrers abgemalt. Was ihn dazu bewog, wissen wir nicht. Sein Briefwechsel mit Zola beweist, daß er sich zu dieser Zeit mehr mit der Literatur als mit der Malerei beschäftigte.

1 Vgl. den Katalog: *Cézanne au Musée d'Aix*, o.J. [1984], o.O., S. 171, der die Reaktion der damaligen Collegiumsmitglieder des Museums in Aix anführt: »le bureau a exprimé à cette occasion les vifs regrets de ne recevoir depuis quelque temps des mains du gouvernement que des œuvre bien médiocres.«

Wahrscheinlich war es nicht die künstlerische Qualität des Vorbilds, sondern das Thema, was Cézanne interessierte: die poetische Inspiration.[2]

In Frilliés Interpretation hat der christliche Engel die griechische Muse abgelöst.[3] Der Kuß der Muse zielt auf die Stirn, ihr Beistand ist kein erotischer. Christliches Gedankengut deckt sich hier mit mythischem, gebietet doch schon der strenge Musenvater Apoll seinen Töchtern wie ihren Schützlingen die Enthaltsamkeit von der Liebe. Frillié zeigt den Dichter einsam, in nächtlicher, weltabgeschiedener Klausur, dunkel gewandet und mit schwerem Kopf. Was dem Träumenden durch den Kuß eingehaucht, innerlich offenbart wird, bleibt für den Betrachter unsichtbar.

Daß Frillié an die göttliche Enthusiasmierung des Dichters ernsthaft glaubte, darf man füglich bezweifeln. In der Literatur seiner Zeit waren Musenevokationen allenfalls metaphorisch oder taktisch zu verstehen, als Anspielung auf sehr irdische Schutzengel oder als publikumswirksame, illusionäre Vermehrung dichterischer Aura.[4] Eine ikonographische Analyse und Interpretation von Frilliés Darstellung hätte auch zu prüfen, ob diese in der spannungslosen Demonstration des transsubjektiven, des göttlichen Ursprungs poetischer Inspiration aufgeht oder nicht vielmehr zwei einander widersprechende Bildideen kontaminiert: das seit der Antike bekannte Sujet von *(göttlicher) Muse und Dichter* mit dem des *melancholischen Denkers*, dessen Verzweiflung ein Ausdruck seiner »transzendentalen Obdachlosigkeit« (Lukács) ist. Dürers Kupferstich *Melencolia I* von 1514 begründete diese Darstellungstradition des neuzeitlichen Genies: Den Kopf auf die linke Hand gestützt, sinnt es zur Nachtzeit über das Ungenügen nach, das aus seinem Anspruch auf Autonomie resultierte – die Eingeschlossenheit in der Subjektivität.[5] Frilliés Bild ließe sich demnach auch als Traum des

---

2 Bruno Ely zitiert in seinem Kommentar zum Musenbild aus einem Brief Cézannes an Zola vom Juli 1859: »N'aurais-tu jamais vu dans des heures rêveuses/ Comme dans un brouillard des formes gracieuses/ Indécises beautés dont les ardents appas,/ Rêvés durant la nuit, le jour ne se voient pas?/... Mon rêve evanoui, vient la réalité...« – cf. *Cézanne au Musée d'Aix*, o. J. [1984], S. 209.

3 Zur Tradition dieser Ablösung vgl. Curtius, Ernst Robert, [5]1965 (1948): *Europäische Literatur und lateinisches Mittelalter*. Bern, hier S. 241 ff.

4 Zur Geschichte der Musenevokationen in der Literatur des 18.–20. Jahrhunderts vgl. Jacobs, Jürgen, 1975: *Das Verstummen der Muse. Zur Geschichte der epischen Gattungen im XVIII. Jahrhundert*. In: *Arcadia* 10, S. 129–146; Arendt, Dieter, 1983: *Sage mir, Muse ... (Homers Muse und die Freiheit der Kunst im modernen Welttheater)*. In: *Wirkendes Wort* 33/2, S. 93–114; sowie Böschenstein-Schäfer, Renate, 1984/85: *Die Stimme der Muse in Hölderlins Gedichten*. In: *Hölderlin-Jahrbuch 24,* S. 87–112.

5 Vgl. Panofsky, Erwin/Saxl, Fritz, 1923: *Dürers »Melencolia I«. Eine quellen- und typengeschichtliche Untersuchung*. Leipzig und Berlin; sowie Klibansky, Raymond/Panofsky, Erwin/Saxl, Fritz, 1989 (engl. 1964): *Saturn und Melancholie (Saturn and Melan-*

Poeten *vom* göttlichen Musenkuß deuten, der ein bloßer Wunschtraum ist. Sicher ist jedenfalls, daß ein Vertreter des um die Jahrhundertmitte in Frankreich herrschenden akademischen Klassizismus sich hier eines Bildungszitates bediente, das der zeitgenössischen Interpretation dichterischer Schaffensprozesse nicht entsprach.

Was Cézanne, als er das Musenbild kopierte, von dem antiken Glauben an die göttliche Begnadung des Dichters hielt, war bisher seinen Interpreten, die nicht ikonologisch, sondern biographisch-psychologisch argumentierten, kein Problem – weil sie dem Engel die Flügel nahmen und den träumenden Jüngling mit dem Maler identifizierten. So wurde es möglich, die Muse als »l'hypothétique maîtresse que rêvent Cézanne et Zola« erscheinen zu lassen oder gar, mit einem vorsichtigen Verweis auf den Ödipuskomplex, als Cézannes Mutter, hatte sie sich doch fürsorglich um die künstlerische Karriere ihres Sohnes bemüht und den ihr geschenkten *Baiser de la Muse* als Lieblingsbild ein Leben lang bewahrt.[6] Von Rilkes Brief an seine Frau Clara, geschrieben am 9. Oktober 1907 in Paris, wissen wir es besser: Ihmzufolge war es das Vermögen von Cézannes Vater, dem der Sohn die Muße zu malen verdankte. Die Mutter habe er wohl geliebt, zu ihrer Bestattung aber sei er nicht gekommen, weil er sich »sur le motif« befand. Dieses Skandalon erwähnt Rilke nur, um Cézanne als besessenen Arbeiter zu charakterisieren.[7] Auf die Augenblicke wundersamer Inspiration hat Cézanne ohne Zweifel nicht gewartet, er unterzog sich der Anstrengung, immer wieder das gleiche Landschaftsmotiv zu malen – das war seine Lehre der Sainte-Victoire.

»Andre Zeiten, andre Musen!« lautet Uhlands Erkenntnis in seinem 1816 geschriebenen Gedicht *Die neue Muse*. Für Frillié scheint sie nicht zu gelten und auch nicht für den jungen Cézanne. Daß dieser ein Bild über die Inspiration kopierte, welches jener ohne jede Inspiration aus konventionellen Elementen abendländischer Musen- und Geniedarstellungen zusammengefügt hatte, darf man als ein zweifaches Dokument für die Hilflosigkeit interpretieren, das mythologische Deutungsmuster vom Poeten als Objekt göttlicher Begabung durch einen zeitgemäßen bildnerischen

---

choly. Studies in the History of Natural Philosophy, Religion and Art). Frankfurt/M. Exempel der Bildtradition finden sich außerdem bei Völker, Ludwig, 1983: *»Komm, heilige Melancholie«. Eine Anthologie deutscher Melancholie-Gedichte. Mit Ausblicken auf die europäische Melancholie-Tradition in Literatur- und Kunstgeschichte*. Stuttgart.

6 So Bruno Ely's Zusammenfassung der bisherigen Forschungspositionen in: *Cézanne au Musée d'Aix*, o. J. [1984], S. 209.

7 Vgl. Rilke, Rainer Maria, 1950: *Briefe*. Hg. von Karl Altheim in Verbindung mit Ruth Sieber-Rilke im Auftrag des Rilke-Archivs in Weimar. Wiesbaden, S. 177ff. und die folgenden Cézanne-Briefe Rilkes.

Ausdruck für den Ursprung und das Wesen dichterischen Schaffens zu ersetzen.

Solche Hilflosigkeit wirkt herausfordernd. Wer die Bilder im Musée Granet betrachtet, sucht nach Funktionsäquivalenten der antiken Topologie, die mit der seit der Geniezeit des 18. Jahrhunderts dominierenden Auffassung vom Künstler bzw. Dichter als *verantwortlichem Subjekt seiner Artefakte* besser harmonieren. Fraglich ist ja, ob die Aporie nur ein Frillié bzw. Cézanne eigenes oder ein historisches Problem des 19. Jahrhunderts ist, ob die Schwierigkeiten in der Darstellung künstlerischen Schöpfertums ästhetischer oder epistemologischer Art sind und ob sie nicht die Porträtkunst der Literatur ebenso betreffen wie die der Malerei.

Der Ort des Einfalls und das Thema meiner Untersuchung sind damit benannt. Ihre These ist, daß es eines der zentralen Probleme der Literatur des 19. Jahrhunderts war, die Frage der *genealogischen Autorität des kreativen Subjekts* zu lösen. Die Genieästhetik hatte die drei Hauptstützen der alten Dichtungstheorie erschüttert, die Überzeugung, daß Ursprung und Genese künstlerischer Werke sich vor allem der Trias von ingenium (als göttlicher Inspiration), ars (als handwerklicher Beherrschung der Kunstregeln) und doctrina (als gelehrtem Wissen) verdankten. Die Klassik verschaffte der Beachtung von ars und doctrina wieder ihr angestammtes Recht. Die Ursprungsfrage aber blieb ungelöst. Der göttliche, transpersonale Schaffensgrund war fern und vertraut zugleich gewesen, der menschliche, personale Schaffensgrund dagegen erwies sich schon in den idealistischen Kunstphilosophien als kaum faßbar. Welche Darstellungs- und Deutungsmuster in der Literatur des 19. Jahrhunderts entwickelt wurden, um das Unvertraute wieder vertraut zu machen, soll untersucht werden. Die Titelfrage – *ingenium est ineffabile?* – läßt offen, ob sich im Blick auf die Literatur die untergründige Melancholie des Cézanneschen Gemäldes bestätigt, die noch einmal anders gedeutet werden könnte: als Ausdruck von Cézannes vergeblichem Versuch, sich dem Geheimnis menschlichen Schöpfertums anzunähern.

Skepsis ist auch gegenüber der Analysierbarkeit von Kreativitätsbeschreibungen angebracht. Zu klären ist erst, worüber sich im Falle der literarischen Deskription künstlerischer Schaffensprozesse überhaupt wissenschaftlich reden läßt (cf. Kap. I.2) und von welchen Fragen die Interpretation nachidealistischer Kreativitätsdarstellungen im einzelnen geleitet werden soll (cf. Kap. I.3). Das Material, das man untersuchen könnte, ist beinahe unbegrenzt. Zur Auswahl stehen so unterschiedliche Gegenstände wie Musengedichte, Tagebuchaufzeichnungen und Briefe von Schriftstellern, Künstlerdramen oder kunstphilosophische Konzepte. Ich beschränke mich auf die Interpretation einiger Künstlernovellen und versuche diese

Entscheidung gattungstheoretisch zu begründen (cf. Kap. I.4). Die Beispiele stammen aus dem 19. und frühen 20. Jahrhundert und damit alle aus einer Zeit, in der es für das in der Genie-Periode entworfene subjektzentrierte Kreativitätskonzept noch keine allgemeine Ursachen*lehre* gab, auf die sich die Autoren hätten beziehen können – eine Ursachenlehre wie z. B. die Freudsche Kreativitätstheorie.

Die Ursprungsfrage ist im 19. Jahrhundert also ein offenes Problem. Folglich ist damit zu rechnen, daß man in diesem Zeitraum mit ganz unterschiedlichen Modellen künstlerischen Schöpfertums konfrontiert wird. Die Zusammenstellung einer diachronen Reihe von Einzelwerken zur Demonstration von Kontinuität und Wandel der Kreativitätsgestaltung nach der Goethezeit ist, welche Argumente man auch immer für sie vorbringt, eine subjektive Konstruktionsleistung des Interpreten. Sie ist nicht als Abbildung eines ›realen‹ ideen- und literaturgeschichtlichen Zusammenhangs, sondern als Angebot einer historischen Sichtweise zu verstehen. Die Interpretationen stellen kognitive Schemata bereit, die der Leser dieser Arbeit übernehmen, an anderen Texten erproben und verändern kann. Ihr Untertitel – *Studien* zur Literaturgeschichte der Kreativität – zeigt an, daß keine kanonische Abhandlung über das 19. Jahrhundert erwartet werden darf.

Ich gebe allerdings zu, daß ich versucht war, eine solche zu schreiben. Das Unternehmen sollte auf zwei verschiedene Arten gelingen. In der ersten wollte ich gewissermaßen den auktorialen Erzähler im Bildungsroman der Kreativitätsidee von der Wiege in der Geniezeit bis zur Bahre um 1900 spielen, und jede Novelle hätte ein Reifestadium exemplifiziert. In der zweiten war ich auf eine positivistische Totalerhebung aller Daten über die Schaffensprozesse der wichtigsten Schriftsteller der Biedermeierzeit aus. Die beiden Versuche sind nicht nur ein Beweis für die von Kritikern der Germanistik häufig vertretenen These, daß man bei diesem Fach bedauerlicherweise ständig mit Grenzgängern zwischen den Bereichen der Kunst und der Wissenschaft zu rechnen hat. Der Vorwurf hätte mich nicht gestört. Daß meine ersten Anstrengungen scheiterten, lag zum einen daran, daß kanonische Abhandlungen im heutigen universitären Massenbetrieb nur um den Preis der Selbstzerstörung zu schreiben sind, zum anderen aber, daß mir klar wurde, daß ich Ende des 20. Jahrhunderts noch den Idealen der Künste und der Wissenschaften des 19. Jahrhunderts huldigte. Bekanntlich hat die moderne Literatur das Erzählen von Entwicklungs- und Bildungsromanen mit Gründen aufgegeben. Ihre Wirklichkeitsmodelle sind experimentell, (multi-) perspektivisch, fragmentarisch offen oder diskontinuierlich und konvergieren in diesen Prinzipien mit den Wirklichkeitsmodellen der modernen Natur- und Humanwissenschaften, für die die

Konstruktivität jeder Erkenntnis inzwischen ebenso wichtig geworden ist wie die Empirizität. Meine Abwendung von den alten Darstellungsverfahren war also zugleich eine Hinwendung zu den zeitgenössischen neuen. Aufzugeben waren dabei nicht die hermeneutischen Interpretationsregeln, sondern die anfängliche Gesinnung zur Totalität. Die ›geschlossene Form‹ der Geschichtsschreibung wurde durch die ›offene‹ ersetzt, beabsichtigt war nicht mehr die Annäherung an die ›ganze Wahrheit‹, sondern die intersubjektiv überprüfbare Darstellung einer möglichen Lesart.

Die epistemologischen Prämissen der Untersuchung werden an anderer Stelle weiter erläutert (cf. Kap. I.2/3). Ihr wissenschaftsgeschichtlicher Standort ist noch genauer zu markieren. Dafür sei mir – nach dem Ausflug zum Musée Granet in Aix und der Interpretation des Cézanne-Bildes – eine zweite Abschweifung gestattet, die noch einmal die Vorgeschichte dieser Arbeit berührt, obwohl sie zunächst mit dem bisher Erörterten gar nichts zu tun haben scheint. Gemeint ist die Frage, zu welchem Ende man denn überhaupt Literaturgeschichte treibe – aus hinlänglich bekannten Gründen ein neurotisches Dauerproblem der Germanistik.

Hayden White hat in einer heilsam ernüchternden Studie, die den bezeichnenden Titel *Die Last der Geschichte* trägt, Beispiele für die Abneigung moderner Philosophen und Literaten gegen Historiker jeder Couleur gesammelt. Seine Kronzeugen, denen die Geschichtswissenschaft als eine parasitäre und lebensfeindliche Disziplin gelte, weil sie die Menschen an die Vergangenheit fixiere und der Gegenwart entfremde, sind u.a. Nietzsche, Ibsen, Gide, Sartre oder Camus.[8] Von dieser Antipathie gibt es, das wissen auch Literarhistoriker aus der eigenen inner- und außeruniversitären Erfahrung, eine populäre und weniger radikale Version, nach der ihre Tätigkeit schlicht als nutzlos deklariert wird. Whites Essay bezieht sich auf die Geschichtswissenschaft i.e.S. Nützlich ist er vor allem, weil er an zwar bekannte, aber im Alltagsgeschäft des Historikers doch häufig verdrängte Argumente gegen die eigene Zunft erinnert. Für die Belange der Germanistik läßt sich daraus (wieder) lernen, daß sie als historische Disziplin keine antiquarische Geschichtsschreibung betreiben darf.

Germanistik als antiquarische Geschichtsschreibung (im Nietzscheschen Sinne) gerät ins universitäre Abseits, weil sie zur interdisziplinären Erfor-

8 In: White, Hayden, 1986: *Auch Klio dichtet oder die Fiktion des Faktischen. Studien zur Tropologie des historischen Diskurses (Tropics of Discurse). Einführung von Reinhart Koselleck.* Stuttgart, S. 36–63, hier S. 40ff. Zur Erläuterung der Beispiele: White zitiert aus Nietzsches *Die Geburt der Tragödie* und *Vom Nutzen und Nachteil der Historie für das Leben*, Ibsens *Hedda Gabler* (die Protagonisten Tesman und Lövberg sind Historiker), Gides *L'Immoraliste* (Michel ist Historiker), Sartres *La Nausée* (Roquentin ist Historiker) und Camus' *L'Homme révolté*.

schung gegenwärtiger Probleme nichts mehr beizutragen weiß. Literaturwissenschaftler sind vor allem anderen Literaturvermittler. Wenn sie sich in toter Gelehrsamkeit üben, brauchen sie sich auch nicht zu beklagen, daß einerseits ihren Arbeiten wenig Aufmerksamkeit geschenkt wird und anderseits die Klassiker heute nicht mehr gelesen werden. Um die Leser zurückzugewinnen und damit auch dem eigenen Fach wieder Reputation zu verschaffen, gibt es zwei Wege: den Umweg und den direkten Weg. Der erste ist per definitionem komplizierter. Hier bedenkt man die aktuelle Lesefaulheit im audiovisuellen Zeitalter, befragt repräsentative Gruppen von Noch-Lesern und Nicht-Lesern nach ihren Motiven und leitet schlußendlich davon Maßnahmen zur Umerziehung derer ab, die sträflicherweise das Medium Buch mit anderen Medien vertauscht haben. Der zweite ist etwas weniger kompliziert, weil man hier nur auf sich selbst zu sehen hat und die Position, die man innerhalb der heutigen Forschergemeinschaft einzunehmen gewillt ist. Dem Leser, der durch Zufall germanistische Sekundärliteratur in die Hand bekommt, muß man dabei beweisen, daß sich deren Lektüre und vor allem die ihrer Primärliteratur lohnt, daß Geschichte keine Last ist, daß der Blick zurück zugleich einer nach vorn ist. Man wird allerdings der eigenen Forschungsarbeit dadurch kaum Interesse verschaffen können, daß man sich an den allgemeinen Interessen seiner potentiellen Leser orientiert. Das soll kein trivialer und moralischer Vorschlag sein (im Sinne von: Die Germanistik darf sich nicht dem Publikumsgeschmack im Wechsel seiner Moden anbiedern!), sondern lediglich ein Zweifel daran, ob diejenigen, die den Umweg über Leserbefragungen gehen, jemals ihr Ziel erreichen werden. Auf dem direkten Weg bewegt man sich dagegen allein im Aufgabenfeld der Gruppe, der man gesellschaftlich angehört, d.h. man sieht sich um, welche Fragen die Kollegen anderer Forschungsdisziplinen beantworten müssen und mit welchen Gründen sie das tun. Schließlich sollte man wissen, ob ihre Aufgaben nicht auch die eigenen waren, sind oder werden müßten.

Was ich hiermit zu erklären versucht habe, sind das Motiv und der Weg, die mich zur Fragestellung meiner Arbeit führten. Das jahrhundertealte Vorrecht, über den Ursprung und das Wesen menschlichen Schöpfertums nachzudenken, wurde Künstlern, Philosophen und Geisteswissenschaftlern 1950 genommen, als der damalige Präsident der American Psychological Association Joy Paul Guilford mit einem Vortrag über das Thema *Creativity* ein interdisziplinäres Gespräch eröffnete, das seitdem hauptsächlich von Psychologen, Soziologen, Wirtschaftswissenschaftlern und Kybernetikern geführt wird. Der künstlerische und der wissenschaftliche Schaffensprozeß sind dabei von Beginn an die zentralen Untersuchungsparadigmata gewesen. Literaturwissenschaftler haben sich an dieser fächerübergreifenden

Kreativitätsdebatte kaum beteiligt. Ihr gegenwärtiges Desinteresse mag daran liegen, daß die Abwendung von der neuzeitlichen Subjektphilosophie in den Geisteswissenschaften seit den siebziger Jahren dominiert und der Poststrukturalismus alles versucht hat, die traditionellen Vorstellungen schöpferischer Eigentümlichkeit vergessen zu machen. Manifest wird das z.B. in Michel Foucaults provozierendem Essay *Qu'est-ce qu'un auteur?* (cf. Kap. I.3).[9]

Die moderne Psychologie hat im Unterschied zu den Kunst- und Literaturwissenschaften noch einmal alle Kraft darauf gerichtet, die kreative Persönlichkeit zu definieren. Das Bild, das stets wieder am Ende ihrer Anstrengungen erscheint – und erscheinen muß, weil es das zeitgenössische ist –, ist freilich das des Agenten, der eher bloßer Träger und Verkäufer denn verantwortliches Subjekt schöpferischer Fähigkeiten ist (cf. Kap. I.1). Man betreibt keine antiquarische Geschichtsschreibung, wenn man von dieser Momentaufnahme der Gegenwart sich abwendet und in die Vergangenheit des 19. Jahrhunderts zurückblickt. »Vergangenes historisch artikulieren«, meinte Walter Benjamin, »heißt nicht, es erkennen ›wie es denn eigentlich gewesen ist‹. Es heißt, sich einer Erinnerung bemächtigen, wie sie im Augenblick einer Gefahr aufblitzt«, um »im Vergangenen den Funken der Hoffnung anzufachen«.[10] Die Gefahr, die heute droht, ist, daß die – in Goethes *Prometheus* so benannten – »Knabenmorgen-Blütenträume« der Geniezeit endgültig verlorengehen.

Meine Arbeit gliedert sich in zwei gleichgewichtete Hauptabschnitte. Der erste Teil dient der »Hebammenkunst der Gedanken«, konfrontiert die gegenwärtige Kreativitätsdiskussion mit der goethezeitlichen in heuristischer (Kap. I.1) und systematischer Absicht (Kap. I.3), um Fragen für die Textinterpretationen zu gewinnen, und beschreibt die methodischen (Kap. I.2), epistemologischen (Kap. I.2/3) und gattungstheoretischen Voraussetzungen der Untersuchung (Kap. I.4). Im zweiten Teil werden die Darstellungs- und Deutungsmuster von Kreativität in Künstlernovellen des 19. und frühen 20. Jahrhunderts analysiert. Aus der Vielzahl von Künstlernovellen, die in diesem Zeitraum erschienen sind, wurden die folgenden Werke zur Interpretation ausgewählt: E.T.A. Hoffmanns *Das*

9 In: *Bulletin de la Société française de Philosophie*, Juli–September 1969; in dt. Übersetzung in Foucault, Michel, 1988: *Schriften zur Literatur*. Frankfurt/M., S. 7–31.

10 Cf. Benjamin, Walter, 1980 (1940/1942): *Über den Begriff der Geschichte*. In: *Gesammelte Schriften*. Bd. I–IV. Hg. von Rolf Tiedemann und Hermann Schweppenhäuser unter Mitwirkung von Gershom Scholem und Theodor W. Adorno. Frankfurt/M., Bd. I, S. 695.

Fräulein von Scuderi, Mörikes *Mozart auf der Reise nach Prag*, Storms *Eine Malerarbeit* und Thomas Manns *Schwere Stunde*. Es handelt sich durchweg um Texte, in denen das Problem der genealogischen Autorität des kreativen Subjekts im Mittelpunkt der Darstellung steht.

Zur technischen Einrichtung der Arbeit sei noch angefügt, daß Titel der Primär- oder Sekundärliteratur bei ihrer ersten Nennung in der betreffenden Anmerkung vollständig nachgewiesen, bei einer erneuten Verwendung jedoch abgekürzt zitiert werden, um den Notenapparat zu entlasten. Angegeben werden lediglich noch Autorenname, Erscheinungsjahr und Seitenzahl. Die genauen bibliographischen Daten sind dann durch das Literaturverzeichnis am Ende des Bandes zu ermitteln, dessen Anordnung dementsprechend gegenüber dem in den Geisteswissenschaften gebräuchlichen Muster leicht abgeändert ist: Das Erscheinungsjahr eines Titels wird auch hier dem Autornamen direkt nachgestellt, auf eine Unterteilung des Verzeichnisses durch Sparten muß verzichtet werden. Für besonders häufig zu zitierende Texte der Primärliteratur werden Siglen eingeführt. Eine Liste dieser Abbreviaturen findet sich vor dem Literaturverzeichnis. Hervorhebungen in Zitaten stammen im übrigen, wenn nicht anders vermerkt, aus der Quelle.

Kein Geheimnis soll daraus gemacht werden, welchen Musen diese Studie Inspirationen verdankt – in der Hoffnung, daß ihre Ideen für sie kenntlich geblieben sind. Ansonsten hätte ich mich zu entschuldigen bei Manfred Engel, Walter Gebhard, Gerhard Neumann, Gunnar Och, Andrea Pagni, Siegfried J. Schmidt, Brigitte Spieß, Anthony Stephens und allen Engeln, deren Namen sich nur in den Fußnoten finden, vor allem aber bei Peter Horst Neumann, weil er sich auf die Kunst des enthusiasmierenden Gesprächs versteht wie kein anderer. Laut Peter Sloterdijk »macht es einen kategorischen Unterschied«, zu welcher Form von Genauigkeit man sich beim wissenschaftlichen« Studium von Literatur entschließt, »zu der Genauigkeit des Polemikers oder der des Liebhabers«.[11] Ulrich Fülleborn und Peter Horst Neumann haben mir über Jahre hinweg gezeigt, wie die richtige Alternative in Forschung und Lehre praktiziert werden kann. Dafür bin ich ihnen besonders dankbar. Danken möchte ich auch den studentischen Hilfskräften Victor de Castro, Stefan Drescher, Wolfgang Händeler, Ulrike Recksiek und Tristan Vogt, die mir so manche Kärrnersarbeit abnahmen.

11 Sloterdijk, Peter, 1983: *Kritik der zynischen Vernunft*. 2 Bde. Frankfurt/M., Bd. 2, S. 653.

ERSTER HAUPTTEIL

Historische und systematische Studien

1.
Kreativitätstests
Heinrich von Kleist
und die moderne Kreativitätspsychologie
Zur Ideengeschichte der Kreativität zwischen Goethezeit und Gegenwart I: Heuristik

1.1 Kleists Aufsatz *Über die allmähliche Verfertigung der Gedanken beim Reden*

1805/6 schreibt Heinrich von Kleist einen kleinen Aufsatz mit dem einprägsamen Titel *Über die allmähliche Verfertigung der Gedanken beim Reden.*[1] Der generative Kern seiner Überlegungen ist ein französisches Sprichwort:

Der Franzose sagt, l'appétit vient en mangeant, und dieser Erfahrungssatz bleibt wahr, wenn man ihn parodiert, und sagt, l'idée vient en parlant. (SW 2, S. 319)

Kleists Regel gehört mittlerweile zum Zitatenschatz der modernen Kreativitätspsychologie, die sie auf den Prozeß künstlerischer Improvisation bezieht, aus dem die schöpferische Idee hervorgeht.[2] Ignoriert wird bei diesem reduktionistischen Verständnis die *duale Konfiguration* der Experimentieranordnung, die auch die Kleist-Forschung bisher nicht analysiert hat.[3] Wer um den rechten Einfall verlegen sei, so schlägt Kleist vor, bemühe sich

---

1 In: Kleist, Heinrich von, ^{6}1977: *Sämtliche Werke und Briefe.* 2 Bde. Hg. von Helmut Sembdner. München, Bd. 2, S. 319–324. Zitatbelege nach dieser Ausgabe werden im folgenden mit der Sigle SW abgekürzt. Zur Datierung des Aufsatzes vgl. Sembdners Kommentar SW 2, S. 925.

2 Vgl. z. B. Lehmann, Günther K., 1966: *Phantasie und künstlerische Arbeit. Betrachtungen zur poetischen Phantasie.* Berlin und Weimar, S. 222, der aus dem Kleistschen Aufsatz den folgenden einfachen Schluß zieht: »Erst dem malenden, komponierenden und schreibenden Künstler kommen die Einfälle; das Suchen, Erfinden und Improvisieren treibt sie hervor.«

3 Verläßt man sich auf die bibliographischen Angaben des jüngst erschienenen Realienbandes von Wichmann, Thomas, 1988: *Heinrich von Kleist.* Stuttgart, so fehlt bis heute eine Einzelstudie zu Kleists Aufsatz. Zu leisten wäre vor allem seine ideengeschichtliche Einordnung in den Kontext goethezeitlicher Geniekonzepte. Die folgende Interpretation knüpft an die zutreffende, von Kreutzer jedoch nicht weiter ausgeführte Behauptung an, daß Kleists Form der Erkenntnisgewinnung hier die der »empirischen Denkpsychologie« sei – vgl. Kreutzer, Hans Joachim, 1968: *Die dichte-*

allein nicht weiter, sondern suche einen x-beliebigen Bekannten auf, dem er sich mitteile. Er werde feststellen, daß im Laufe seiner Rede sich eine anfangs »dunkle« bzw. »verworrene Vorstellung« bald »zur völligen Deutlichkeit« (SW 2, S. 319f.) ausbilde. Die Bedeutung des Gegenübers wird vermutlich deshalb als gering eingeschätzt, weil Kleist einleitend betont, daß er »nicht eben ein scharfdenkender Kopf zu sein« (SW 2, S. 319) brauche und der Wortführende seiner Zwischenfragen nicht unbedingt bedürfe. Dieser könne darauf vertrauen, daß die Gemütserregung beim Reden allemal eine durch »vielleicht stundenlanges Brüten« (SW 2, S. 319) erzeugte Verstockung der Gedanken aufhebe.

Kleists Ratschlag erscheint so banal wie harmlos. Die Erfahrung, daß das Monologisieren vor einem Zuhörer Ideen stimuliert, hat wohl jeder schon einmal gemacht. Auf die »Klugheitsregel« (SW 2, S. 319) kommt es vermutlich gar nicht an – vielmehr auf die Beispiele, die Kleist in aufklärerischer Manier zum Beweis ihrer Wahrheit anführt. Deren Gültigkeit und Unschädlichkeit bezweifelte niemand, hätte er das Exemplifizieren unterlassen.

Die Beispiele sind heterogen, weisen jedoch eine Gemeinsamkeit auf: Die »allmähliche Verfertigung der Gedanken beim Reden« wird von Kleist jedesmal als ein *Kreativitätstest* inszeniert. Sein besonderes Kennzeichen ist es – im Unterschied zur gegenwärtigen Praxis der Psychologie, aus deren Fachsprache der Begriff entliehen ist –, daß die Kommunikation zwischen Versuchsperson und Beobachter eine *agonale Struktur* hat. Harmlos ist die Probe nur dann, wenn sie aus freien Stücken geschieht und der Redner seinem Gegenüber von vornherein überlegen ist. Das ist der Fall bei den beiden ersten Exempeln: Kleists mathematischen Inspirationen vor seiner Schwester und Molières literarischen vor seiner Magd. Die Beispiele werden ineinander geführt, die Lehre des ersten soll ausdrücklich auch für das zweite gelten. Die Schwester vermag Kleist zur Lösung einer mathematischen Aufgabe zu verhelfen, obwohl sie von der Algebra, wie dieser zugibt, wenig versteht. Das gelingt dadurch, daß Kleist ihr gegenüber kurzzeitig die Rolle des unsicheren Prüfungskandidaten einnimmt:

> Ich mische unartikulierte Töne ein, ziehe die Verbindungswörter in die Länge, gebrauche auch wohl eine Apposition, wo sie nicht nötig wäre, und bediene mich anderer, die Rede ausdehnender, Kunstgriffe, zur Fabrikation meiner Idee auf der Werkstätte der Vernunft, die gehörige Zeit zu gewinnen. Dabei ist mir nichts heilsamer, als eine Bewegung meiner Schwester, als ob sie mich unterbre-

---

rische Entwicklung Heinrichs von Kleist. Untersuchungen zu seinen Briefen und zu Chronologie und Aufbau seiner Werke. Berlin, S. 205. Kleists »Erfahrungssätze« sollen anschließend mit denen der modernen Kreativitätspsychologie verglichen werden.

chen wollte; denn mein ohnehin schon angestrengtes Gemüt wird durch diesen Versuch von außen, ihm die Rede, in deren Besitz es sich befindet, zu entreißen, nur noch mehr erregt, und in seiner Fähigkeit, wie ein großer General, wenn die Umstände drängen, noch um einen Grad höher gespannt. In diesem Sinne begreife ich, von welchem Nutzen Molière seine Magd sein konnte; denn wenn er derselben, wie er vorgibt, ein Urteil zutraute, das das seinige berichten konnte, so ist dies eine Bescheidenheit, an deren Dasein in seiner Brust ich nicht glaube. (SW 2, S. 320)

Die Situation ist paradox: Bewährungsproben werden inszeniert vor Beobachtern, die des Urteils nicht fähig sind, und Redeschlachten gegen sie gewonnen, obwohl sie stumm und friedlich waren. Aus dem Exempel erfährt man außerdem nichts über das Talent des Kreativen, die Phasen des schöpferischen Denkens und das Endprodukt, den mathematischen oder literarischen Einfall. Kleists Beschreibung ist abstrakt und von dem einzigen Interesse geleitet, die psychischen Antriebskräfte der Kreativität freizulegen. Er zeigt den Schaffensprozeß als einen *Akt der Selbstbehauptung* gegenüber einem Kontrahenten. Dieses Ursprungsmodell der Kreativität variiert er in allen Beispielen. Wie die ersten beiden demonstrieren, muß die Gegnerschaft des Beobachters notfalls imaginiert werden, damit der Kreativitätstest eine agonale Struktur erhält und sich das Gemüt als »großer General« gebärden kann.

Die Kreativitätsproben der folgenden Exempel finden in Situationen echter Not statt. Der nächste Zeuge, den Kleist zum Beweis seines »Erfahrungssatzes« aufruft, ist Mirabeau. Dessen Rede, die er am 23. Juni 1789 vor der Versammlung der Generalstände hielt, löste bekanntlich die französische Revolution mit aus. Mirabeau war in einer Zwangslage. Er hatte eine Antwort zu finden auf den Befehl des Königs, die Ständeversammlung aufzulösen. Die Antwort war dem Zeremonienmeister des Königs zu geben. Der Anlaß dafür, daß »ihm ein Quell ungeheurer Vorstellungen« aufging, »der in Frankreich den Umsturz der Ordnung der Dinge bewirkte«, war, so vermutet Kleist, »vielleicht [...] das Zucken einer Oberlippe [...] oder ein zweideutiges Spiel an der Manschette« (SW 2, S. 321). Diese sonderbare Semiotik der Inspiration und Revolution muß erklärt werden.[4] Für das mimische Zeichen gibt es eine Parallelstelle in der *Penthesi-*

---

4 Fink, Gonthier-Louis, 1988/89: *Das Motiv der Rebellion in Kleists Werk im Spannungsfeld der Französischen Revoluotion und der Napoleonischen Kriege. In: Kleist-Jahrbuch* 1988/89, S. 64–88, hat wegen der Ableitung der französischen Revolution aus einem »Zufall« auf Kleists Zugehörigkeit zum »konservativen Lager« geschlossen, »das ebenfalls jede politische und wirtschaftliche Motivation der Revolution übersah, denn damit wurde zugleich die Notwendigkeit von Reformen geleugnet.« (S. 69) Fink interpretiert damit ex negativo. Ihn interessiert, was Kleist nicht beschrieben

lea. Odysseus will Achill daran hindern, sich Penthesilea waffenlos erneut zum Kampf zu stellen. Dieser entgegnet:

Ich bitte dich,
halt deine Oberlippe fest, Ulyß!
Es steckt mich an, bei den gerechten Göttern,
Und bis zur Faust gleich zuckt es mir herab. (SW 1, S. 408)

Ein Raufhändel droht, der voraussehbar war und seine Ursache nicht allein in der sachlichen Meinungsverschiedenheit zwischen beiden hat. Achill hat vorher schon Diomedes anvertraut, daß es ihm »Übelkeiten« bereite, wenn er an Odysseus »den Zug um seine Lippe sehe« (SW 1, S. 406). Signifikant und Signifikat sind in Achills Abwehr gleichermaßen gemeint. Er hat eine Idiosynkrasie gegen die Lippe wie die Worte des Odysseus.[5]

Kleist dichtet Mirabeau nun die gleiche Empfindlichkeit gegenüber dem Zeremonienmeister an und macht aus seiner Replik ein Rededuell. Mirabeaus Antwort nahm einen »humanen Anfang«, weil er, wie Kleist doppelsinnig bemerkt, »noch nicht an die Bajonette dachte, mit welchen er schloß« (SW 2, S. 320f.). Je feindseliger er dann agierte, desto flüssiger und inspirierter wurde angeblich seine Rede. Kleist beschreibt diesen Vorgang mit Elektrizitätsmetaphern als einen Prozeß der Polarisierung und Auf- bzw. Entladung:

Wenn man an den Zeremonienmeister denkt, so kann man sich ihn bei diesem Auftritt nicht anders, als in einem völligen Geistesbankerott vorstellen; nach einem ähnlichen Gesetz, nach welchem in einem Körper, der von dem elektrischen Zustand Null ist, wenn er in eines elektrisierten Körpers Atmosphäre kommt, plötzlich die entgegengesetzte Elektrizität erweckt wird. Und wie in dem elektrisierten dadurch, nach einer Wechselwirkung, der ihm inwohnende

---

hat. Das Mirabeau-Exempel ist aber Baustein einer Kleistschen Kreativitätspsychologie. Um den Sachgehalt der während Mirabeaus Rede verfertigten Gedanken geht es wie in allen anderen Beispielen des kleinen Aufsatzes nicht, sondern lediglich um die psychologische Bedingung ihrer Produzierbarkeit und ihre Funktion: die aggressive Verteidigung der Autonomie des Redners. Kleist beschreibt einen der Anlässe, nicht die Ursachen der Französischen Revolution. Daß Mirabeau zu Anfang seiner Antwort »noch nicht wußte, was er sagen würde« (SW 2, S. 320), muß im übrigen nicht bedeuten, daß die von ihm in der Folge geäußerten Gedanken ein Zufallsprodukt bzw. völlig neu waren. Kleist hält schließlich die Gemütserregung beim Reden stets für notwendig, »auch selbst nur, um Vorstellungen, die wir schon gehabt haben, wieder zu erzeugen« (SW 2, S. 323).

5 Der Hinweis auf die Parallelstelle findet sich – ohne Interpretation – bei Sembdner, SW 2, S. 925, der in der Zeichensetzung lediglich eine persönliche Abneigung Kleists vermutet und noch eine zweite Figur nennt, die Kleist mit diesem Schandmal ausgestattet hat: den Findling Nicolo (vgl. SW 2, S. 212).

Elektrizitätsgrad wieder verstärkt wird, so ging unseres Redners Mut, bei der Vernichtung seines Gegners zur verwegensten Begeisterung über. (SW 2, S. 321)

Mirabeaus Kreativitätsprobe ist ein Zweikampf, der in der »Vernichtung« des Gegners und im grandiosen Aufschwung des eigenen Selbstgefühls sein Ziel findet. Seine gewaltigen Schlußworte, daß die Stände ihre »Plätze anders nicht, als auf die Gewalt der Bajonette verlassen werden« (SW 2, S. 321), zielten nicht mehr auf den Zeremonienmeister, sondern auf den König, den dieser vertrat. Kleist heißt sie einen »Donnerkeil« (SW 2, S. 320). Man kann das als eine genaue *Abbreviatur seines Kreativitätsmodells* lesen. Mirabeaus ›Erleuchtung‹ wird mit einem Blitz verglichen. Von göttlicher Inspiration ist damit allerdings nicht die Rede. Der Blitz überwältigt nicht den Illuminierten, sondern seinen Gegner. Wie Prometheus das Feuer hat jener dem Zeus die Waffe des Donnerkeils geraubt zum Beweis und zur Verteidigung seiner Autonomie, damit kein (weltlicher) Gott über ihn herrsche.

Kleist gibt ein weiteres »merkwürdiges Beispiel von einer allmählichen Verfertigung des Gedankens aus einem in der Not hingesetzten Anfang« (SW 2, S. 322), das die befreiende Macht kreativer Phantasie bezeugen soll. Es ist Lafontaines Fabel *Les animaux malades de la peste*. Der Löwe, bekanntlich der König des Tierreiches, will dem Himmel ein Opfer bringen, um eine Pestplage zu beenden. Dafür schaut er sich nach dem größten Sünder in seinem Volk um. Der Fuchs fühlt sich gefährdet. Die Kreativitätsprobe, die er bestehen muß, ähnelt der Rahmensituation nach der Scheherezades, deren Erzählen die Hinrichtung aufschieben und den Henker umstimmen soll. Scheherezade allerdings nimmt das Martyrium bewußt auf sich, stellvertretend für die Jungfrauen, die noch vom Tod bedroht sind. Ihre Geschichten unterhalten und belehren den König, so daß er sich zuletzt zum mildtätigen und aufgeklärt-tugendhaften Herrscher wandelt. Dem Fuchs fällt es nicht ein, dem Oberhaupt der Tiere die Opferidee auszutreiben. Seine Redekunst bezweckt nicht die ›ästhetische Erziehung‹ des Löwen. Sie hat keinen anderen Sinn als einen taktischen. Der Fuchs kämpft um seine eigene Haut und rettet sich, indem er den ›vernichtenden‹ Geistesblitz hat, unter den Zuhörern seiner Rede einen geeigneteren Todeskandidaten auszumachen: den Esel.

Dieser Doppelcharakter der Kreativitätsprobe bestätigt sich auch in der Umkehrung. Wer sie nicht besteht, wird bei Kleist ein Opfer derer, die die Probe beobachten. Die agonale Struktur der Kommunikation bleibt erhalten, das zeigen Kleists Schlußbeispiele. Zum einen führt er Personen an, bei denen Denk- und Redegeschwindigkeit nicht kongruent sind bzw. solche, die die Waffe des Wortes nicht schnell genug zu handhaben wissen. Ihnen bleibt, wenn sie so »die Aufmerksamkeit aller« in einer Gesellschaft auf sich gezogen haben, nur das Eingeständnis ihrer Niederlage »durch ein verlegnes Gebärdenspiel«. Denn die Intention des Gesprächs ist nicht, wie Kleist es zunächst vorspiegelt, »eine kontinuierliche Befruchtung der Gemüter mit Ideen«, d. h. eine gemeinsame Enthusiasmierung und ein freundschaftlicher Ideenaustausch. Das verrät sein Ratschluß, der die Stätte des Gesprächs in ein Gefechtsfeld verwandelt:

In solchen Fällen ist es um so unerläßlicher, daß uns die Sprache mit Leichtigkeit zur Hand sei, um dasjenige, was wir gleichzeitig gedacht haben, und doch nicht gleichzeitig von uns geben können, wenigstens so schnell, als möglich, auf einander folgen zu lassen. Und überhaupt wird jeder, der, bei gleicher Deutlichkeit, geschwinder als sein Gegner spricht, einen Vorteil über ihn haben, weil er gleichsam mehr Truppen als er ins Feld führt. (SW 2, S. 323)

Kleists zweites Negativbeispiel ist das Ritual des Universitätsexamens. Hier spricht der Autor, von dem wir wissen, daß er ein schlechter Student war[6], offensichtlich aus persönlicher Betroffenheit. Der Gebrauch des Personalpronomens in der ersten Person ist ein Indikator dafür:

Vielleicht gibt es überhaupt keine schlechtere Gelegenheit, sich von einer vorteilhaften Seite zu zeigen, als grade ein öffentliches Examen. Abgerechnet, daß es schon widerwärtig und das Zartgefühl verletzend ist, und daß es reizt, sich stetig zu zeigen, wenn solch ein gelehrter Roßkamm uns nach den Kenntnissen sieht, um uns, je nachdem es fünf oder sechs sind, zu kaufen oder wieder abtreten zu lassen: es ist so schwer, auf ein menschliches Gemüt zu spielen und ihm seinen eigentümlichen Laut abzulocken, es verstimmt sich so leicht unter ungeschickten Händen, daß selbst der geübteste Menschenkenner, der in der Hebeammenkunst der Gedanken, wie Kant sie nennt, auf das Meisterhafteste bewandert wäre, hier noch, wegen der Unbekanntschaft mit seinem Sechswöchner, Mißgriffe tun könnte. (SW 2, S. 324)

Der Prüfling mag gereizt und kampfeslustig sein, es nützt ihm nichts. Die institutionalisierten Regeln dieses Tests erlauben es nicht, daß er sich »stetig« gebärdet, was hier so viel bedeutet wie »widerspenstig« und »eigensinnig«.[7] Kleists Metaphorik entstammt der Sprache des Tierhandels und sie verrät, wie die Geschäfte stehen: Ein störrisches Pferd, das nicht von *seiner* Stelle will, »kauft« kein »Roßkamm«. Ein anderes wäre es, wenn sich der Examinator gar nicht dafür interessierte, daß sich die Gedanken des Prüflings in seinem Sinne bewegen, wenn er sich als »Menschenkenner« darum

6 Vgl. z.B die Kommentare Tiecks und Bülows in Sembdner, Helmut (Hg.), 1984: *Heinrich von Kleists Lebensspuren. Dokumente und Berichte der Zeitgenossen*. Frankfurt/M., S. 28.

7 Vgl. die Erläuterung des Kleist-Zitats in Grimm, Jakob und Wilhelm, 1984: *Deutsches Wörterbuch*. 33 Bde. München, Bd. 17, Sp. 937.

bemühte, dem jeweiligen Studenten seinen ihm »eigentümlichen Laut abzulocken«. Der Fall allerdings ist selten, wie Kleist einräumt. Denn meist kennt die »Hebamme« den »Sechswöchner« gar nicht, den sie genährt hat. Nach sechs Wochen wird ein Kind bekanntlich nach christlichem Brauch getauft und erhält den dann nur ihm eigenen Namen zugesprochen.[8] Kleist vergleicht das Universitätsexamen mit diesem Initiationsritual. Die Metaphorik zeigt nochmals die Testbedingungen aufs genaueste. Der Prüfling muß die paradoxe Aufgabe lösen, das Fremde, das ihm Angelernte als Eigenes auszugeben, damit man ihn in die Selbständigkeit entläßt. Das ist im Grunde weder eine Probe auf seine Kreativität noch eine Angelegenheit kriegerischer Selbstbehauptung und deshalb Kleists Sache nicht. Als einzige Lösung bliebe, so läßt sich aus dem jetzt bekannten Kreativitätsmodell folgern, daß der Examinator die Rivalität des Prüflings förderte, in der Hoffnung, dadurch das ihm Unbekannte kennenzulernen: dessen »eigentümlichen Laut«.[9]

Kleists »Klugheitsregel« hat also keinesfalls, wie anfangs von ihm suggeriert, Allgemeingültigkeit. Wer seinem Examinator unterlegen ist, sollte einen solchen Kreativitätstest besser meiden. Es könnte ihm sonst geschehen, daß der Beobachter das ihm Eigentümliche zerstört. Das gilt nicht nur für rhetorische Kunststücke. Den Jüngling, der in Kleists Schrift *Über das Marionettentheater* die Haltung des Dornausziehers aus dem Stegreif nachzubilden sucht, verläßt unter dem prüfenden Blick und dem Gelächter des Herrn von C., eines berühmten Tänzers, »ein Reiz nach dem anderen [...] und als ein Jahr verflossen war, war keine Spur mehr von der Lieblichkeit in ihm zu entdecken, die die Augen der Menschen sonst, die ihn umringten, ergötzt hatte« (SW 2, S. 344).

Kleist hat nicht zuviel versprochen, als er am Ende seines Traktats *Über die allmähliche Verfertigung der Gedanken beim Reden* schrieb: »Die Fortsetzung folgt« (SW 2, S. 324). In seinem Werk lassen sich allenthalben erfolgreiche oder mißlungene Proben auf die Gewinnung oder Erhaltung von Autonomie durch die gewalttätige Verfertigung der Gedanken beim Reden entdek-

8 Vgl. den Artikel »Sechswöchnerin« in Grimm, 1984, Bd. 15, Sp. 2794.

9 Auf ein solches »Polarverhältnis« zwischen Lehrer und Schüler statt auf den »Nachahmungstrieb« (SWS 2, S. 332f.) gründet Kleist auch den im Oktober bzw. November 1810 in den *Berliner Abendblättern* veröffentlichten »Allerneuesten Erziehungsplan«, der »Pestalozzi und Zeller und alle andern Virtuosen der neuesten Erziehungskunst« verspottet, um dann das eigene Credo zu formulieren: »Aber das Kind ist kein Wachs, das sich, in eines Menschen Händen, zu einer beliebigen Gestalt kneten läßt: es lebt, es ist frei; es trägt ein unabhängiges und eigentümliches Vermögen in der Entwicklung, und das Muster aller innerlichen Gestaltung, in sich.« (SW 2, S. 335)

ken – Sieger wie den Cheruskerfürsten Hermann oder Verlierer wie den Richter Adam. Der kleine Aufsatz von 1805/6 liefert dafür das Modell. Der Modellbegriff wird hier so verwendet, wie es wissenschafts- und umgangssprachlich heute üblich ist. Die Beispiele von Kleists Aufsatz haben jeweils eine Bild- und eine Sachhälfte, sind deskriptiv und explikativ, d.h. sie geben (im dichterischen bzw. essayistischen Werk Kleists dann variierbare) *Beschreibungs- und Erklärungsmuster schöpferischer Tätigkeit*, indem sie ihre vermutlich signifikanten Elemente selegieren. Was Kleist über die Konstituentien der Kreativität herausgefunden hat, soll noch einmal zusammengefaßt werden.

Wie die Beispiele demonstrieren, unterscheidet sein Traktat nicht zwischen wissenschaftlichem, literarischem oder politischem Schöpfertum. Kleist geht weder auf die Inhalte der allmählich beim Reden verfertigten Gedanken noch auf deren Qualität genauer ein. Er untersucht den Ursprung und die Funktion der Kreativität und enthält sich dabei in aufklärerischer Manier jeder Geheimnistuerei. Die Möglichkeit einer transsubjektiven, metaphysischen Herkunft der Ideen steht nicht zur Debatte. Wenn Kleist das Vokabular der Inspirationsmythen gebraucht, so funktioniert er es, wie die Metapher vom »Donnerkeil« beweist, in psychologischer Absicht um. Wenn die Ideen nicht mehr durch die Berufung auf eine metaphysische Instanz beglaubigt werden können, wird ihre Anerkennung zum Problem. Sie muß erfochten werden. Kleists zentrale Einsicht über den Ursprung der Kreativität lautet:

Denn nicht *wir* wissen, es ist allererst ein gewisser *Zustand* unsrer, welcher weiß. (SW 2, S. 323)

Gemeint ist der Zustand der Gemütserregung in einer echten oder inszenierten Notlage, in der die Kreativität als Mittel der Befreiung und Selbstbehauptung getestet wird – mit den Worten aus Kleists programmatischem Appell zur Eröffnung der *Berliner Abendblätter*: Wer in »Ketten und Banden« liegt, rüste sich »mit dem Köcher der Rede« (SW 2, S. 325f.).[10] Der schöpferisch-emanzipatorische Sprechakt ist destruktiv und konstruktiv

10 Aus Zensurgründen verbirgt Kleist diese (Selbst-)Aufforderung zur Zeitkritik in einem angeblich von einem Reisenden in den Ruinen von Palmyra gefundenen Gebetszettel. Die Tarnform macht es notwendig, daß die Inspiration wieder nach dem Modell der prophetischen gebildet wird: Die göttliche Instanz verleiht einem Auserwählten die Kraft der Rede. Das »Gebet des Zoroaster« erschien am 1. Oktober 1810. Der Ausgabe der »Berliner Abendblätter« vom 22. Oktober 1810, also nur drei Wochen später, hat Kleist den »Brief eines Malers an seinen Sohn« beigegeben. Hier warnt der Vater den Filius davor, die Geburt eines Kunstwerks als heiligen Akt zu betrachten. Sie vollziehe sich so natürlich wie die eines Menschen.

zugleich. Er verhilft zur Selbstmächtigkeit, indem er die determinierenden Mächte beherrscht oder zerstört. Die Ursprungsform der Kreativität ist damit die des Kampfes. Diesem Gedanken bleibt Kleist treu, wie die Ende 1810 in den *Berliner Abendblättern* erschienene »Paradoxe« *Von der Überlegung* belegt. Jeder Handelnde – so die These – müsse im Leben verfahren wie ein Ringer »nach bloßen augenblicklichen Eingebungen«, denn:

Wer das Leben nicht, wie ein solcher Ringer, umfaßt hält, und tausendgliedrig, nach allen Windungen des Kampfs, nach allen Widerständen, Drücken, Ausweichungen und Reaktionen, empfindet und spürt: der wird, was er will, in keinem Gespräch, durchsetzen; vielweniger in einer Schlacht. (SW 2, S. 338)

In Kleists Traktat *Über die allmähliche Verfertigung der Gedanken beim Reden* ist die Konfiguration des Kampfes prinzipiell dual. Die Aggression als Katalysator schöpferischer Tätigkeit richtet sich gegen einen Gegner, der real oder symbolisch soziale Institutionen verkörpert, die die Selbstentfaltung des einzelnen begrenzen: Kleists Schwester repräsentiert die familiale Determination. Molières Magd nimmt das Urteil des literarischen Publikums vorweg, der Zeremonienmeister Ludwigs XVI. von Frankreich demonstriert den politischen Machtapparat des Absolutismus, der Löwe als Oberhaupt der Tiere das Naturrecht des Stärkeren in einer Gemeinschaft, der Universitätsprüfer das Erziehungssystem. Kleists Redeexperimente vollziehen sich in diesen Institutionen und sind Tests darauf, ob der einzelne kreativ ist, d.h. die Fähigkeit hat, einen ihm »eigentümlichen Laut« hervorzubringen und diesem Gehör zu verschaffen. Ziel der schöpferischen Rede ist die autonome Selbstkonstitution. Was sie gebiert, ist die auch den Redner vielleicht überraschende Erkenntnis seiner Individualität. Kleist bereitet seinen Freund Rühle von Lilienstern, dem der Aufsatz gewidmet ist, darauf vor:

Ich sehe dich zwar große Augen machen und mir antworten, man habe dir in frühern Jahren den Rat gegeben, von nichts zu sprechen, als nur von Dingen, die du bereits verstehst. Damals aber sprachst du wahrscheinlich mit dem Vorwitz, andere, ich will, daß du aus der verständigen Absicht sprichst, dich zu belehren. (SW 2, S. 319)

Daß die Ausbildung der Eigentümlichkeit dem Gesetz des Widerspruchs gegen gesellschaftliche Normen folgt, ist Kleists Credo, das er scherzhaft gestalten kann wie in *Allerneuester Erziehungsplan* oder tragisch wie in *Penthesilea*. Von den Normen der Ästhetik spricht der Aufsatz *Über die allmähliche Verfertigung der Gedanken beim Reden* nur am Rande – am Beispiel Molières. Kleists Credo gilt aber auch für den Bereich der literarischen Sozialisation. Das beweist sein im November 1810 in den *Berliner Abendblättern* abgedruckter *Brief eines jungen Dichters an einen jungen Maler*:

Uns Dichtern ist es unbegreiflich, wie ihr euch entschließen könnt, ihr lieben Maler, deren Kunst etwas so Unendliches ist, jahrelang zuzubringen mit dem Geschäft, die Werke eurer großen Meister zu kopieren. Die Lehrer, bei denen ihr in die Schule geht, sagt ihr, leiden nicht, daß ihr eure Einbildungen, ehe die Zeit gekommen ist, auf die Leinwand bringt; wären wir aber, wir Dichter, in eurem Fall gewesen, so meine ich, wir würden unsern Rücken lieber unendlichen Schlägen ausgesetzt haben, als diesem grausamen Verbot ein Genüge zu tun. Die Einbildungskraft würde sich, auf ganz unüberwindliche Weise, in unseren Brüsten geregt haben, und wir, unseren unmenschlichen Lehrern zum Trotz, gleich, sobald wir nur gewußt hätten, daß man mit dem Büschel, und nicht mit dem Stock am Pinsel malen müsse, heimlich zur Nachtzeit die Türen verschlossen haben, um uns in der Erfindung, diesem Spiel der Seligen, zu versuchen. Da, wo sich die Phantasie in euren jungen Gemütern vorfindet, scheint uns, müsse sie, unerbittlich und unrettbar, durch die endlose Untertänigkeit, zu welcher ihr euch beim Kopieren in Galerien und Sälen verdammt, zu Grund und Boden gehen. [...] Wenigstens dünkt uns, läßt sich ein doppelter Gebrauch von einem Bilde machen; einmal der, den ihr davon macht, nämlich die Züge desselben nachzuschreiben, um euch die Fertigkeit der malerischen Schrift einzulernen; und dann in seinem Geist, gleich vom Anfang herein, nachzuerfinden. Und auch diese Fertigkeit müßte, sobald als nur irgend möglich, gegen die Kunst selbst, deren wesentlichstes Stück die Erfindung nach eigentümlichen Gesetzen ist, an den Nagel gehängt werden. Denn die Aufgabe, Himmel und Erde! ist ja nicht, ein anderer, sondern ihr selbst zu sein, und euch selbst, euer Eigenstes und Innerstes, durch Umriß und Farben, zur Anschauung zu bringen! (SW 2, S. 336)

Kreativität wird hier wiederum als ein Mittel begriffen, »unmenschlichen Lehrern zum Trotz« das »Eigenste« auszubilden. Der Brief selbst ist allerdings als eine bloße Verteidigung der Einbildungskraft gegen die Regeln nur ein dürftiges Exzerpt goethezeitlicher Genieästhetik und damit alles andere als originell. Es fehlt ihm die Radikalität, die Kleists Kreativitätsmodell in dem Aufsatz *Über die allmähliche Verfertigung der Gedanken beim Reden* so ›eigentümlich‹ macht. Die Erfindungskunst wird im *Brief* von niemandem auf die Probe gestellt. Sie ist ein »Spiel«, »heimlich zur Nachtzeit« und hinter verschlossenen Türen, und kein Kampf. Die schöpferische Selbstentfaltung vollzieht sich erst einmal ungefährdet in einem Freiraum. Zwar heißt er diesmal nicht Natur oder Innerlichkeit, aber das Konzept bleibt eskapistisch. Der Preis für die Autonomie des Kreativen ist die Separierung seines Wirkungsbereiches, die Trennung der gegen die Normen revoltierenden Erfindungskunst von der Lebenspraxis. Diesen Ausweg läßt Kleists Aufsatz *Über die allmähliche Verfertigung der Gedanken beim Reden* nicht zu. Die Kreativitätstests finden hier in den gesellschaftlichen Institutionen statt. Das Bestehen der Probe entscheidet darüber, ob der einzelne Autonomie erlangt oder nicht. Das gilt gleichermaßen für die künstlerische wie für die wissenschaftliche oder politische Kreativität. Kleist bestimmt die schöpferische Kraft funktionell und nicht inhaltlich. Den Begriff der Genialität vermeidet er. Weder der göttliche Ursprung noch die Erhabenheit seiner Ideen verleihen dem Kreativen Größe. Er gewinnt sie allein aus der Fähigkeit, seine »Eigentümlichkeit« entdecken und ihr soziale Anerkennung sichern zu können. Kleist verrät uns, daß man die Erfahrung einer solchen sprunghaften Neugeburt vor allem in Krisensituationen machen könne. Dieses Selbstschöpfertum aber beschreibt er, wenn auch nicht als ein göttliches, so doch als ein menschliches Wunder, das unberechenbar ist. Experimente lassen sich zwar damit veranstalten, aber ihr Ausgang ist ungewiß. Das Geheimnis des Ursprungs der Kreativität verwandelt sich hier nur in das Geheimnis des Ursprungs und des Wesens von »Eigentümlichkeit«. Insofern bleibt Kleists Bestimmung der genealogischen Autorität des kreativen Subjekts aporetisch.

1.2 Exkurs zur Kreativitätspsychologie

Walter Benjamin hat einmal geschrieben, daß es die Aufgabe des Literaturhistorikers nicht sei, »die Werke des Schrifttums im Zusammenhang ihrer Zeit darzustellen, sondern in der Zeit, da sie entstanden, die Zeit, die sie erkennt – das ist die unsere – zur Darstellung zu bringen«.[11] Die Interpretation des Kleistschen Traktats folgt diesem Grundsatz. Es geht hier noch nicht darum, den Abstand seiner Überlegungen zu denen seiner Zeitgenossen zu vermessen.[12] Die Absicht ist vielmehr, die Nähe bzw. Ferne des Kleistschen Kreativitätsmodells zu Konzepten unserer Zeit kenntlich zu machen.

Anachronistisch ist es schon, von Kreativität zu sprechen, um die terminologische Lücke zu füllen, die Kleists Aufsatz läßt, denn er verwendet keinen der in der Goethezeit gebräuchlichen Universalbegriffe zur Bezeichnung der schöpferischen Tätigkeit. Der Terminus *Kreativität* ist gerade erst vierzig Jahre alt. Seit Guilfords 1950 gehaltenem Vortrag haben, wie erwähnt, Psychologen, Psychoanalytiker, Soziologen, Pädagogen, Wirtschaftswissenschaftler, Kybernetiker und Wissenschaftshistoriker versucht, den Begriff zu definieren. Die Zahl ihrer Veröffentlichungen ist unübersehbar. Die Problematik gegenwärtiger Kreativitätsbestimmungen soll am

11 Benjamin, Walter, 1980 (1931): *Literaturgeschichte und Literaturwissenschaft.* In: *Gesammelte Schriften.* Bd. III, S. 283–290, hier S. 290.

12 Zur historischen Einordnung Kleists vgl. Kap. I.3.

Beispiel der Psychologie als der ›Mutterwissenschaft‹ der Kreativitätsforschung behandelt werden.[13]

Die psychologische Kreativitätsforschung wurde in ihrem Ursprungsland, den USA, von Beginn an vorwiegend als eine *Testwissenschaft* verstanden, die im staatlichen oder industriellen Auftrag nach Verfahren suchte, Kreativität zu messen und von allgemeiner Intelligenz zu unterscheiden. Kreativität wurde demnach funktional definiert – als berufsqualifizierende Eigenschaft –, und der Anwendungsbereich des Begriffs erweitert. Künstler und Wissenschaftler hatten nicht allein mehr als kreativ zu gelten. Der Nachweis schöpferischer Fähigkeiten wurde zur Einstellungsvoraussetzung von Industriemanagern, Wirtschaftsberatern, Werbefachleuten und anderen Leistungsträgern des ökonomischen und technischen Fortschritts. Auslöser

---

13 Ein Handbuch, das die Forschungsansätze verschiedener Disziplinen einander gegenüberstellt, fehlt. Der Fächerkanon ließe sich gliedern, indem man die Disziplinen danach unterscheidet, ob sie vorrangig *Erklärungsmodelle* der kreativen Begabung (wie Psychoanalyse und Neurobiologie), *Beschreibungsmodelle* (wie Psychologie und Wissenschaftsgeschichte) oder *Planungsmodelle* (wie Pädagogik und Wirtschaftswissenschaft) entwickeln.
Die Geschichte der Kreativitätspsychologie in den Jahrzehnten des Aufbruchs und der Etablierung des Faches 1950–1970 dokumentieren – mit ausführlichen bibliographischen Angaben – die Aufsatz- bzw. Realienbände von Ulmann, Gisela, 1968: *Kreativität. Neue amerikanische Ansätze zur Erweiterung des Intelligenzkonzepts*. Weinheim, Berlin; dies. (Hg.), 1973: *Kreativitätsforschung*. Köln; sowie Preiser, Siegfried, 1976: *Kreativitätsforschung*. Darmstadt. Die erziehungswissenschaftliche Arbeit von Wermke, Jutta, 1987: *»Hab a Talent, sei a Genie!« Zur paradoxen Aufgabe der Kreativität*. Siegen: Typoskript der Habilitationsschrift, kommentiert die neuesten psychologischen Befunde und versucht sie in eine integrative Theorie der Kreativität einzubinden.
Die Standardtitel der psychoanalytischen und psychologischen Kreativitätsforschung werden bei ihrer Besprechung zitiert. Die folgenden Lektüreangaben sind als eine Ergänzung gedacht, um das Spektrum der interdisziplinären Kreativitätsforschung anzudeuten. Zur Soziologie vgl. Floßdorf, Bernhard, 1978: *Kreativität. Bruchstücke einer Soziologie des Subjekts*. Frankfurt/M.; zur anwendungsbezogenen wirtschaftswissenschaftlichen Forschung vgl. Lohmeier, Fritz, 1985: *Bisoziative Ideenerfindung. Erforschung und Technisierung kreativer Prozesse*. Frankfurt/M., Bern, New York, Nancy; zum Vergleich von natürlicher und künstlicher Kreativität mit Hilfe kybernetischer Modelle vgl. Reitman, W.R., 1965: *Cognition and Thought*. New York; zur neurobiologischen Forschung cf. u.a. Bogen, J.E. & B.M., 1969: *The Other Side of the Brain: III. The Corpus Callosum and Creativity*. In: *Bulletin of the Los Angeles Neurological Societies* 34, S. 191–217; zur Erforschung der wissenschaftlichen Kreativität vgl. Fleck, Ludwik, 1980 (1935): *Entstehung und Entwicklung einer wissenschaftlichen Tatsache. Einführung in die Lehre vom Denkstil und Denkkollektiv. Mit einer Einleitung hg. von Lothar Schäfer und Thomas Schnelle*. Frankfurt/M.; außerdem Wertheimer, Max, ^{2}1964 (engl. 1945): *Produktives Denken (Productive Thinking)*. Frankfurt/M.; sowie Kuhn, Thomas, ^{2}1976 (engl. 1962): *Die Struktur wissenschaftlicher Revolutionen (The Structure of Scientific Revolutions)*. Frankfurt/M.

für die regen amerikanischen Forschungsaktivitäten der fünfziger Jahre war die Befürchtung, im »internationalen Wettkampf« – vor allem mit der UdSSR nach dem »Sputnikschock« – nicht mehr konkurrieren zu können.[14] Die Psychologie sollte bei der Auswahl, Beurteilung und Förderung von Führungskräften helfen. Ihre Aufgabe war demnach dreigeteilt: Sie mußte Beschreibungsmodelle der Kreativität entwickeln, von denen dann valide Eignungstests sowie Programme der Kreativitätserziehung abzuleiten waren.

Die Elemente des Beschreibungsmodells inventarisierte man unter vier verschiedenen Aspekten. Definiert wurden die Haupteigenschaften der kreativen Persönlichkeit, der Prozeß des schöpferischen Denkens, Qualitätskriterien für das kreagene Produkt und der Einfluß von Umweltvariablen – die vier »p's« in der englischen Terminologie: personality, process, product, press. Zur Erschließung dieses Beziehungsgefüges gab es einen deduktiven und einen induktiven Weg. Ausgangspunkte waren, dem praktischen Interesse der amerikanischen Kreativitätspsychologie gemäß, entweder die theoretische Bestimmung von Kriterien eines kreagenen Produkts, aus denen man auf die Persönlichkeitseigenschaften seines Herstellers zurückschloß, oder die empirische Unterscheidung von Kreativen und durchschnittlich Begabten durch die Mittel der Befragung, Beobachtung und Auswertung von Selbstzeugnissen schöpferischer Menschen. Beide Methoden sehen notwendig von der Individualität der kreativen Persönlichkeit bzw. des einzelnen Schöpfungsaktes ab. In einer Wissenschaft, der es um operationalisierbare Theorien geht, ist das eigentlich eine Selbstverständlichkeit. In diesem Falle ergibt sich aber das Paradox, das gerade von dem abstrahiert wird, was in der Tradition neuzeitlicher Kreativitätsbestimmungen, vor allem in der Nachfolge und in der Auseinandersetzung mit den Genietheorien des 18. Jahrhunderts, in der Regel als sicherstes Kriterium zur Erkennung des wahrhaft Schöpferischen galt: die Einmaligkeit und Einzigartigkeit von Person oder Werk. Von der geheimnisvollen Aura des genialen Künstlers oder Wissenschaftlers blieb zwar ein Abglanz, weil das Phänomen der Kreativität in den Merkmalskombinationen niemals aufging und sich als widerständig gegen ganzheitliche Beschreibungsversuche erwies. Aus den genannten methodologischen und pragmatischen Gründen – und nicht primär aus demokratischem Egalitätsdenken – wurde die alte Vorstellung von Schöpfertum in der Kreativitätspsychologie jedoch *denobilitiert, universalisiert* und *entsubstantialisiert*. Bewahrheitet hat sich,

14 Vgl. Ulmann, 1973, S. 12.

was Robert Musil in dem 1930 schon veröffentlichten Teil des Romans *Der Mann ohne Eigenschaften* den Helden Ulrich anläßlich der Rede von genialen Fußballspielern, Rennpferden und Boxern erkennen ließ:

Nun haben aber noch dazu ein Pferd und ein Boxmeister vor einem großen Geist voraus, daß sich ihre Leistung und Bedeutung einwandfrei messen läßt und der Beste unter ihnen auch wirklich als der Beste erkannt wird, und auf diese Weise sind der Sport und die Sachlichkeit verdientermaßen an die Reihe gekommen, die veralteten Begriffe von Genie und menschlicher Größe zu verdrängen.[15]

Die Problematik psychologischer Meßverfahren soll an einem Beispiel verdeutlicht werden. Auf den Begriff der kreativen Persönlichkeit ist das deduktive Modell von Guilford zentriert, der, wie erwähnt, die neuere amerikanische Kreativitätspsychologie begründet hat.[16] Die Struktur des Verstandes läßt sich nach seinem Vorschlag durch drei Kategorien erfassen. Er unterscheidet zwischen Denkoperationen, Denkinhalten und Denkprodukten. Innerhalb der Denkoperationen bestimmt er das divergierende Denken als wichtigste Voraussetzung kreativer Tätigkeit, d.h. den Denkvorgang, der nicht auf die rasche Produktion nur einer dem Ausgangsproblem angemessenen Idee fokussiert ist, sondern mehrere Alternativen erprobt. Die divergente Produktion bezieht sich in Guilfords Modell auf Denkinhalte jeglicher Art und jeglichen Schwierigkeitsgrades. Kreativität ist ihmzufolge in allen Lebensbereichen praktizierbar und nicht nur in exklusiven wie denen der Kunst oder Wissenschaft. Die Denkinhalte modifizieren für Guilford die je verschiedenen Erscheinungsformen von Kreativität, taugen aber nicht zu deren allgemeiner Bestimmung.

Operationalisierbar wird Guilfords Modell, indem er Subprozesse des divergenten Denkens benennt, aus denen sich dann Meßverfahren ableiten lassen: Flüssigkeit, Flexibilität und Elaboration. Der Flüssigkeitsfaktor bezieht sich auf die Menge der produzierten Ideen, der Flexibilitätsfaktor auf deren qualitative Verschiedenheit, der Elaborationsfaktor auf die Fähigkeit,

15 Musil, Robert, 1978 (1930): *Der Mann ohne Eigenschaften. Roman.* In: *Gesammelte Werke in neun Bänden.* Hg. von Adolf Frisé. Reinbek bei Hamburg, Bd. 1, S. 45.

16 Vgl. u.a. Guilford, Joy Paul, 1950: *Creativity.* In: *American Psychologist* 5, S. 444–454; ders., 1956: *The Structure of Intellect.* In: *Psychological Bulletin* 53, S. 267–293; sowie ders. & Hoepfner, Ralf, 1971: *The Analysis of Intelligence.* New York. Der letztgenannte Titel faßt Guilfords Kreativitätsforschung der fünfziger und sechziger Jahre zusammen. Der Sammelband von Ulmann, 1973, verzeichnet die ins Deutsche übersetzten Arbeiten und dokumentiert u.a. den Vortrag von 1950.

aus dem erworbenen Material einen realisierbaren Arbeitsplan zu entwickeln, mit dessen Hilfe das Ausgangsproblem gelöst werden kann.[17]

Die Guilfordschen Testfragen sollen hier einmal probeweise auf den Bereich der literarischen Kreativität angewandt werden. Die Vermutung, daß divergentes Denken den Schreibprozeß vorantreibt, erscheint plausibel, weil der von Guilford gewählte Begriff die seit der Antike bekannte Vorstellung eines Zusammenhangs von dichterischer Genialität und Anomalie evoziert. Ob sich aus den Merkmalen Flüssigkeit, Flexibilität und Elaboration allerdings valide Meßverfahren zur Bestimmung literarischer Kreativität gewinnen lassen, darf bezweifelt werden. Dafür ein fraglos polemisches Bei-Spiel: Nehmen wir einmal an, die Versuchspersonen eines Kreativitätstests, der Mitte der vierziger Jahre des letzten Jahrhunderts durchgeführt wird, heißen Edgar Allan Poe und Eduard Mörike. Sie sind aufgrund ihrer sprachlichen und gedanklichen Assoziationsfähigkeit sicher in der Lage, in einer festgesetzten Arbeitszeit genügend Worte mit gleicher Nachsilbe zu schreiben, verschiedene Anwendungsmöglichkeiten für eine Zeitung zu finden und aus den Buchstaben zweier Worte eine Anzahl neuer Wortpaare zu finden, um hohe Werte auf den Meßskalen für »Wort-Flüssigkeit«, »semantische spontane Flexibilität« und »symbolische Elaboration« zu erzielen.[18] Poe wird, das wissen wir, den Erfolg dieses Tests zum Anlaß nehmen, um dem großen Publikum auf eine vergleichbar einfache Weise den Entstehungsprozeß seines berühmten Gedichtes *The Raven* in dem Essay *The Philosophy of Composition* zu schildern, der ehrliche Mörike aber darauf hinweisen, daß die durch den Test ermittelten Fähigkeiten ihm das Schreiben von Gelegenheitsgedichten ab und zu erleichterten, er für die Fertigstellung einer auf fünf Bogen geplanten Mozart-Novelle, in der er die Schaffensweise des genialen Musikers zu schildern gedenke, aber vermutlich noch zehn Jahre brauche.

Das methodisch unzulässige Verfahren dieses Exempels hat jede Schelte verdient. Aktuelle Kriterien zur Bestimmung von Basiskreativität taugen nicht zur Beschreibung historischer Genies. Die Validität von Guilfords Testbatterie könnte nur durch die Untersuchung zeitgenössischer Schrift-

---

17 In der Fortführung wie Kritik des Guilfordschen Ansatzes ist vor allem darüber diskutiert worden, ob sich Kreativität überhaupt unabhängig von allgemeiner Intelligenz bestimmen und messen läßt, obwohl eine solche strikte Trennung von Guilford selbst nicht beabsichtigt worden war. Der Faktor der Ideenflüssigkeit blieb schließlich als einzige unabhängige Variable übrig. Vgl. Erb, Birgit, 1982: *Kritische Untersuchungen zum Konzept der assoziativen Kreativität.* Darmstadt: Typoskript der Dissertation.

18 Die Beispiele sind der bei Ulmann, 1968, S. 79ff. angegebenen Guilfordschen Testbatterie zur Erfassung der Faktoren divergenter Produktion entnommen.

steller geprüft werden. Vermutlich käme man auch hier in Kalamitäten.[19] Zur Erfassung literarischer Kreativität sind selbstverständlich spezialisierte Testmethoden entwickelt worden. Dabei scheint sich allerdings weniger der Charakter als der Schwierigkeitsgrad der Fragen geändert zu haben.[20] Die Autoren unterzogen sich den Tests mehr oder minder bereitwillig und stellten ihren Sinn häufig in Frage. Vordergründig mag ihre Abneigung, das Geheimnis der literarischen Kreativität vermessen zu lassen, mit einer statusfördernden Neigung zur Selbstmythisierung zusammenhängen, wie verärgerte Versuchsleiter vermuteten. Wahrscheinlicher ist jedoch, daß Psychologen und Autoren verschiedener Auffassung über die möglichen Grundlagen literarischer Kreativität waren, daß diese für marginal hielten, was jenen die Hauptsache war et vice versa: die Bestimmung des gemeinsamen Nenners in den ›Kreativitätsberechnungen‹ statt der Wertschätzung der Eigentümlichkeit des einzelnen bzw. seiner individuellen Form des Schöpfertums.

Kreativitätstests an Schriftstellern stellen in ihrer Unzulänglichkeit der Psychologie ein schlechteres Zeugnis aus, als sie es verdient hat. Fragwürdig sind ihre Anstrengungen der Kreativitäts*messung*, nicht aber die solchen

19 Das eigentliche Problem der Guilfordschen Testbatterie ist, daß die Operationen divergenten Denkens wie unabhängige Variablen und die beliebigen Denkinhalte, auf die sich die Operationen beziehen, wie abhängige Variablen behandelt werden. Die Umkehrung des Verfahrens wäre im Fall der literarischen Kreativität ebenso einleuchtend, weil hier die Denkprozesse durch Gattungsformen und thematische Widerstände wesentlich geregelt werden. Marxistische Psychologen, die von vornherein annehmen, daß die Art der Tätigkeit die Persönlichkeit formt, trennen so wirtschaftliches, technisches und künstlerisches Schöpfertum voneinander. Vgl. u.a. Rubinstein, Sergej Leonidowisch, [6]1968 (1946): *Grundlagen der allgemeinen Psychologie.* Berlin/DDR, S. 706ff.; abgedruckt auch in Ulmann, 1973, S. 196ff.

Das eine Verfahren ist jedoch so einseitig wie das andere. Die kreative Persönlichkeit läßt sich in ihrer berufsspezifischen Ausprägung vermutlich erst bestimmen, wenn man den Wechselwirkungszusammenhang von Denkoperation und Denkinhalt, divergenter (freier) Produktion und Sachzwängen, subjektiven Fähigkeiten und objektiven Vorgaben erfaßt hat.

20 Frank Barron unterschied z.B. professionelle Schriftsteller von studentischen Teilnehmern eines creative-writing-Kurses u.a. mit Hilfe eines »Symbol Equivalence Test«. Die Probanden mußten sich zu Bildern wie »vom Wind durcheinandergewirbelte Blätter« symbolisch äquivalente ausdenken (z.B. »Zivilisten in der Flucht vor militärischem Angriff«). Die professionellen Schriftsteller erreichten dabei höhere Originalitätswerte. Vgl. Barron, Frank, 1967: *The Psychology of Creative Writers.* In: ders. (Hg.): *Explorations in Creativity.* New York, S. 69–74; eine dt. Übers. findet sich in Schmidt, Siegfried J./Zobel, Reinhard, 1983: *Empirische Untersuchungen zu Persönlichkeitsvariablen von Literaturproduzenten.* Braunschweig, Wiesbaden, S. 142–150.

Operationalisierungsversuchen vorausgehende Systematisierung der Kreativitäts*beschreibung*. Wertvoll, auch als gedankliches Hilfskonstrukt für literaturwissenschaftliche Untersuchungen, ist die Unterscheidung der vier »p's« als Aspekte der Kreativität und deren weitere Untergliederung: die Differenzierung z.B. von kognitiven, emotionalen und motivationalen Verhaltensmerkmalen der kreativen Persönlichkeit oder von Stadien des Kreativitätsprozesses.[21]

Es war nicht das Ziel des Exkurses, die Kreativitätspsychologie zu kritisieren. Der zeitgenössische Kreativitätsbegriff sollte vielmehr am Beispiel einer Wissenschaft rekonstruiert werden, deren Definitionen dem aktuellen Wandel der gesellschaftlichen Vorstellung von Schöpfertum (im wörtlichen Sinne) Rechnung tragen müssen. Als Universalbezeichnung für schöpferische Aktivitäten jeglicher Art erst seit vierzig Jahren im Gebrauch, gilt Kreativität heute bereits wieder als »verbrauchter Begriff«. Das liegt nicht entscheidend daran, daß Kreativität »zu den allseits notorisch verwendeten und definitorisch unterbestimmten Mode-Wörtern vieler Wissenschaften wie der Alltagskommunikation« gehört und die Kreativitätsforschung »chronische Definitionssorgen mit ihrem Leitbegriff« hat, und vor allem nicht am »kleinformatigen« Anspruch gegenwärtiger Kreativitätspädagogik, der angeblich bewirke, daß Kreativität zur Zeit »nichts anderes zu sein

---

21 Zur Nutzanwendung des Konzepts für die Literaturwissenschaft vgl. Kap. I.2. – Das Hauptinteresse psychologischer Kreativitätsforschung gilt der Festlegung von Persönlichkeitsmerkmalen. Eine Vielzahl unterschiedlichster Studien, die hier nicht referiert werden können, beschäftigt sich mit diesem Problem. Homogen erscheinen dagegen die Vorstellungen vom Ablauf des kreativen Prozesses. Ihren gemeinsamen Ursprung haben sie in einem Modell, das der französische Mathematiker Henri Poincaré in einer Selbstanalyse anfangs des 20. Jahrhunderts entwickelt hat. Demnach gliedert sich der kreative Prozeß in die vier Stadien der Präparation, Inkubation, Illumination und Verifikation. In der ersten Phase werden das Problem bzw. die Aufgabe erkannt und deren Aspekte analysiert, Informationen über den Gegenstand gesammelt und Lösungswege gesucht. Nach der bewußten Tätigkeit folgt in der zweiten Phase die unbewußte, in der die Varianten bis zur endgültigen Auswahl einer Lösung durchgespielt werden. Was unbewußt in innerer Arbeit gereift ist, erscheint bei seiner Bewußtwerdung in der dritten Phase, der Illumination oder Inspiration, als ein überraschendes Geschenk. Der Inspirierte fühlt sich weniger als Subjekt denn als Objekt der Begabung. In der vierten Phase, der Verifikation, wird der Lösungseinfall überprüft und ausgearbeitet. Die vier Phasen können interferieren, ihre Abfolge muß nicht linear sein. Vgl. Poincaré, Henri, 1914: *Wissenschaft und Methode*. Leipzig; Teilabdruck in Ulmann, 1973, S. 219ff. Eine Übersicht über die Rezeption und (terminologische) Amplifikation des Poincaréschen Modells in der psychologischen Kreativitätsforschung gibt Preiser, 1976, S. 42ff.

[scheint] als demokratisch deformierte Genialität«.[22] Daß Kreativität ein »verbrauchter Begriff« ist, hat seinen Grund vielmehr darin, wie schöpferische Kräfte heute gebraucht und verbraucht werden.

Die psychologische Forschung spiegelt die gesellschaftlichen Verhältnisse exakt wider. Kreativität wird vorwiegend instrumentell bestimmt – ihre Funktion ist allerdings eine gänzlich andere als die von Kleist bekannte. In ihrer gesellschaftlichen Anwendung sind Kreativitätstests auch heute Initiationsrituale. Sie prüfen den Grad der beruflichen Qualifikation. Wer sie erfolgreich absolviert, erfährt nicht die Anerkennung seiner Eigentümlichkeit, sondern die Bestätigung seiner Eignung als Fabrikant neuartiger und nützlicher Produkte, Ideen etc. Das Bestehen des Tests entscheidet nicht über die Autonomie des Individuums, sondern über die künftige Heteronomie seiner Kreativität. Der Kreativitätstest wird so zum bloßen Schaukampf, in dem der Proband dem Beobachter seine voraussichtliche Wettbewerbsfähigkeit vorzuführen hat.

Das Wort ›creativity‹ ist in den Vereinigten Staaten nach 1945 in der Psychologie wie in der Alltagskommunikation zunächst der »Name für eine bestimmte Befähigung zum Herstellen bestimmter Produkte, die innerhalb der amerikanischen Gesellschaft dringend benötigt werden«. Guilfords Definitionen des divergenten Denkens sind laut Gisela Ulmann nur Operationalisierungen des »Produkt-Kriteriums« »neu« bzw. »nützlich«.[23] Besser verstehbar ist jetzt, was zu Beginn des Exkurses nur behauptet wurde: daß der von den USA geprägte und in den sechziger Jahren nach Europa exportierte Kreativitätsbegriff die alte Vorstellung von Schöpfertum universalisiert, entsubstantialisiert und denobilitiert habe. Die kreative Persönlichkeit soll erforscht werden. Kreativität aber wird vom Produkt her bestimmt, und der Gegenstand ihrer Bewährung ist von bestimmter Unbestimmtheit. Zur Herstellung des Produktes werden kreative Fähigkeiten postuliert, von Interesse ist aber allein deren abstrakte Potentialität. Auf die allseitige und allzeitige Anwendbarkeit dieser Fähigkeiten kommt es an, jedoch nicht auf ihre individuelle Entwicklungsgeschichte und Unverwechselbarkeit. Die kreative Persönlichkeit gilt eher als bloßer Träger denn als

22 Das erste Argument stammt aus einem Vortrag von Siegfried J. Schmidt mit dem Titel *Kreativität aus der Beobachterperspektive*, das zweite aus einem Vortrag von Niklas Luhmann mit dem Titel *Über ›Kreativität‹*, die abgedruckt sind in Gumbrecht, Hans Ulrich (Hg.), 1988: *Kreativität – ein verbrauchter Begriff?* München, S. 33–51 (Schmidt; Zitat S. 35) bzw. S. 13–19 (Luhmann; Zitat S. 16).

23 Vgl. Ulmann, 1973, S. 14ff. – Zur wirtschaftlichen Funktion der Kreativitätsforschung in der amerikanischen und deutschen Gesellschaft vgl. Kastner, Paul Marquard, 1973: *Domestizierte Kreativität. Kritik einer Illusion.* Starnberg, S. 46ff.

verantwortliches Subjekt schöpferischer Kräfte. Deren Einsatz hat nicht mehr die Gewinnung von ›Eigentümlichkeit‹ zum Hauptzweck, sondern die Erfüllung eines überindividuellen Bedürfnisses nach neuen und nützlichen Produkten.

Nicht die theoretische Bestimmung, sondern die praktische Erkennbarkeit von Kreativität muß daher der Psychologie zum Problem werden. Sie hat die paradoxe und bis heute nicht befriedigend gelöste Aufgabe zu bewältigen, für die Auswahl potentiell kreativer Individuen Testverfahren zu entwickeln, deren Grundlage ein entindividualisierter Kreativitätsbegriff ist.

In den sechziger Jahren hat es im Zuge der amerikanischen und europäischen Studentenbewegung unterschiedliche Bestrebungen gegeben, diesen Kreativitätsbegriff zu redefinieren, z.B. in der Pädagogik. Betont wurde hier wieder das Recht des einzelnen auf freie und autonome Entfaltung seiner schöpferischen Fähigkeiten. Die schulische Kreativitätsförderung sollte der Identitätsfindung des Kindes, der Ausbildung seiner »Eigentümlichkeit« dienen. Die herrschende Unterrichtspraxis haben diese Modelle allerdings kaum bestimmen können.[24] Die Kreativitätspädagogik beruht weitgehend auf dem idealistischen Konzept der antiautoritären Erziehung. Im Vergleich dazu würde das agonale ›Bildungskonzept‹ Kleists der heutigen Realität noch gerechter. Es kann auf den »gelehrten Roßkamm«, nicht aber auf den Rivalen verzichten, gegen dessen Widerstand sich der Kreative behaupten muß. In der Kreativitätspädagogik ist kaum die Rede davon, daß die Ausbildung schöpferischer Fähigkeiten und die damit zusammenhängende Selbstfindung den Charakter eines womöglich leidvollen Kampfes haben kann.

Das real existierende private Pendant des entindividualisierten und heteronomen professionellen Schöpfertums ist nicht die kritische, die »eindimensionale Gesellschaft« subvertierende Phantasie im Sinne Herbert Marcuses[25], sondern das in Volkshochschulen wie zu Hause geübte kompensatorische Freizeitspiel kreativen Schreibens, Malens, Bastelns etc. als

24 Eine gute Übersicht über die verschiedenen Modelle der Kreativitätsförderung in der deutschen Literaturdidaktik gibt Wermke, 1987, S. 8ff., und entwickelt im Anschluß daran das Konzept einer »Autodidaktik«, in der der Schüler nicht mehr Objekt, sondern »Subjekt des Unterrichtsgeschehens« (S. 604) ist.

25 Vgl. Marcuse, Herbert, [17]1982 (engl. 1964): *Der eindimensionale Mensch. Studien zur Ideologie der fortgeschrittenen Industriegesellschaft. (The One-Dimensional Man. Studies in the Ideology of Advanced Industrial Society)*. Darmstadt, Neuwied; sowie ders., [4]1978 (engl. 1969): *Versuch über die Befreiung (An Essay on Liberation)*. Frankfurt/M.

Pseudoform von Selbstverwirklichung nach den Regeln der Unterhaltungsindustrie.[26]

In der Entindividualisierung der Kreativität macht auch der Bereich der Künste gegenwärtig keine Ausnahme mehr. War zu Beginn des 20. Jahrhunderts die politisch wie ästhetisch provokante Zerstörung des bürgerlichen Originalitätsbedürfnisses und der um den Preis der gesellschaftlichen Wirkungslosigkeit erlangten Autonomie der Kunst in den Bewegungen der Avantgarde noch ein Akt der Befreiung und Selbstbestimmung, so ist sie heute das alltägliche Resultat technologischer Veränderungen und wirtschaftlicher Zwänge.[27] Die Vorstellung individuellen Schöpfertums geht verloren, wenn, wie im Bereich der Film- und Fernsehproduktionen, vorwiegend im Team kooperiert werden muß[28], wenn Künstler und Werbefachleute – letztere nennen sich jetzt »creative directors« – zusammen eine »corporate identity« für Firmen bzw. deren Produkte gestalten[29], wenn schließlich künstliche Kreativität die natürliche zu ersetzen beginnt, wie im Fall computergenerierter Drehbücher oder Romane.[30] Verlorengehen

26 Beispiele für die ›Kreativitätsangebote‹ des Unterhaltungsmarktes gibt Wermke, 1987, S. 3f.

27 Vgl. Bürger, Peter, [3]1981 (1974): *Theorie der Avantgarde.* Frankfurt/M., S. 35ff., dem völlig zuzustimmen ist, daß der antiauratische Charakter der Kunstproduktion wie -rezeption in der Avantgarde Resultat ihres ästhetischen Programms sei und nicht die Folge der Veränderung künstlerischer Produktivkräfte, wie Walter Benjamin es in seinem Aufsatz *Das Kunstwerk im Zeitalter seiner technischen Reproduzierbarkeit* behauptet. Benjamins materialistischer Erklärung gibt erst die aktuelle Kunstentwicklung recht.

28 Den Wandel des Kreativitätsbegriffs in den audiovisuellen Medien untersucht eine Projektgruppe des Sonderforschungsbereichs »Ästhetik, Pragmatik und Geschichte der Bildschirmmedien« an der Universität-Gesamthochschule Siegen unter der Leitung von Helmut Kreuzer (1986/87) bzw. Jutta Wermke (seit 1988). Die Fragestellung heißt: »Autorschaft. Identifikation, Kritik und Redefinition eines traditionell-literarischen Konzepts unter den Produktionsbedingungen des Fernsehens in der Bundesrepublik Deutschland.« Erste Ergebnisse liegen in Rechenschaftsberichten für die Deutsche Forschungsgemeinschaft vor (vgl. Zwischenbericht und Fortsetzungsantrag 1988, Siegen: Typoskript). Demnach zeichnet sich im Bereich der Fernsehproduktionen u.a. eine »Tendenz zur Abkehr von der juristischen Urheberschaft und Hinwendung zur dialogischen ›Autorschaft‹« ab (Fortsetzungsantrag, S. 594). Aufgegeben wird damit der zweifache Anspruch, den der Begriff ›Eigentümlichkeit‹ ja einschließt: das Anrecht auf den Individualitäts- wie auf den Besitztitel.

29 Zur Zusammenarbeit von Künstlern und Werbemanagern vgl. Schirner, Michael, 1988: *Werbung ist Kunst.* München.

30 Vgl. für die TV-Produktion Moosleitner, Peter, 1987: *Der Computer denkt sich eine neue Folge von »Dallas« aus.* In: *P.M. Computerheft* März/April 1987, S. 16–20; und für die literarische Produktion Ryan, Marie-Laure, 1988: *The Heuristics of Automatic Story Generation.* In: *poetics* 17/3–4.

könnte dabei mehr: die Verantwortlichkeit des Kreativen für seine Ideen oder der Reichtum individueller Ausdrucksmöglichkeiten.

Von Kleist wurde schöpferisch genannt, was sich weder vorhersagen noch wiederholen ließ und erst im nachhinein als einmalige und ›eigentümliche‹ Leistung erkennbar war. Seit 1950 werden Tests entworfen, um Kreativität quasi ›vorab‹ beobachten zu können. Im Vertrauen darauf, daß der Proband die hier simulierten schöpferischen Fähigkeiten in praxi jederzeit wieder anwenden kann, sagt man ihm Kreativität voraus. Der Vorstellung *subjektzentrierten Schöpfertums* um 1800 steht die heutige Vorstellung *subjektdezentrierter Kreativität* gegenüber. Auffällig eben ist an den psychologischen Erkundungen der kreativen Persönlichkeit, daß hier die einst so dringliche Frage des personalen Ursprungs von Kreativität nicht mehr gestellt wird. Nicht das *Woher* interessiert, sondern das *Wie*. Die Kreativitätspsychologie liefert nur Beschreibungs- und keine Erklärungsmodelle der schöpferischen Begabung. So sind meines Wissens von ihrer Seite bisher noch keine Versuche ausgegangen, die eigenen Kreativitätstheorien z. B. mit der Freudschen zu verbinden. Das Irrationale des Schaffensprozesses ist in den psychologischen Modellen einfach eskamotiert, und Kreativität geheimnislos geworden.

Die ideengeschichtliche Spannung zwischen den Kreativitätskonzepten der Goethezeit und der Gegenwart dürfte durch die in heuristischer Absicht erfolgte Gegenüberstellung der Kleistschen Form des ›Kreativitätstests‹ mit der aktuellen der angewandten Psychologie erst einmal deutlich geworden sein. Das nächste Kapitel handelt davon, was man als Germanist an literarischen Texten wissenschaftlich analysieren kann, die dem Geheimnis des Schaffensgrundes auf der Spur bleiben.

2.
Beobachterperspektiven
Zum Problem der Analysierbarkeit von Kreativitätsdarstellungen

2.1 Legende oder Faktum? – Nietzsche über die Inspiration

Der Künstler weiss, dass sein Werk nur voll wirkt, wenn es den Glauben an eine Improvisation, an eine wundergleiche Plötzlichkeit der Entstehung erregt; und so hilft er wohl dieser Illusion nach und führt jene Elemente der begeisterten Unruhe, der blind greifenden Unordnung, des aufhorchenden Träumens beim Beginn der Schöpfung in die Kunst ein, als Trugmittel, um die Seele des Schauers oder Hörers so zu stimmen, dass sie an das plötzliche Hervorspringen des Vollkommenen glaubt. – Die Wissenschaft der Kunst hat dieser Illusion, wie es sich von selbst versteht, auf das bestimmteste zu widersprechen und die Fehlschlüsse und Verwöhnungen des Intellects aufzuzeigen, vermöge welcher er dem Künstler in das Netz läuft.[1]

Weil wir gut von uns denken, aber doch durchaus nicht von uns erwarten, dass wir je den Entwurf eines Rafaelischen Gemäldes oder eine solche Scene wie die eines Shakespeare'schen Drama's machen könnten, reden wir uns ein, das Vermögen dazu sei ganz übermässig wunderbar, ein ganz seltener Zufall, oder, wenn wir noch religiös empfinden, eine Begnadigung von Oben. So fördert unsere Eitelkeit, unsere Selbstliebe, den Cultus des Genius' [. . .]. (KSA 2, S. 151)

Es ist Friedrich Nietzsche, der hier den »Glauben an Inspiration« als »allzumenschliches«, als Künstlern wie Publikum willkommenes Trugbild entlarvt. Sein eigenes Credo heißt: »Alle Grossen waren grosse Arbeiter [. . .]« (KSA 2, S. 146f.), und folglich hat er auch ein »Recept«, »wie Einer ein guter Novellist« werden könne, indem er z. B. »unermüdlich« bleibe »im Sammeln und Ausmalen menschlicher Typen und Charaktere« und sich dieser und anderer Übungen »einige zehn Jahre« befleißige (KSA 2,

1 Nietzsche, Friedrich, 1980 (1878): *Menschliches, Allzumenschliches. Ein Buch für freie Geister*. Erster Band. In: *Sämtliche Werke*. Kritische Studienausgabe in 15 Bänden hg. von Giorgio Colli und Mazzino Montinari. München, Berlin, New York, Bd. 2, S. 141. Die Ausgabe wird im folgenden mit der Sigle KSA zitiert.

S. 153). Ironie ist bei Nietzsches Dichterschule von 1878 insofern im Spiel, als er dem poetischen Handwerk eigentlich keine Zukunft einräumt, den Künstler als »ein herrliches Ueberbleibsel« vergangener Zeiten ansieht und den »wissenschaftlichen Menschen« als »die Weiterentwicklung des künstlerischen« (KSA 2, S. 186). Zehn Jahre später, im Rückblick auf die Entstehung des *Zarathustra*, schreibt er:

> – Hat Jemand, Ende des neunzehnten Jahrhunderts, einen deutlichen Begriff davon, was Dichter starker Zeitalter *Inspiration* nannten? Im andren Falle will ich's beschreiben. – Mit dem geringsten Rest von Aberglauben in sich würde man in der That die Vorstellung, bloss Incarnation, bloss Mundstück, bloss medium übermächtiger Gewalten zu sein, kaum abzuweisen wissen. Der Begriff Offenbarung, in dem Sinn, dass plötzlich, mit unsäglicher Sicherheit und Feinheit, Etwas *sichtbar*, hörbar wird, Etwas, das Einen im Tiefsten erschüttert und umwirft, beschreibt einfach den Thatbestand. Man hört, man sucht nicht; man fragt nicht, wer da giebt; wie ein Blitz leuchtet ein Gedanke auf, mit Nothwendigkeit, in der Form ohne Zögern, – ich habe nie eine Wahl gehabt. Eine Entzückung, deren ungeheure Spannung sich mitunter in einen Thränenstrom auslöst, bei der der Schritt unwillkürlich bald stürmt, bald langsam wird; ein vollkommnes Ausser-sich-sein mit dem distinktesten Bewusstsein einer Unzahl feiner Schauder und Überrieselungen bis in die Fusszehen; eine Glückstiefe, in der das Schmerzlichste und Düsterste nicht als Gegensatz wirkt [...] Alles geschieht im höchsten Grade unfreiwillig, aber wie in einem Sturme von Freiheits-Gefühl, von Unbedingtsein, von Macht, von Göttlichkeit [...] Dies ist *meine* Erfahrung von Inspiration; ich zweifle nicht, dass man Jahrtausende zurückgehn muss, um Jemanden zu finden, der mir sagen darf »es ist auch die meine«. –[2]

In *Menschliches, Allzumenschliches* gilt Nietzsche das Miraculum der Inspiration als Legende, in *Ecce homo* dagegen als Faktum. Die Einheit im Widerspruch könnte man in seiner Neigung zur Selbstmythisierung[3] entdecken – gleichviel, ob er als Wissenschaftler erstmals den faulen Inspirationszauber der Künstler und Schriftsteller zu durchschauen oder als Dichterphilosoph eine letztmals vor »Jahrtausenden« gültige Erfahrung zu erneuern vorgibt. Der Widerspruch selbst demonstriert Nietzsches Wandel von der mittleren zur späten Werkphase. Um die Entwicklung seiner Kunstauffassung geht es mir im folgenden nicht. Was mich interessiert, ist der Unterschied der Blickrichtung: Nietzsche ist im ersten Fall *externer*, im zweiten Fall *interner Beobachter* des Inspirationsgeschehens. Seine beiden Texte sollen das An-

---

2 Nietzsche, Friedrich, 1980 (entst. 1888, publ. 1908): *Ecce homo. Wie man wird, was man ist.* In: KSA Bd. 6, S. 255–374, hier S. 339f.

3 Zu dieser Neigung Nietzsches vgl. Pfotenhauer, Helmut, 1985: *Die Kunst als Physiologie. Nietzsches ästhetische Theorie und literarische Produktion.* Stuttgart.

schauungsmaterial dafür sein, wie wichtig die systematische Trennung von Beobachtungsebenen bzw. Beobachterperspektiven und den ihnen entsprechenden Erfahrungsmodalitäten für die Analyse von Kreativitätsbeschreibungen ist. Die psychologische und die literaturwissenschaftliche Forschung haben dieses Problem bisher kaum beachtet.[4] Unterschieden werden sollte am Phänomen der Inspiration und seiner Darstellung das Folgende:

1. Die *Ebene des Inspirationsgeschehens* selbst, das sich als ein psychophysischer Vorgang vollzieht, für den dann eine sprachliche Beschreibung gefunden werden muß.

2. Jede Beschreibung ist immer schon eine Interpretation. Wie der Inspirationsvorgang z.B. ausgelöst bzw. gesteuert wird (durch eine göttliche Erleuchtung, durch das Unbewußte etc.), wäre demnach erst eine Frage auf einer zweiten Ebene, der *Ebene der Beschreibung des Geschehens.* Hier gibt es zwei mögliche Beobachtungsstandpunkte und -zeiten: den Standpunkt des *internen Beobachters* (d.h. die Selbstbeobachtung des Inspirierten oder Innenperspektive) und den des *externen Beobachters* (d.h. die Fremdbeobachtung des Inspirierten oder Außenperspektive). Die beiden Perspektiven sind völlig überschneidungsfrei. Warum das so ist, hat die neurobiologische Kognitionstheorie auf überraschende Weise beantworten können (cf. Kap. I.3). Einen Unterschied macht es auch, ob die Mitteilungen vom internen bzw. externen Beobachter während oder (in einem oft großen zeitlichen Abstand) nach dem Inspirationsvorgang erfolgen. Ist das Letztere der Fall, so handelt es sich zumeist um aus der Erinnerung *bewußt gestaltete Beschreibungsformen*, bei denen zu vermuten ist, daß sie tradierten Darstellungs- und Deutungsmustern der Inspiration verpflichtet sind. Wie die Ideen- und Literaturgeschichte der Inspiration zeigt, gibt es dabei eben

4 Den Anstoß zu den folgenden Überlegungen gab die neurobiologische Kognitionstheorie des Radikalen Konstruktivismus, die in Kap. I.3 noch erläutert werden wird.

Seitdem Kedrow Mendelejews Arbeitsmaterial untersucht und Berichte über dessen Entdeckung des chemischen Periodensystems passagenweise als Legenden entlarvt hat, kennt die Kreativitätspsychologie das Problem der Beobachterperspektiven, seine erkenntnistheoretischen Implikationen hat sie m.W. bisher nicht prinzipiell diskutiert. Vgl. Kedrov, B.M., 1966/67: *On the Question of the Psychology of Scientific Creativity (on the Occasion of the Discovery by D.J. Mendeleev of the Periodic Law).* In: *Soviet Psychology and Psychiatry* 5/2, S. 18–37. Eine dt. Übersetzung des Aufsatzes findet sich in Ulmann, 1973, S. 249–278. Die literaturwissenschaftliche Forschung hat es bei der Analyse schriftstellerischer Schaffenszeugnisse selten versäumt, auf deren Metaphorik und damit auf die Uneigentlichkeit der Rede hinzuweisen, die grundsätzliche Frage der Analysierbarkeit von Kreativitätsdarstellungen jedoch nie systematisch erörtert.

»Jahrtausende« alte *Grundtexte*, auf die Schaffensbeschreibungen in der Folgezeit stets neu rekurrieren – Grundtexte wie die Museninvokationen Homers und Hesiods oder die biblische Genesis.

Die Berufungszeugnisse der großen Schriftpropheten liefern Nietzsche z.B. das Material für die Beschreibung seiner *Zarathustra*-Inspiration. Nicht nur die Dichtung selbst, auch die Schilderung ihrer Entstehung in *Ecce homo*, die fünf Jahre später erfolgt, ist der Bibelsprache verpflichtet. Sie enthält die aus den Offenbarungsberichten des Jesaja oder Jeremia bekannten Topoi, die in den Visionsbekundungen der christlichen Mystiker wiederkehren. Der Inspirierte hat demnach das Gefühl einer *momentanen Depersonalisation* durch den Zwang einer fremden Macht. Er erlebt sich also nicht mehr als Herr seiner selbst, sondern als passiver Empfänger einer Botschaft – »gepackt und überwältigt« (Jer 20,7) bzw. als »medium übermächtiger Gewalten« (KSA 6, S. 339). Dieser Zustand tritt plötzlich ein und ist von einer unerhörten *psychischen und physischen Intensität*, die alle Sinne ergreift. So körperlich-drastisch wie Nietzsche stellen schon Jahwes Erwählte diese Erschütterung dar (vgl. z.B. Jes. 21,2-4). Er teilt mit ihnen die Gemischtheit der Empfindungen, die Verbindung von Schmerz und Glück, den Wechsel der Gefühle von der Passivität und Ohnmacht zu gesteigerter *Selbstmächtigkeit*. Auch das Ende des Inspirationsgeschehens wird vergleichbar geschildert. Der Prophet Daniel liegt nach einer Vision »erschöpft« und »mehrere Tage lang krank zu Bett« (Dan 8,27), und bei Nietzsche heißt es: »Ich lag ein Paar Wochen hinterdrein in Genua krank.« (KSA 6, S. 340)

Nietzsche entleiht aus dem Modell der Propheteninspiration nur die Bildhälfte, nicht aber die Sachhälfte: die Deutung des Geschehens. Die »Vorstellung, bloss Incarnation, bloss Mundstück übermächtiger Gewalten zu sein«, sei vom Gefühl her zwar »kaum abzuweisen«, vom Verstand her aber dennoch nur ein »Aberglauben« (KSA 6, S. 339). Offensichtlich gibt es zwei verschiedene Redeformen in seiner Darstellung: die *Sprache der Begeisterung* und die *Sprache der Analyse*.[5] Zitatcharakter – durch die stilistische Angleichung an die Prophetenvisionen, die, wie erwähnt, vermutlich der Selbststilisierung Nietzsches dient – hat allein die erste, und sie bezieht sich lediglich auf die Physiognomie der Inspiration, auf deren ekstatischen Erscheinungszustand mit seinen beschränkten körperlichen Ausdrucks-

5 Diese terminologische Differenzierung verdankt sich einem Vortrag von Neumann, Peter Horst, 1990: *Mythen der Inspiration. Aus den Gründerjahren der Neuen Musik. Hans Pfitzner, Arnold Schönberg und Thomas Mann.* In: *Festschrift Rudolf Stephan.* Laaber, S. 441–457.

möglichkeiten. Die Sprache der Analyse jedoch ist keinesfalls mythologisierend oder ahistorisch. Die Ursache des Inspirationsphänomens scheint Nietzsche in dieser Redeform allerdings auch nicht mitteilbar zu sein.

3. Zurück zur Systematik. In der Beobachtung des Inspirationsvorgangs ist noch eine dritte Ebene auszugrenzen: die *Ebene der rückbezüglichen Beschreibung des Geschehens.* Vom *primären Beobachter*, der Zeuge des Inspirationsgeschehens ist, ist der *sekundäre* zu unterscheiden, der sich nur auf Überlieferungen des Geschehens stützen kann und Interpretationen von Beschreibungen anfertigt.

In dieser Position befinden sich sowohl Psychologen wie Literaturwissenschaftler, wenn sie Darstellungen künstlerischer bzw. dichterischer Schaffensprozesse untersuchen. Sie urteilen aus der Außenperspektive und haben es mit bewußt gestalteten Beschreibungsformen zu tun. Zu Erfahrungen des Irrationalen, z.B. zur Frage der Verbürgerung der Inspiration durch eine göttliche Erleuchtung (d.h. also zu Deutungen innerer Zustände durch den Inspirierten selbst), können sie nichts Verläßliches sagen – *gleichgültig, ob sie sich dabei kritisch* (wie Nietzsche bei seiner psychologischen Entlarvung des Inspirationsgeheimnisses in *Menschliches, Allzumenschliches*) oder *gläubig geben.* Und ihre Analyse bezieht sich – *gleichgültig wiederum, ob ihnen eine nonfiktionale oder eine fiktionale Kreativitätsdarstellung vorliegt* (z.B. eine Autobiographie oder eine Künstlernovelle) – nicht auf die ›Wirklichkeit‹ der Inspiration, sondern auf deren Bild, die Beschreibungsform in ihrer jeweiligen individuellen und kultur- bzw. literaturgeschichtlichen Prägung. Und aus diesen Bildern werden in der Interpretation wieder nur Bilder verfertigt. Kafkas Tagebuchnotizen über die Entstehung seiner Erzählung *Das Urteil* z.B. sind ebenso als subjektabhängige Konstruktionsleistungen zu behandeln wie deren positivistische Überprüfung oder deren psychoanalytische Deutung. Die Möglichkeit, über den objektiven Wahrheitsgehalt der Aussagen zu diskutieren, entfällt damit.

Die Trennung der Beobachterperspektiven und ihrer spezifischen Erfahrungsmodalitäten ist bei der Untersuchung von Kreativitätsbeschreibungen nicht nur ein Gebot methodischer Genauigkeit. Sie verhindert einerseits das Grübeln über Geheimnisse, die nicht lösbar sind, und sie schmälert anderseits die Lust an der Geheimnistuerei, die so häufig herrscht, wenn von Kreativität die Rede ist – was im zweiten Hauptteil meiner Arbeit an der Forschungsliteratur über Mörikes Mozart-Novelle exemplarisch gezeigt werden soll (cf. Kap. II.2). Sie ermöglicht außerdem in Interpretationen einen Zugewinn an inhaltlicher Erkenntnis. Für jede Künstlernovelle etwa – um nur einen Aspekt zu nennen –, deren Hauptfigur wie im Falle von Mörikes *Mozart auf der Reise nach Prag* ein historisches Vorbild hat, kann das Spannungsverhältnis zweier Beobachterperspektiven konstitutiv sein. Der Autor hat im Prinzip die Möglichkeit, sowohl aus der Perspektive des internen Beobachters zu schreiben, im Rekurs auf eigene Schaffenserfahrungen, wie aus der Perspektive des externen Beobachters, im Rekurs auf überlieferte Selbstbeschreibungen des Vorbilds oder Deutungen seines Schaffensprozesses durch Biographen. Das erscheint selbstverständlich, wird von Interpreten aber häufig mißachtet.

Das *Beobachterkonzept* verhilft vor allem dazu, das Augenmerk auf die *Konstruktivität* jeder Kreativitätsdarstellung zu lenken. Die Frage ist sinnvollerweise dann nicht – um es noch einmal zu wiederholen –, was Kreativität ist, sondern wie über Kreativität gesprochen wird, was nach historisch wie individuell unterschiedlichen Kriterien von einem Beobachter für kreativ gehalten wird. Das läßt sich – und deshalb wurde das Exempel gewählt – am Problem der Inspiration, als besonders ›legendenanfälliger‹ Erscheinung der Kreativität, eindringlich demonstrieren, gilt im Grunde aber für alle Aspekte der Kreativitätsbeschreibung, also gleichermaßen für die Beschreibung der kreativen Persönlichkeit, des kreativen Produkts wie der sozialen Voraussetzungen von Kreativität. Von den vier »p's« der Kreativitätspsychologie ist damit wieder die Rede, trotz der ideologiekritischen Einwände des vorhergehenden Kapitels. Es erscheint auch zweckmäßig, diese Terminologie in der literaturwissenschaftlichen Analyse historischer Texte beizubehalten unter der Voraussetzung, daß vom ideengeschichtlichen Gehalt des modernen Konzepts abstrahiert und Kreativität als reiner Strukturbegriff verstanden wird. So verwendet, dient die Terminologie lediglich dazu, Ordnungsaspekte der Kommunikation über Kreativität zu benennen (eben Persönlichkeit, Prozeß, Produkt und soziale Bedingungen der schöpferischen Tätigkeit). Die inhaltlich bestimmten historischen Begriffe der Einbildungskraft, Phantasie, Imagination, Genialität etc. werden dadurch nicht ersetzt, sondern in diesem *Kommunikationsschema* positioniert. Wenn in einer Darstellung künstlerischen Schaffens z.B. von Inspiration oder Inspiriertheit gesprochen wird, sollte der Interpret unterscheiden, ob damit eine persönliche Begabung des Kreativen, eine Phase seines Schaffensprozesses, ein Qualitätsmerkmal seines Erzeugnisses oder das stimulierende Klima seiner Umgebung bezeichnet wird.

2.2 Die ikonologische bzw. grammatographische Interpretationsmethode

Das Beobachterkonzept liefert die *epistemologische Basis* für die Untersuchung literarischer Kreativitätsdarstellungen und fokussiert das Interesse auf deren Konstruktivität. Es begründet noch keine *Methode*, die die Konstruktivität fiktionaler Texte aufschließt, d.h. den spezifischen Charakter *ästhetischer* Darstellungs- und Deutungsmuster von Kreativität berücksichtigt. Dafür scheinen mehrere Verfahrensweisen geeignet. Für die Interpretation von Künstlernovellen gebe ich der von Aby Warburg angeregten und von Erwin Panofsky systematisierten *Methode der ikonologischen Interpretation* den Vorzug. Das hat drei Gründe. Erstens geht die Ikonologie, obwohl dies in den theoretischen Schriften ihrer Initiatoren nicht im Sinne eines Konzepts formuliert wird, konsequent von der Perspektive des Beobachters aus. Zweitens betreibt sie Ideengeschichte von vornherein als Stilgeschichte, während z.B. die Semiotik, die sich ebenfalls mit der Bedeutung ästhetischer Zeichen beschäftigt, von ihrem wissenschaftshistorischen Ursprung her in linguistischen bzw. anthropologischen Denkmodellen wurzelt. Und drittens ist das methodische Korsett der Ikonologie ordentlich, aber locker geschnürt. Der Interpret hat Halt und Bewegungsfreiheit zugleich, er steckt nicht in einer Zwangsjacke.

Die Ikonologie ist eine Methode zur Interpretation von Bildwerken. Von einer ikonologischen Betrachtung literarischer Texte sollte man sinnvollerweise nur dann sprechen, wenn die untersuchten Gegenstände verbalisierte visuelle Vorstellungen sind, also z.B. Heines Landschafts- und Personenporträts in den *Reisebildern*, die Höhlen- und Schwellenmotive in Kafkas Prosa oder die Labyrinth-Bilder in Hildesheimeres Romanen *Tynset* und *Masante.*[6] Aus der Analyse zentraler literarischer ›Bilder‹ kann man durchaus den ideengeschichtlichen Gehalt eines Werkes gewinnen; Panofskys Methode hätte in dieser eingeschränkten Handhabung allerdings nur den Stellenwert eines heuristischen Prinzips. Sie wäre nicht mehr wie in der

6 So verfährt z.B. weitgehend Ries, Wiebrecht, 1987: *Franz Kafka*. München, Zürich, der vier zentrale Bildkomplexe bei Kafka analysiert (Strafphantasien, Wunden, Labyrinthe und Todesbilder). Mit welchem Recht Ries allerdings ansonsten seinen Ansatz »ikonographisch« bzw. »ikonologisch« nennt (cf. S. 14), bleibt unklar. Auf die Methode Panofskys, dessen Namen er nicht einmal erwähnt, beruft er sich jedenfalls nicht. Die verzögerte Rezeption der von jüdischen Emigranten entwickelten Ikonologie nach 1945 in Deutschland ist ein eigenes Kapitel. Ihre ›Wiederentdekkung‹ in der Kunstwissenschaft erfolgte m.W. erst in den siebziger Jahren, die literaturwissenschaftliche Methodendiskussion hat sie bis heute kaum beeinflußt.

Kunstwissenschaft ein generelles Verfahren zur Untersuchung aller bedeutungstragenden Elemente eines Werkes. Die Bindung von Panofskys Interpretationsstrategie an visuelle Phänomene erscheint jedoch keineswegs essentiell; d.h. auf der Basis seiner Überlegungen läßt sich vermutlich ein Modell zur Analyse literarischer Werke entwickeln, das dem ursprünglich umfassenden Geltungsanspruch der Ikonologie verpflichtet bleibt. Diese Transposition soll im folgenden versucht werden. Die hieraus resultierende Methode gleichfalls Ikonologie bzw. Ikonographie zu nennen, wäre mißverständlich. Statt dessen wird in Analogie zu Panofskys Begriffsbildung die Bezeichnung *Grammatographie* vorgeschlagen, die den Wechsel des Interpretationsobjekts vom Bild zum literarischen Text ausdrückt.[7]

»Die Ikonographie« – so Panofsky in der Einleitung seiner erstmals 1939 erschienenen *Studies in Iconology* – »ist der Zweig der Kunstgeschichte, der sich mit dem Sujet (Bildgegenstand) oder der Bedeutung von Kunstwerken im Gegensatz zu ihrer Form beschäftigt.«[8] Der Schwerpunkt von Panofskys Erkenntnisinteresse ist aus der Definition zu ersehen; irrig wäre allerdings die Annahme, daß ikonologische Forschung die Untersuchung von Formfragen ausklammere. Panofskys Studien demonstrieren, daß er formale Elemente als Bedeutungsträger und die Analyse von Differenzen oder Kongruenzen zwischen form- und ideengeschichtlichen Prozessen als ein heuristisches Prinzip zur Entdeckung neuer wissenschaftlicher Einsichten begriff. Das eigentliche Ziel der »Kunstgeschichte als geisteswissenschaftlicher Disziplin« blieb für ihn stets die Erkenntnis des »Sinns«, des ideenge-

7 Der Austausch der Namen und die Einrichtung der Panofskyschen Interpretationsstrategie nach literaturwissenschaftlichen Erfordernissen begründet selbstverständlich keine neue Methode. ›Literatur‹ heißt im altgriech. ›ta grammata‹. Das Verfahren *Grammatologie* zu nennen, verbietet sich, weil Jacques Derrida unter diesem Namen eine Wissenschaft von der Schrift zu beschreiben versucht hat – vgl. Derrida, Jacques, 1974 (franz. 1967): *Grammatologie (De la grammatologie)*. Frankfurt/M. Deshalb wird im folgenden nur der Begriff *Grammatographie* verwendet. Vorweg eine Übersicht über die nomenklatorischen Entsprechungen nach den drei Interpretationsstufen Panofskys: Der Begriff *»vorikonographische Beschreibung«* wird ersetzt durch *vorgrammatographische Beschreibung*, der Begriff *»ikonographische Analyse«* durch *grammatographische Analyse*, der Begriff *»ikonologische Interpretation«* durch *grammatographische Interpretation*.

8 Vgl. Panofsky, Erwin, 1980 (engl. 1939): *Studien zur Ikonologie. Humanistische Themen in der Kunst der Renaissance. (Studies in Iconology)*. Köln, S. 30. Zu weiteren Arbeiten von und über Panofsky und zur Geschichte der ikonologischen Forschung vgl. die Einführung von Jan Bialostocki und die Bibliographie in der deutschen Ausgabe sowie vor allem die Beiträge in Kaemmerling, Ekkehard (Hg.), 1979: *Ikonographie und Ikonologie. Theorien – Entwicklung – Probleme*. Köln.

schichtlichen Gehalts eines Kunstwerks.[9] Die Konstruktion der Erkenntnis hängt für Panofsky nun entscheidend von der »subjektiven Ausrüstung« des Beobachters ab, der sich über die Interpretation einzelner Zeichen ein Verständnis vom »Kunstwerk als Ganzes« verschaffen will. Intersubjektive Gültigkeit könnten seine Ergebnisse erst beanspruchen, wenn sie vorhandenen »traditionsgeschichtlichen Einsichten« vermittelbar seien, diese bereicherten oder veränderten.[10] Panofsky ist hier gegen seine Kritiker in Schutz zu nehmen, die ihm vorwerfen, (auch realistische) Kunstwerke erstens generell als Kryptogramme zu behandeln, um zweitens dann den in ihnen verborgenen *wahren* Sinn zu entdecken.[11] Das ist meines Erachtens ein doppeltes Mißverständnis, denn erstens ist für Panofsky die Entschlüsselung des Sinngehalts eines Kunstwerks eben ein *konstruktiver Akt* des Interpreten und zweitens erhebt er nirgends den Anspruch, daß seine Methode eine eindeutige, einzig richtige Auslegung eines Kunstwerks liefern könne. Die Ikonologie ist im Grunde ein hermeneutisches, d.h. subjektabhängiges Interpretationsverfahren. Was Panofsky nur einklagt, ist ein relativ hoher Grad der Überprüfbarkeit ihrer Aussagen.

Panofskys methodischer Einfall ist es, die Interpretation in drei Akte aufzugliedern, in denen der Beobachter jeweils unterschiedliche Bedeutungsschichten zu erfassen versucht. Auf der ersten Stufe der Interpretation erfolge die Wahrnehmung *»primärer* oder *natürlicher Bedeutungen«*, die auf die Alltagserfahrung, die »praktische Erfahrung«, des Beobachters rekurriere. Panofsky unterteilt diese Klasse von Bedeutungen in *»tatsachenhafte* und *ausdruckshafte«*. Der Beobachter versuche hier einerseits die »Gegenstände« oder »Ereignisse« eines Bildes zu bestimmen, also z.B. eine Konfiguration von Linien als Darstellung eines Zimmers oder als Darstellung zweier Menschen, die aufeinander zugehen, und anderseits die »Stimmung« der »Sujets«, z.B. die Atmosphäre des Zimmers oder der Begegnung der beiden Personen als friedlich, bedrohlich etc. Panofsky nennt diesen ersten Interpretationsakt eine *»vorikonographische* Beschreibung« der »Welt der künstlerischen Motive«.[12]

Panofskys Motiv-Begriff entspricht in Inhalt und Umfang dem Motiv-Begriff der Literaturwissenschaft. Er versteht darunter zum einen die Iden-

9 Vgl. Panofsky, Erwin, 1978 (engl. 1957): *Sinn und Deutung in der bildenden Kunst. (Meaning in the Visual Arts)*. Köln, hier vor allem die Einführung *Kunstgeschichte als geisteswissenschaftliche Disziplin*, S. 7–35.

10 Cf. Panofsky, 1980, S. 40f.

11 Mehr oder weniger moderat wird die Ikonologie deshalb kritisiert in den Aufsätzen von Otto Pächt *Kritik der Ikonologie* und Ernst H. Gombrich *Ziele und Grenzen der Ikonologie* in: Kaemmerling (Hg.), 1979, S. 353–376 und S. 377–433.

12 Cf. Panofsky, 1980, S. 32–34.

tifizierung eines stofflich-thematischen Elementes der Darstellung, zum anderen die Identifizierung des psychologischen Beweggrundes eines dargestellten Ereignisses. Wichtig ist, daß die Referenzen noch der alltäglichen Lebenswelt des Beobachters entstammen, gleichgültig jedoch, ob dabei Bezug genommen wird auf Gegenstände und Ereignisse physischer, fiktiver oder abstrakter ›Existenz‹. Wie in der Literaturwissenschaft (vgl. z.B. die Märchenmotivik) gehören dazu also auch phantastische und von der künstlerischen Illusion erzeugte Motive, insofern der Beobachter zu ihrer Identifizierung keiner speziellen Schulung bedarf.

An dem Motiv der Erscheinung eines Kindes am Himmel in Rogier van der Weydens *Drei Weisen* führt Panofsky die Notwendigkeit eines Kontrollprinzips der vorikonographischen Beschreibung vor. Das Kind als eine auf wunderbare Weise schwebende ›Erscheinung‹ wahrzunehmen, sei statthaft nur, weil es sich um ein Gemälde aus dem 15. Jahrhundert handele, das die Gegenstände schon perspektivisch-realistisch anordne, wie es dem modernen Beobachter vertraut sei. Diese Bestimmung könnte z.B. bei der flächigen Darstellung eines mittelalterlichen Bildes nicht mit der gleichen Sicherheit vorgenommen werden. Die stilgeschichtliche Erfahrung habe die praktische Erfahrung hier zu ergänzen oder zu korrigieren. Das Kontrollprinzip der »*Stil*geschichte« definiert er als »Einsicht in die Art und Weise, wie unter wechselnden historischen Bedingungen *Gegenstände* und *Ereignisse* durch *Formen* ausgedrückt wurden.«[13]

Die *vorgrammatographische Beschreibung* eines literarischen Textes hat also – in Analogie zu Panofskys Überlegungen – dessen *Motive* zu identifizieren. Der Interpret darf dabei den Bereich der *praktischen*, d.h. hier: der *vorwissenschaftlichen Erfahrung* nicht verlassen. Die empirische Rezeptionsforschung hat im übrigen inzwischen nachgewiesen, daß die Wahrnehmung solcher primären Bedeutungen auch die Ausgangsbasis der Interpretation von Texten bildet, und zwar nicht nur auf der Mikroebene, bei der Bestimmung von Referenzen einzelner Zeichen, sondern auch auf der Makroebene. Demnach konstruiert jeder Leser auf der Grundlage von Informationen des Textes und mit Hilfe von Inferenzen aus seiner praktischen Erfahrung von vornherein ganzheitliche mentale Repräsentationen und reiht im Verstehensprozeß nicht einfach die semantischen Einheiten des Textes linear aneinander.[14] Er macht sich also ein Bild von den »Gegenständen« und »Ereignissen« des Textes und deren Ausdruckscharakter, komplettiert z.B.

13 Cf. Panofsky, 1980, S. 41.

14 Vgl. Schnotz, Wolfgang, 1985: *Elementaristische und holistische Theorieansätze zum Textverstehen*. Tübingen: Typoskript (= Forschungsbericht 35 des Deutschen Instituts für Fernstudien an der Universität Tübingen).

die Skizze des Schinzbergschen Schloßparks in Mörikes Mozart-Novelle mit eigenen Schloßeindrücken und assoziiert dem Ganzen aufgrund der Epitheta die heitere Note eines Spätsommertages etc.

Der Bereich der praktischen Erfahrung muß bei der vorgrammatographischen Beschreibung transzendiert werden, wenn es um die Kontrolle der Wahrnehmung primärer Bedeutungen geht. Die Einführung des *stilgeschichtlichen Korrektivs* mit seiner historischen und ästhetischen Dimension ist für den ersten Akt der Interpretation literarischer Texte gleichfalls erforderlich. Die vorwissenschaftliche Betrachtung ist an dieser Stelle also durch Fachwissen zu ergänzen. Wer z.B. die Technik des ›stream of consciousness‹ und das leitmotivische Organisationsprinzip nicht kennt, wird das Schlußkapitel von James Joyce *Ulysses* nur als zusammenhangloses Gerede begreifen können.

»*Ikonographische Analyse* im engeren Sinne des Wortes« nennt Panofsky den Verstehensakt auf einer zweiten Interpretationsstufe, auf der *»sekundäre* oder *konventionale* Bedeutungen bzw. *Sujets«* wahrgenommen, d.h. Motive oder Motivkombinationen mit *»Themen* oder *Vorstellungen«* verbunden werden. Das Bild einer um eine Speisetafel gescharten Gruppe von Personen werde durch die Kenntnis des Neuen Testaments z.B. als Darstellung des Abendmahls Christi identifizierbar. Motive, die als Träger einer sekundären oder konventionalen Bedeutung erkannt werden, bezeichnet Panofsky als *»Bilder, Anekdoten* und *Allegorien«*. Nicht mehr die praktische Erfahrung, sondern die Vertrautheit mit »literarischen Quellen« sei die Grundlage der ikonographischen Analyse.[15] Diese bliebe immer noch rein deskriptiv, sie sammle und klassifiziere das Bildermaterial eines Werkes, konstruiere jedoch nicht dessen Sinnzusammenhang.[16]

Systematikern mag es ein Ärgernis sein, daß Panofskys Begriffswahl den Eindruck einer gewissen Beliebigkeit erweckt und strenge Definitionen nicht gerade seine Stärke sind. Dennoch erscheint klar, was beim zweiten Interpretationsschritt zu tun ist und wie die methodische Anweisung für literaturwissenschaftliche Zwecke übersetzt werden kann. Die *grammatographische Analyse* eines literarischen Textes hat demnach dessen *Tropen* und *Topoi* zu bestimmen. Der Begriff Topos soll hier im weitesten Sinne verstanden werden: als Sammelname für alle geistes-, kultur- oder sozialgeschichtlich konventionalisierten Elemente eines Werkes. Wie Panofskys Interpretationsbeispiele beweisen, setzt er eine solche umfassende *semiotische Kompetenz* als spezifisches Fachwissen für die ikonographische Analyse voraus und nicht allein die Vertrautheit mit der literarischen Überlieferung. Bei

---

15 Cf. Panofsky, 1980, S. 33 und 41.
16 Cf. Panofsky, 1978, S. 41 f.

der grammatographischen Analyse eines literarischen Textes hat man folglich auf Bilder und Formeln genuin literarischer Provenienz ebenso zu achten wie auf topische Elemente anderer Diskurse (z.B. bei der Untersuchung von Hoffmanns *Das Fräulein von Scuderi* auf die fachsprachlichen Wendungen der Jurisprudenz, Medizin und Theologie) und auf die Beschreibung nonverbaler Bilder und Topoi (auf Körperzeichen wie z.B. die Schamröte, auf Kommunikationsrituale wie z.B. die Zeremonie eines Festes etc.).

Als Kontrollprinzip der ikonographischen Analyse führt Panofsky die »*Typen*geschichte« ein, die er definiert als »Einsicht in die Art und Weise, wie unter wechselnden historischen Bedingungen bestimmte *Themen* oder *Vorstellungen* durch *Gegenstände* und *Ereignisse* ausgedrückt wurden«. Deren Notwendigkeit demonstriert er am Beispiel eines Bildes des venezianischen Malers Francesco Maffei aus dem 17. Jahrhundert, das eine junge Frau zeigt, die mit der linken Hand ein Schwert und mit der rechten eine Schüssel hält, in der der Kopf eines Enthaupteten liegt. Die Frage sei, ob es sich um ein Bildnis der Salome oder der Judith handele. Das Attribut des Schwertes passe nicht zu Salome, die Johannes den Täufer nicht selbst geköpft habe, das Attribut der Schüssel nicht zu Judith, die laut biblischen Berichts das Haupt des Holofernes in einen Sack steckte. Das Problem sei erst lösbar, wenn man wisse, daß es im 15. Jahrhundert zwar Darstellungen der Judith mit einer Schüssel, aber keine der Salome mit Schwert gegeben habe.[17]

Panofsky gebraucht den Begriff Typus in vergleichbarer Weise wie die Literaturwissenschaft, nämlich im weiteren Sinn als Vorstellung von Personen oder Sachen, die sich aus in einem historischen Kontext konstanten, als wesensbestimmend angesehenen Merkmalen zusammensetzt. Die Kenntnis der *Typengeschichte* ist auch eine notwendige Voraussetzung für die korrekte grammatographische Analyse eines literarischen Textes. Dafür ein Beispiel. E.T.A. Hoffmanns Erzählung *Der Sandmann* als Künstlernovelle zu rubrizieren, wie es in der germanistischen Forschung üblich geworden ist[18], wird ein Laie für spitzfindig halten. Er entdeckt in dem Studenten Nathanael, der sich in die Puppe Olimpia verliebt, vermutlich nur den Typus des liebeskranken Neurotikers, und in dem kleinen Gedicht Nathanaels, das dem Leser mitgeteilt wird, ein beiläufiges Produkt seines Wahnsinns. Daß

---

17 Cf. Panofsky, 1980, S. 41 (Zitate) u. S. 38f. (Interpretation des Judith-Gemäldes).

18 Vgl. z.B. Schmidt, Jochen, 1985: *Die Geschichte des Genie-Gedankens in der deutschen Literatur, Philosophie und Politik 1750–1945*. 2 Bde. Darmstadt, hier Bd. 2, S. 19ff.

hier am Beispiel der Imaginierung einer Geliebten die Krise künstlerischer Einbildungskraft dargestellt werden soll, leuchtet erst ein, wenn Parallelen zu anderen Erzählungen dieser Epoche wie z.B. Eichendorffs *Marmorbild* gezogen werden können, in denen der romantische Künstler ebenfalls in der Pygmaliongestalt erscheint.[19]

Den dritten Interpretationsschritt nennt Panofsky *»Ikonologische Interpretation«*. Sie erfasse an einem Kunstwerk dessen *»eigentliche Bedeutung oder Gehalt«*. Damit ist keineswegs die Erkenntnis einer objektiven Aussage des Werkes gemeint, sondern die Wahrnehmung von *»›symbolischen‹ Werten«*, die es mit anderen zeitgenössischen Kulturdokumenten verbindet und die »Zeugnis ablegen über die politischen, poetischen, religiösen, philosophischen und gesellschaftlichen Tendenzen der Person, der Epoche oder des Landes«. Zweierlei sei dafür die Voraussetzung: interdisziplinäres Wissen und ein besonderer, von der »persönlichen Psychologie und *›Weltanschauung‹*« geprägter Rateinstinkt des Interpreten, den Panofsky als *»synthetische Intuition* (Vertrautheit mit den *wesentlichen Tendenzen des menschlichen Geistes)«* bezeichnet. Dieser »intuitive Ansatz« müsse wiederum durch ein Korrektiv ergänzt werden, durch die Kenntnis der »Geschichte *kultureller Symptome* oder *›Symbole‹* allgemein (Einsicht in die Art und Weise, wie unter wechselnden historischen Bedingungen *wesentliche Tendenzen des menschlichen Geistes* durch bestimmte *Themen* und *Vorstellungen* ausgedrückt wurden)«.[20] Ein hervorragendes Beispiel für die Kunst ikonologischer Interpretation gibt die von Erwin Panofsky und Fritz Saxl gemeinsam verfaßte Studie über den Dürerschen Kupferstich *Melencolia I*, wie eingangs, bei der Betrachtung des Cézanne-Bildes, schon erwähnt.[21] Sie klassifizieren zunächst die Alltagsgegenstände des Bildes, z.B. die um den traurigen Engel gelagerten mathematischen bzw. geometrischen Objekte und Instrumente wie Lineal, Zirkel, Polyeder (vorikonographische Beschreibung). Danach untersuchen sie deren konventionale Bedeutung, zitieren z.B. mittelalterliche Bibelillustrationen, in denen der Zirkel als Attribut des göttlichen Weltbaumeisters erscheint (ikonographische Analyse), um schließlich durch den Vergleich philosophisch-theologischer Melancholiedeutungen des Mittelalters und der Renaissance (u.a. durch die Analyse der Schriften Heinrich von Gents und Marsiglio Ficinos) den Kupferstich als Sinnbild des neuzeitlichen Genies zu identifizieren, das die mathematische Wissenschaft zum Träger

19 Zum Problemzusammenhang vgl. Matt, Peter von, 1971: *Die Augen des Automaten. E.T.A. Hoffmanns Imaginationslehre als Prinzip seiner Erzählkunst.* Tübingen.

20 Alle Zitate aus Panofsky, 1980, S. 39–41.

21 Vgl. die Belege in Anm. 5 der Vorbemerkung.

menschlicher Selbstbestimmung auserkoren hat und verzweifelt ist über die Grenzen seines Erkenntnisvermögens (ikonologische Interpretation).

In Analogie zu Panofskys Begriffsbildung wird die *grammatographische Interpretation* definiert als die Untersuchung der *ideengeschichtlichen Aspekte* eines literarischen Textes. Die Grundlagen für die Entfaltung des Beziehungssinns zwischen einem Kunstwerk und anderen zeitgenössischen Kulturdokumenten sind *wissenschaftliche Kreativität* (Panofskys »Rateinstinkt« bzw. »intuitiver Ansatz«) und *interdisziplinäre Orientierung* des Interpreten. Die Herstellung solcher Beziehungen ist der am stärksten subjektabhängige Akt innerhalb der grammatographischen Untersuchungsreihe. Zu seiner Kontrolle ist eine gründliche Kenntnis der Forschungsliteratur über *allgemeine historische Wandlungsprozesse* (der Kultur-, Sozial-, Religions-, Philosophiegeschichte etc.) nötig. Dafür wiederum ein Beispiel aus dem literaturwissenschaftlichen Bereich. Der spöttische Umgang mit dem Glauben an Feenmärchen und die Entlarvung seiner natürlichen Ursachen in Christoph Martin Wielands *Don Sylvio* mögen daraus erklärt werden, daß der Verfasser des Romans ein Anhänger der medizinischen Anthropologie war, in deren Methoden ihn der Schweizer Arzt Johann Georg Zimmermann eingeführt hatte. Daß dieser Befund eine wesentliche Tendenz der Zeit erfaßt, bestätigen Erkenntnisse über die Anthropologie als Zentralwissenschaft der Aufklärung, über die Schwärmerkritik als ihrem bevorzugten Methodenparadigma in Wissenschaft und Literatur und über den Zusammenhang von »Erfahrungsseelenkunde« und der Entstehung neuer Literaturgattungen im 18. Jahrhundert – z. B. des bürgerlichen Romans, dem das Gesetz der psychologischen Kausalität zum Organisationsprinzip des Erzählens wird.[22]

---

22 Vgl. dazu Schings, Hans-Jürgen, 1977: *Melancholie und Aufklärung. Melancholiker und ihre Kritiker in Erfahrungsseelenkunde und Literatur des 18. Jahrhunderts.* Stuttgart, sowie ders., 1980: *Der anthropologische Roman. Seine Entstehung und Krise im Zeitalter der Spätaufklärung.* In: *Studien zum achtzehnten Jahrhundert.* Hg. von der deutschen Gesellschaft für Erforschung des 18. Jahrhunderts. Bd. 2/3. München, S. 247–275.

Übersicht über die Interpretationsstufen

Gegenstand der Interpretation	*Akt der Interpretation*	*Ausrüstung für die Interpretation*	*Kontrollprinzip der Interpretation*
I Motive	Vorgrammatographische Beschreibung	Praktische Erfahrung	Kenntnis der Stilgeschichte
II Tropen und Topoi	Grammatographische Analyse	Semiotische Kompetenz	Kenntnis der Typengeschichte
III Ideengeschichtliche Aspekte	Grammatographische Interpretation	Wissenschaftliche Kreativität und interdisziplinäre Orientierung	Kenntnis allgemeiner historischer Prozesse

Klar geworden ist vermutlich, daß ein einzelner dem hypertrophen Anspruch der ikonologischen Interpretation kaum gewachsen ist. Zur sinnvollen Besetzung des dritten Parts bedürfte es statt einer Solostimme eigentlich eines Universitätschors, der aus Vertretern aller Fächer zusammengestellt ist. In Panofskys Studien dominiert zumeist die ikonographische Analyse. Zur ikonologischen Deutung des Dürerschen Melancholiebildes haben neben ihm auch Fritz Saxl und Raymond Klibansky entscheidend beigetragen. Man wird folglich von meinen Novellenuntersuchungen nicht mehr erwarten dürfen als seltene und zögerliche Andeutungen des dritten Interpretationsschrittes. Panofsky hat sich im übrigen in seinen Interpretationen nie sklavisch an das eigene Programm gehalten. Ich werde es bei den Werkanalysen tunlichst vermeiden, die Schubladen der Grammatographie immer wieder demonstrativ zum Einsammeln der Ergebnisse zu öffnen. Der Leser soll nicht gelangweilt werden. Ich wollte nur zur Überprüfbarkeit meiner Interpretationen die eigenen Denkschemata vorab transparent machen. Bekannt sind demnach jetzt die epistemologische Basis (das Beobachterkonzept), das Kommunikationsschema (die Ordnungsaspekte des psychologischen Kreativitätsmodells, also die vier »p's«) und die Interpretationsmethode (Grammatographie). Was noch fehlt, ist die Formulierung spezifischer Erkenntnisziele bzw. Interpretationsfragen.

3.
»Wen kümmert's, wer spricht?«
Zur Ideengeschichte der Kreativität zwischen Goethezeit und Gegenwart II: Fragenkatalog

Scheinbar teilnahmslos führt der Geschichtenerzähler von Samuel Becketts 1953 erschienenen Roman *L'Innommable* die Vergeblichkeit aller Versuche vor, sein (oder anderer) Sprechen zu personalisieren und damit dessen Ursprungsort anzugeben. Es taugt nicht mehr als Identitätsausweis. Die wiederholte Demonstration des Scheiterns, die der Namenlose stellvertretend für den Autor und dessen Schaffensproblematik vorexerziert, hält das endgültige Verstummen auf und läßt die Mühe und den Schmerz spüren, die die allmähliche Preisgabe der jahrhundertealten Vorstellung subjektzentrierter Kreativität kostet.

Beckett ist bekanntlich einer der Kronzeugen poststrukturalistischer und dekonstruktivistischer Diskursanalytiker, für deren Literatur- bzw. Gesellschaftstheorien die hier inzwischen klaglos akzeptierte These vom Untergang des neuzeitlichen Subjekts die positive Grundlage ist. In der Konsequenz ihres Ansatzes liegt es, in der literarischen Tradition nach Indizien dafür zu suchen, daß die Idee schöpferischer Eigentümlichkeit von jeher eine Illusion war.[1] Es ist völlig legitim, unter diesem Aspekt die (Literatur-) Geschichte als Vorgeschichte der Gegenwart zu betrachten – in der die Vorstellung entindividualisierter Kreativität die herrschende gesellschaftliche Praxis bestimmt (freilich aus ökonomischen Gründen – cf. Kap. I.1 – und nicht aus wissenschaftlicher Einsicht). Ignoriert werden kann jedoch nicht, daß es zur Zeit auch Tendenzen gibt, den Begriff des Subjekts bzw. die Idee schöpferischer Eigentümlichkeit zu restituieren, z. B. in der Philosophie, der Kognitionstheorie oder der postmodernen Ästhetik (cf. I.3.1.1/1.2).

Folglich könnte die Literaturgeschichte der Kreativität im 19. und 20. Jahrhundert aus zwei einander entgegengesetzten aktuellen Perspektiven geschrieben werden – je nachdem, wie man es mit der neuzeitlichen Subjektphilosophie überhaupt hält: als Geschichte der Destruktion oder

---

1 Die Angabe von Untersuchungsbeispielen kann hier unterbleiben. Die Forschungsarbeit der siebziger und achtziger Jahre dokumentieren die beiden Sammelbände von Kittler, Friedrich A. & Turk, Horst (Hg.), 1977: *Urszenen. Literaturwissenschaft als Diskursanalyse und Diskurskritik*. Frankfurt/M., und Fohrmann, Jürgen/ Müller, Harro (Hg.), 1988: *Diskurstheorien und Literaturwissenschaft*. Frankfurt/M. Das zuletzt genannte Werk enthält eine ausführliche Bibliographie.

der (Re-)Konstruktion des Konzepts subjektzentrierter Kreativität, das innerhalb der deutschen Literatur in den ästhetischen Schriften des Sturm und Drang, der Klassik und der Romantik ausformuliert worden ist. Es gibt noch die dritte Möglichkeit, sich auf keine der beiden Betrachtungsweisen endgültig festzulegen, sondern sie, wie es bei der Interpretation der Künstlernovellen später geschehen soll, konfligieren zu lassen und das Kreativitätsproblem als offenes zu behandeln. Die Voraussetzung dafür ist die Kenntnis der historischen Ausgangs- und der (vorläufigen) Endkonstellation, die Kenntnis also der gegenwärtigen und der goethezeitlichen Kreativitätsdebatten. Vollständig präsentiert werden können sie hier nicht. Auf einschlägige Monographien wird deshalb immer wieder verwiesen. Es muß genügen, einige Hauptprobleme knapp zu entfalten. Gezeigt werden soll, worauf in den Novellenanalysen zu achten sein wird. Das Ziel dieses Kapitels ist also die Begründung meiner Interpretationsfragen.

3.1 Aktuelle Antworten auf die Frage nach dem Ursprung von Kreativität

3.1.1 Foucaults Autorbegriff und die postmoderne Ästhetik

Seit Beginn der siebziger Jahre dominiert in den Geisteswissenschaften die Methode der Diskursanalyse – unter wechselnden Etiketten und in unterschiedlichen theoretischen bzw. disziplinären Allianzen. Ein einheitsstiftendes Moment scheint die Abwendung von der neuzeitlichen Subjektphilosophie zu sein und, davon abhängig, die – vielfältig nuancierte – Abwendung von der Vorstellung subjektzentrierter Kreativität.[2] Exemplarisch dafür sind Michel Foucaults Reflexionen über den Begriff des Autors, die er in

2 Gegeben wird, wie erwähnt, nur ein Ausschnitt aus der aktuellen Kreativitätsdebatte in den Humanwissenschaften. Auf die Darstellung herkömmlicher literatursoziologischer oder -psychologischer Arbeiten, die in der Nachfolge des Freudschen Sublimationskonzepts oder materialistisch bzw. empirisch-positivistisch argumentierend dem Geheimnis der künstlerischen Kreativität auf der Spur sind, darf ich verzichten. Ihre Vor- und Nachteile sind hinlänglich diskutiert worden. Vgl. u.a. die Dokumentationen bzw. kursorischen Abhandlungen von Curtius, Mechthild (Hg.), 1976: *Seminar: Theorien der künstlerischen Produktivität. Entwürfe mit Beiträgen aus Literaturwissenschaft, Psychoanalyse und Marxismus.* Frankfurt/M. [hierin vor allem die Einführungen der Herausgeberin und Ursula Böhmers, cf. S. 9–61, und die ausführliche Bibliographie, cf. S. 429–447] und Peters, Günter, 1982: *Theorie der literarischen Produktion.* In: *Erkenntnis der Literatur. Theorien, Konzepte, Methoden der Literaturwissenschaft.* Hg. von Dietrich Harth und Peter Gebhardt. Stuttgart, S. 56–78 [mit Bibliographie, cf. S. 77f.].

dem 1969 gehaltenen Vortrag *Qu'est-ce qu'un auteur?* entwickelt hat. Ihr Motto und Incitament ist das Beckettsche Credo *Wen kümmert's, wer spricht.*[3]

Foucaults Vorüberlegung ist offenbar diese: Wenn das schöpferische Subjekt – wie bei Beckett – als abwesend gedacht werden kann, wird erst die Frage möglich, welche Funktion die Rede vom Autor eigentlich erfüllt bzw. einmal erfüllt hat. Zur Beantwortung dieser Frage untersucht Foucault vorrangig die Perspektive von Experten, speziell die Art und Weise, wie in den Humanwissenschaften über Autoren literarischer Werke gesprochen wird. Er geht dabei von der grundsätzlichen Konstruktivität jeder Autorbeschreibung aus. Die Identität eines Autors werde durch sie erst hergestellt. Das Deskriptionsverfahren variiere je nach Epoche, Disziplin oder Autortyp, dennoch lasse sich »über verschiedene Epochen hinweg eine gewisse Invarianz in den Regeln der Autor-Konstruktion finden«, die im wesentlichen dem Prinzip der Einheitsbildung gehorchten: Ein Autor werde z.B. definiert »als bestimmtes konstantes Wertniveau«, »als Feld eines begrifflichen und theoretischen Zusammenhangs« oder »als stilistische Einheit«. Foucaults Ansicht, daß man am Beispiel des Autorbegriffs eine »Typologie der Diskurse«[4] entwickeln könnte, ist ohne weiteres zuzustimmen. Es wäre z.B. sicher eine reizvolle Angelegenheit, die Goethe-Bilder im 19. und 20. Jahrhundert quer durch alle Humanwissenschaften zu untersuchen und dabei die Regeln der unterschiedlichen Ausbildung konsensueller Schemata zu studieren.

Das eigentliche Skandalon ist die Intention, um derentwillen Foucault Diskursanalysen bzw. »archäologische« Geschichtsforschungen betreibt. Es geht ihm im Grunde nicht darum, die Kommunikationsregeln einer Diskursgemeinschaft transparent und damit überprüfbar und korrigierbar zu machen. Bestritten wird nicht, daß Foucaults geistreiche Strukturierungen historischer Diskurse dieser Absicht dienlich sein können. Rationale Aufklärung ist jedoch nicht das Ziel seiner Diskursanalyse. Sie ist als Diskurskritik in ihrem Ausgangs- und Endpunkt metaphysischer Natur. Anders formuliert: Foucaults Vorhaben ist im Grunde ein anti-wissenschaftliches.[5] Das gilt auch für den Autor-Essay und dessen epiphanische Schlußsätze:

---

3 Cf. Foucault, 1988, S. 10f.

4 Cf. Foucault, 1988, Zitate S. 21f. und S. 29.

5 Vgl. zu dieser Einschätzung des Gesamtwerkes die luzide Studie von Hayden White, der den eschatologischen Charakter der Foucaultschen Geschichtsphilosophie herausarbeitet und ihn damit einer Gruppe »strukturalistischer Gurus« zugesellt, zu der noch Claude Lévi-Strauss und Jacques Lacan gehören – cf. White, Hayden, 1986: *Foucault dekodiert: Notizen aus dem Untergrund.* In: ders., 1986, S. 268–302; hier beson-

Man kann sich eine Kultur vorstellen, in der Diskurse verbreitet oder rezipiert würden, ohne daß die Funktion Autor jemals erschiene. Ganz gleich welchen Status, welche Form und welchen Wert ein Diskurs hätte und welche Behandlung man ihm angedeihen ließe, alle würden sich in der Namenlosigkeit des Gemurmels entrollen. Folgende so lange wiedergekäute Fragen würde man nicht mehr hören: ›Wer hat eigentlich gesprochen? Ist das auch er und kein anderer? Mit welcher Authentizität oder welcher Originalität? Und was hat er vom Tiefsten seiner selbst in seiner Rede ausgedrückt?‹[6]

Teilt man den Glauben Foucaults, so handelt es sich bei dem hier beschworenen Abschied von der neuzeitlichen Subjektphilosophie um den Abschied von einer Fiktion. Erst deren Zerstörung enthülle die eigentliche Realität: die Realität des »Gemurmels« (Foucault bedient sich hier wiederum Beckettscher Metaphorik[7]). Daß diese Vorstellung selbst nur den Charakter eines Konstrukts haben könnte, schließt Foucault von vornherein aus: »der Autor ist genau genommen weder der Eigentümer seiner Texte, noch ist er verantwortlich dafür; er ist weder ihr Produzent noch ihr Erfinder.«[8] Der Perspektivenwechsel in den beiden letzten Zitaten läßt erkennen, daß Foucaults Analyse der Funktion von Autor-Bildern auf der ontologischen Annahme eines transpersonalen Ursprungs von Kreativität basiert: Fiktiv wäre demnach nicht nur das von Experten geschaffene Fremdbild eines Autors, sondern auch dessen Selbstbild als eines für die Entstehung seiner Werke verantwortlichen Subjekts. Foucault zufolge ist die Subjektzentrierung von Kreativität nur ein gewalttätiger Akt der Usurpation bzw. Disziplinierung und Entstellung des »Gemurmels«. Der Begriff ›Autor‹ hat also die Funktion, das ordnungslose Chaos des »Gemurmels« zu begreifen, das Wilde zu domestizieren, das Bedrohliche zu verbannen. Die Konstruktion einer Autor-Identität schließt nach Foucault aus, was in einer Gesellschaft jeweils als wahnsinnig, falsch oder verboten gilt, und sie verbirgt den Ereignis- und Zufallscharakter der Rede. Sie dient der Umgestaltung des »Gemurmels« als eines originären Diskurses, sie ist somit ein Prinzip der »Ordnung des Diskurses«.[9]

---

ders S. 300f. – Von einer »Metaphysik des Diskurses« spricht zutreffend auch der ebenfalls empfehlenswerte Aufsatz von Japp, Uwe, 1988: *Der Ort des Autors in der Ordnung des Diskurses*. In: Fohrmann / Müller, 1988, S. 223–234; hier S. 231.

6 Cf. Foucault, 1988, S. 31.

7 Vgl. dafür noch einmal die Schlußpassagen in Beckett, Samuel, 1976 (franz. 1953): *Der Namenlose (L'Innomminable)*. In: *Werkausgabe* edition suhrkamp in zehn Bänden. Frankfurt/M., Bd. 8, hier S. 557–566.

8 Cf. Foucault, 1988, S. 7.

9 Vgl. hierzu das gleichnamige Werk von Foucault, in dem er die Überlegungen des Autor-Vortrags fortsetzt – cf. Foucault, Michel, 1974 (franz. 1971): *Die Ordnung des Diskurses (L'ordre du discours)*. München/Wien.

Die Herkunft des »Gemurmels« verrät Foucault nicht. Über die Herkunft seiner Überlegungen kann dagegen keinerlei Zweifel bestehen. Manfred Frank hat zurecht darauf hingewiesen, daß »alle neueren Ansätze zu einer Dekonstruktion von Subjektivität – von Heidegger bis Foucault« der Denkfigur Nietzsches verpflichtet seien, daß das Subjekt nur eine »›Hineindichtung‹ [...] von Identitäten und Regularitäten in die an sich chaotische Natur« sei.[10] Diese Denkfigur hat bekanntlich die Ausgestaltung eines subjektdezentrierten Kreativitätskonzeptes in der Theorie und der Praxis der literarischen Avantgarde des 20. Jahrhunderts beeinflußt, auf deren Vertreter sich Foucault ausschließlich bezieht. Die »Gleichgültigkeit« gegenüber der Frage, wer spreche, erkennt er als »das wohl grundlegendste ethische Prinzip zeitgenössischen Schreibens«.[11] Eine solche Aussage kann allerdings nur zustandekommen, wenn man aus seinem Gesichtskreis weite Bereiche der literarischen Entwicklung der Gegenwart ausblendet. Günter Grass' Blechtrommler Oskar z.B. beteuert am Anfang seiner Geschichte, daß er wohl wisse, daß es keine »Individualisten« mehr geben solle, »weil die Individualität verlorengegangen, weil der Mensch einsam, jeder Mensch gleich einsam, ohne Recht auf individuelle Einsamkeit ist und eine namen- und heldenlos einsame Masse bildet«. Das möge ja »alles so sein und seine Richtigkeit haben«, hindere ihn aber keinesfalls daran, aus individueller Verantwortung zu sprechen.[12]

Die Gleichgültigkeit des Grass'schen Helden ist konträr zu der von Becketts Namenlosen, für die zeitgenössische Literatur jedoch ebenfalls repräsentativ bzw. »grundlegend«. Es gibt, was die Gattung des Romans z.B. betrifft, nach 1945 mindestens zwei Entwicklungslinien in der internationalen Literatur: In der einen wird das aus der ›klassischen Moderne‹ bzw. Avantgarde stammende Krisenbewußtsein vom »Verschwinden« oder

---

10 Cf. Frank, Manfred, 1986: *Die Unhintergehbarkeit von Individualität. Reflexionen über Subjekt, Person und Individuum aus Anlaß ihrer ›postmodernen‹ Toterklärung.* Frankfurt/M., S. 9f. – Zum Einfluß Nietzsches auf den Post- bzw. Neostrukturalismus vgl. auch Frank, Manfred, 1983: *Was ist Neostrukturalismus?* Frankfurt/M., hier S. 260ff.

Der erstgenannte Titel gibt gleichzeitig ein Beispiel für die Wiederbelebbarkeit neuzeitlicher Individualitäts- bzw. Subjekttheorien in der gegenwärtigen Philosophie, in der es vorrangig um die Frage der epistemologischen und nicht der genealogischen Autorität des kreativen Subjekts geht. Eine umfassende Darstellung der aktuellen Diskussion dieses Problems, die hier nicht referiert werden kann, liefert der 13. Band der Reihe »Poetik und Hermeneutik« – cf. Frank, Manfred/Haferkamp, Anselm (Hg.), 1988: *Individualität.* München.

11 Cf. Foucault, 1988, S. 7.

12 Vgl. Grass, Günter, 1971 (1959): *Die Blechtrommel. Roman.* Frankfurt/M. und Hamburg, S. 11.

vom »Tod des Autors«[13] fortgeschrieben bzw. radikalisiert, in der anderen dagegen wird das Recht auf Subjektivität und Individualität epistemologisch, ethisch und ästhetisch neu begründet.[14]

Die erstgenannte ästhetische Konzeption betont vor allem zwei Aspekte des Subjektivitätsproblems. Sie zielt einerseits darauf ab, das Herrschaftsdenken, die ›Vergewaltigung des Nichtidentischen‹, zu desavouieren, das in der neuzeitlichen Subjektphilosophie durch die Trennung von Subjekt und Objekt als Möglichkeit angelegt war, und sie will anderseits zum endgültig letztenmal das Scheitern aller subjektiven Anstrengungen zeigen, sich der absoluten Wahrheit, die durch den neuzeitlichen ›Sündenfall‹ der Subjektivität verlorenging, wieder zu bemächtigen. Damit bleibt sie der Gesinnung zur Totalität, wenn auch ex negativo, verhaftet.

Wird der Verlust der absoluten Wahrheit dagegen von vornherein akzeptiert, so ist nur noch das ethische Problem übrig: die Überwindung des Herrschaftscharakters der Subjektivität. Auf diese Aufgabe konzentriert sich die Mehrzahl der Gegenwartsautoren, was nach den geschichtlichen Katastrophen des 20. Jahrhunderts, nach der Erfahrung der Zerstörung individueller Freiheit in totalitären Massengesellschaften verständlich ist. Die Voraussetzungen ihres Schreibens sind ein skeptischer Individualismus und eine Gesinnung gegen die Totalität. Die hier gefundene Kongruenz von Ethik und Ästhetik kann nicht mehr von der Annahme der Existenz einer absoluten Wahrheit abgeleitet werden, sie beruht auf dem Begriff der intersubjektiv vereinbarten, praktischen Wahrheit. Das Recht auf Subjektivität besteht wieder, insofern es die Notwendigkeit der wechselseitigen Anerkenung bzw. Vermittlung subjektabhängiger Perspektiven impliziert. Um der Wahrheit des Besonderen und der Widersprüche willen ist bei den postmodernen Autoren wieder von Individuen und ihren konkreten Erfahrungen die Rede.[15] Ihre Neubelebung der Subjektphilosophie ist also nicht

13 Cf. Foucault, 1988, S. 12.

14 Zur ersten Richtung gehören, um nur einige Beispiele anzugeben, Beckett, die Vertreter des französischen ›nouveau roman‹ oder, im deutschen Sprachraum, Wolfgang Hildesheimer, zur zweiten u.a. Grass, Heinrich Böll, Albert Camus oder Ernesto Sábato.

15 Die unterschiedlichen poetologischen Modelle der Gegenwart werden ausführlicher, als es hier möglich ist, beschrieben in Blamberger, Günter, 1985: *Versuch über den deutschen Gegenwartsroman. Krisenbewußtsein und Neubegründung im Zeichen der Melancholie*. Stuttgart. Diese Arbeit wurde 1983 abgeschlossen, als der Begriff ›Postmoderne‹ noch nicht in aller Munde war. Mir fehlte damals ein Sammelname für die Autoren der zweiten Richtung. Ihre ästhetische Konzeption kann durchaus als postmoderne etikettiert werden, wenn man den Begriff so faßt, wie Wolfgang Welsch es tut. Demnach gelte die »Option« der Postmodernen der »Pluralität – von Lebensweisen und Handlungsformen, von Denktypen und Sozialkonzeptionen, von Orientie-

einfach als ein Unterlaufen der Epistemologie der Moderne, als pure Epigonalität zu bewerten, wie es Foucaults folgende These nahelegt:

> Gibt es nicht eine augenblicklich wichtige Trennungslinie zwischen denen, die immer noch glauben, die Brüche des Heute in der historisch-transzendentalen Tradition des 19. Jahrhunderts begreifen zu können, und denen, die sich davon endgültig zu befreien suchen.[16]

Der von den Poststrukturalisten brillant inszenierte Abschied von der Subjektphilosophie, dessen praktischer Nutzen in Frage steht, ist nicht nur eine Abwendung von aktuellen Tendenzen postmoderner Literatur und Kunst. Mißachtet werden hierbei zudem neuere naturwissenschaftliche Erkenntnisse, z.B. die der neurophysiologischen Kognitionstheorie, die unter dem Namen ›Radikaler Konstruktivismus‹ bekannt geworden ist. Sie soll hier aus zwei Gründen kurz präsentiert werden. Erstens wird, wie schon im vergangenen, auch in den folgenden Kapiteln immer wieder auf der Basis der konstruktivistischen Epistemologie argumentiert. Und zweitens hat der Konstruktivismus die Frage der genealogischen Autorität des (kreativen) Subjekts, die in der Ästhetik der Postmoderne keine Rolle spielt, wieder zu lösen versucht.

3.1.2 Die Kognitionstheorie des Radikalen Konstruktivismus

Der Radikale Konstruktivismus ist ein interdisziplinärer Diskurs, der begründet wurde durch die vorwiegend in den sechziger und siebziger Jahren entstandenen Forschungsarbeiten der beiden Biologen Humberto R. Maturana und Francisco J. Varela, des Kybernetikers Heinz von Foerster und des Kognitionspsychologen Ernst von Glasersfeld. Er beeinflußt inzwi-

---

rungssystemen und Minderheiten«. Mit diesem Konzept lasse sich weder die Vorstellung vom »Tod des Subjekts« noch die vom Subjekt als »absolutem Souverän« verbinden. Das postmoderne Subjekt sei vielmehr ein »schwaches« Subjekt, dem »Polyperspektivität« und »transversale Vernunft« abverlangt würden – cf. Welsch, Wolfgang, ²1988: *Unsere postmoderne Moderne.* Weinheim, hier S. 5 bzw. 316. – Nicht nachvollziehbar ist mir allerdings Welschs Behauptung, daß den Poststrukturalisten die »Rede vom Tod des Subjekts« von den »Modernisten« unterstellt würde – cf. Welsch, ²1988, S. 315. Es scheint vielmehr so, daß der Poststrukturalismus nicht, wie Welsch es hier nahelegt, gänzlich zur Postmoderne gehört, sondern an der Schwelle zwischen Moderne und Postmoderne steht. Zum einen ist er dem Subjektivitätsproblem der Moderne noch verhaftet – die Rede vom »Tod des Subjekts«, »Tod des Autors« stammt von Barthes, Foucault et al. und nicht von ihren Kritikern, die keineswegs »einem antiquierten Subjektbegriff nachjagen« (ebd., vgl. dagegen Frank, 1983 und 1986) –, zum anderen bereitet er durch die Analyse historischer Diskontinuitäten und differierender Diskurse den Übergang zur postmodernen Pluralität vor.

16 Cf. Foucault, 1988, S. 14f.

schen auch die theoretische Diskussion in verschiedenen sozial- und geisteswissenschaftlichen Disziplinen – z.B. in den Kommunikations- und Verhaltenswissenschaften (durch Paul Watzlawick), in der Soziologie (durch Niklas Luhmann) oder in der Empirischen Literaturwissenschaft (durch Siegfried J. Schmidt).[17]

Maturanas und Varelas Entdeckung, daß der neurophysiologische Prozeß der Wahrnehmung anders als bisher angenommen funktioniert, ist der Ausgangspunkt aller Überlegungen des Radikalen Konstruktivismus. Unsere Sinnesorgane können die aus der Außenwelt empfangenen Reize nur quantitativ, nicht jedoch qualitativ differenzieren. Sie messen z.B. die Frequenz von Schall- oder Lichtwellen, geben aber deren unterschiedliche physikalische Natur dabei nicht wieder. Was sie an die Nervenzellen des Gehirns weiterleiten, sind demnach uncodierte Botschaften. Anders ausgedrückt: Das Gehirn bekommt aus der Außenwelt unspezifizierte ›Informationen‹, denen es erst noch Bedeutung verleihen muß. Die Bedeutungszuweisung erfolgt im neuronalen System des Gehirns, das abgeschlossen von der Außenwelt und selbstbezüglich arbeitet. Die Interpretation der ›Informationen‹ ist damit unabhängig von der Struktur der Außenwelt, aber abhängig von der individuell verschiedenen Struktur des neuronalen Systems. Das Nervensystem im Gehirn ›erzeugt‹ im Grunde die ›Informationen‹, es liefert letztlich nur eine Selbstbeschreibung, nicht aber die Be-

17 Die folgende Literaturliste gibt nur eine Auswahl grundlegender Arbeiten, weitere Titel finden sich in Schmidt, Siegfried J. (Hg.), 1987: *Der Diskurs des Radikalen Konstruktivismus*, Frankfurt/M. Der Band behandelt – mit einer vorzüglichen Einleitung des Herausgebers – die theoretischen und praktischen Konsequenzen, die sich aus der konstruktivistischen Epistemologie für einen interdisziplinären Dialog natur-, sozial- und geisteswissenschaftlicher Disziplinen ergeben. Gleiches leistet die umfangreiche und akribische Monographie von Rusch, Gebhard, 1987: *Erkenntnis, Wissenschaft, Geschichte. Von einem konstruktivistischen Standpunkt.* Frankfurt/M. – Die in deutscher Sprache veröffentlichten Basistitel sind: Maturana, Humberto R., ^{2}1985: *Erkennen: Die Organisation und Verkörperung von Wirklichkeit. Ausgewählte Arbeiten zur biologischen Epistemologie.* Braunschweig, Wiesbaden; Foerster, Heinz von, 1985: *Sicht und Einsicht. Versuche zu einer operativen Erkenntnistheorie.* Braunschweig, Wiesbaden; Glasersfeld, Ernst von, 1987: *Wissen, Sprache, Wirklichkeit. Arbeiten zum radikalen Konstruktivismus.* Braunschweig, Wiesbaden; Watzlawick, Paul (Hg.), 1981: *Die erfundene Wirklichkeit.* München; Luhmann, Niklas, 1984: *Soziale Systeme. Grundriß einer allgemeinen Theorie.* Frankfurt/M. (Luhmann verzichtet allerdings, trotz seiner Orientierung am Radikalen Konstruktivismus, auf eine subjektphilosophische Fundierung seiner Theorie. Die Voraussetzung dafür ist, daß er soziale Systeme als überindividuelle ›Super-Subjekte‹ betrachtet, die selbsterhaltend und selbstreferentiell sind wie Organismen); Schmidt, Siegfried J., 1980/1982: *Grundriß der Empirischen Literaturwissenschaft.* Teilband 1: *Der gesellschaftliche Handlungsbereich Literatur.* Teilband 2: *Zur Rekonstruktion literaturwissenschaftlicher Fragestellungen in einer Empirischen Theorie der Literatur.* Braunschweig, Wiesbaden.

schreibung einer äußeren Wirklichkeit. Die Interpretation bzw. Konstruktion von ›Wirklichkeit‹ ist also vollkommen subjektabhängig und ihre Wahrheit ist eine rein praktische. Sie dient vorrangig der Selbsterhaltung des Wahrnehmenden, nicht der – durch die Beschaffenheit seines kognitiven Apparates sowieso unmöglichen – Annäherung an die Wirklichkeit an sich. Entscheidend ist allein, ob sie mit den Realitätskonstruktionen anderer Individuen zu vermitteln ist, ob sie ›brauchbares‹ Wissen über die Wirklichkeit liefert, ob sie eine erfolgreiche Handlungsgrundlage bildet oder nicht. Vom Standpunkt des Konstruktivismus aus gibt es keine objektive Abbildung von Realität, kein Wirklichkeitsmodell, das absolute Wahrheit für sich beanspruchen könnte. Das macht gewissermaßen den ›postmodernen‹ Charakter dieser Kognitionstheorie aus: Auch hier gilt die Option der Pluralität von Realitätsdefinitionen und der intersubjektiven Wahrheit. Sie verdankt sich diesmal einer naturwissenschaftlichen Einsicht, in Literatur und Kunst der Postmoderne wird sie, wie erwähnt, vorwiegend ethisch begründet, als Reaktion auf die geschichtliche Erfahrung totalitärer Systeme im 20. Jahrhundert.

Die Geschlossenheit und Selbstreferentialität des neuronalen Systems garantiert a priori die Autonomie des Subjekts in der Wirklichkeitskonstruktion, sie ist verantwortlich für die prinzipielle Subjektabhängigkeit jeder Erkenntnis. Der Radikale Konstruktivismus unterscheidet zur Erklärung der Kognitionsprozesse des Subjekts zwei Beobachterperspektiven: die interne, in der das Subjekt auf sich selbst als Beobachter, als Subjekt von Wahrnehmungs- und Denkakten reflektiert, und die externe, in der alle Ereignisse interpretiert werden, die außerhalb des neuronalen Systems liegen. Das Subjekt entwirft demnach in eigener Gesetzlichkeit Selbst- und Weltkonzepte, die es in der Regel solange bewahrt, als sie in der Interaktion mit anderen Subjekten ihre Nützlichkeit beweisen. Die Erfolgsabhängigkeit kognitiver Operationen fördert also die Konservativität des Subjekts, den Aufbau stabiler Sichtweisen auf die Welt und sich selbst, die Ausbildung einer von ihm und anderen wiedererkennbaren und anerkannten eigenen Identität. Dieser Entwicklungsprozeß hat folglich zwei Komponenten, eine individuelle und eine soziale. Er koordiniert die subjektive Wirklichkeitskonstruktion und die soziale Erfahrung ihres Erfolges oder Mißerfolges, es schafft einen Ausgleich zwischen der internen Selbstidentifizierung des Subjekts und seiner externen Identifizierung durch andere.

Die Gebundenheit der Subjekte an das wechselseitige Verstehen ihrer Sichtweisen erzwingt deren Parallelisierung in konsensuellen Schemata. Die subjektiven Wirklichkeitskonstruktionen sind dabei nicht zur ›Dekkung‹ zu bringen, sie werden nur nach den Konventionen der interindividuellen Kommunikation ausgedrückt, die historisch, regional und sozialbereichsspezifisch differieren können. Daß die Vermittlung der subjektiven Sichtweisen in der sprachlichen Kommunikation gelingt, begründet Maturana mit ihrer Offenheit für Konnotationen:

Es ist dem Orientierten überlassen, wohin er durch selbständige interne Einwirkung auf seinen eigenen Zustand seinen kognitiven Bereich orientiert. Seine Wahl wird zwar durch die ›Botschaft‹ verursacht, die so erzeugte Orientierung ist jedoch unabhängig von dem, was diese ›Botschaft‹ für den Orientierenden repräsentiert. Im strengen Sinne gibt es daher keine Übertragung von Gedanken vom Sprecher zum Gesprächspartner. Der Hörer erzeugt Informationen dadurch, daß er seine Ungewißheit durch seine Interaktionen in seinem kognitiven Bereich reduziert. Konsens ergibt sich nur durch kooperative Interaktionen, wenn das sich dabei ergebende Verhalten jedes Organismus der Erhaltung beider Organismen dienstbar gemacht wird.[18]

Auf der Grundlage der konstruktivistischen Kognitionstheorie könnte man jedes Subjekt als ein kreatives bezeichnen, insofern es Repräsentationen von Wirklichkeit erschafft, die ihren Ursprung allein in ihm selbst haben, d.h. a priori nur ihm eigentümlich sind. Maturana allerdings bestimmt das Phänomen der Kreativität in der aus der Kreativitätspsychologie bekannten Weise durch die Kriterien ›Neuheit‹ und ›Differenz‹.[19] Deren Definition erfolge in Relation zur Perspektive des Beobachters, der die Abweichung einer individuellen Wirklichkeitsbeschreibung von der konsensuellen erkenne. Die Frage ist, wie ein Subjekt überhaupt dazu kommt, neuartige Sichtweisen zu entwickeln, deren sozialer Erfolg noch ungewiß ist. Der Konstruktivismus hat darauf bisher in zweifacher Weise geantwortet. Das erste Argument ist ein biologisches: Die Kapazität des neuronalen Systems sei mit der Produktion von Kognitionen, die allein der Selbsterhaltung des Subjekts dienten, lange nicht erschöpft, sie erlaube darüber hinaus auch die spielerische Produktion ›utopischer‹ bzw. ›alternativer‹ Wirklichkeitsbilder.[20] Niklas Luhmann hat, im Rekurs auf konstruktivistische Überlegungen, die zentrale Funktion künstlerischer Kreativität in der Neuzeit gerade »in der Konfrontierung der (jedermann geläufigen) Realität mit einer anderen Version derselben Realität« gesehen; ihre Bestimmung sei es, einen Hinweis zu geben »auf die Kontingenz der normalen Realitätssicht, einen Hinweis darauf, daß sie auch anders möglich ist. Schöner zum Beispiel. Oder weniger zufallsreich. Oder mit noch verborgenem Sinn durch-

18 Maturana, ²1985, S. 57.

19 Cf. Maturana, Humberto R., 1987 (1978): *Kognition.* In: S. J. Schmidt (Hg.). 1987, S. 89–118; hier besonders S. 116f.

20 Cf. Hejl, Peter M., 1987f.: *Autonomie und Kontrolle.* Manuskript, hier S. 27: zitiert nach S. J. Schmidt, 1988, in: Gumbrecht (Hg.), 1988, S. 43.

setzt«.[21] Oder grausamer, noch zufälliger etc., möchte man ergänzen, damit der Leser mit diesem Luhmannschen Gedanken nicht nur die Ästhetik der deutschen Klassik konnotiert. Luhmanns Kunstprinzip ist allein das der Alterität.

Das zweite Argument des Konstruktivismus für die Möglichkeit bzw. Notwendigkeit der Entstehung neuer Wirklichkeitsbeschreibungen ist ein soziologisches bzw. sozialpsychologisches.[22] Jedes Individuum gehört in der Regel mehreren sozialen Bereichen oder Gruppen an, die unterschiedliche konsensuelle Schemata ausgebildet haben können. Die Vermittlung der eigenen Realitätsdefinition mit den konventionellen kann das Individuum nur leisten, solange letztere nicht untereinander in unversöhnlicher Weise konfligieren. Tritt dieser Fall jedoch ein, so kann es entweder versuchen, die anderen Mitglieder eines sozialen Bereichs von der Notwendigkeit einer Neuformulierung der konventionalisierten Wirklichkeitssicht zu überzeugen oder sich aus diesem Bereich zurückziehen. Welche der beiden Alternativen sich durchsetzt, ist allein eine Machtfrage. Die Genese von Kreativität wird aus konstruktivistischer Sicht also an eine Krisensituation gebunden, in der die Wirklichkeitskonstruktionen eines Individuums gemäß den Veränderungen seiner Lebenszusammenhänge instabil bzw. multistabil oder fluktuierend sind.

Kreativität als rekursive Selbstbeschreibung, als allmähliche Verfertigung »eigentümlicher Laute« beim Reden, und als Krise, als Bewährungsprobe, in der das Subjekt die soziale Durchsetzbarkeit seines Selbst- und Weltkonzeptes bestätigt oder widerlegt sieht: Das Modell des Radikalen Konstruktivismus erinnert an das Kleistsche und es ist in ähnlicher Weise aporetisch. Kreativität bleibt ein Geheimnis der ›Eigentümlichkeit‹. Nur ist es diesmal das neuronale System, das die Überraschung beschert und dessen Struktur die große Unbekannte ist. Das neurobiologische Kognitionsmodell schließt die Möglichkeit eines transpersonalen Ursprungs von Kreativität aus. Insofern bekräftigt es die subjektzentrierte Kreativitätstheorie der Goethezeit, die im folgenden skizziert werden soll.

---

21 Luhmann, Niklas, 1986: *Das Kunstwerk und die Selbstreproduktion der Kunst.* In: *Stil. Geschichten und Funktionen eines kulturwissenschaftlichen Diskurselements.* Hg. von Hans Ulrich Gumbrecht und K. Ludwig Pfeiffer unter Mitarbeit von Armin Biermann u.a. Frankfurt/M., S. 620–672; hier S. 624 (ohne die Hervorhebungen Luhmanns).

22 Vgl. hierzu u.a. Hejl, Peter M., 1987: *Konstruktion der sozialen Konstruktion: Grundlinien einer konstruktivistischen Sozialtheorie.* In: S. J. Schmidt (Hg.), 1987, S. 303–339; hier vor allem die Theorie über soziale Wandlungsprozesse cf. S. 329ff.;

3.2 Die Ursprungsfrage in der Kreativitätsdebatte der Goethezeit

James Engell hat in einer eindrucksvollen Abhandlung am Beispiel des Begriffs der ›Einbildungskraft‹ (imagination) die Universalität der goethezeitlichen Kreativitätsdebatte demonstriert:

As the imagination became the popular and dominant subject of literature and even philosophy, its connotations multiplied. The progress of the idea is, to some degree, semantic. The ›heat‹ and fervor, the enthusiasm, ›fire‹, and ›divine inspiration‹ of the poet – all terms originating in classical times and used widely by neoclassical critics – now came under the arch of one term. ›Imagination‹ acquired several meanings, and critics and philosophers began to differentiate among its levels or degrees. By 1780 there was a growing and often painstaking effort to distinguish ›fancy‹ from ›imagination‹ and to see imagination itself as governing the interrelated activities of perception, experience, aesthetic appreciation, and the crown of all, artistic creativity. Imagination was also viewed a cosmic power, responsible for bringing forth and organizing the unity of all creation and for implanting the divine in man. The philosophical and psychological terms used to describe imagination as it involves sensations, memory, and intuition blended together with the literary and critical vocabulary developed to convey a poet's feelings and passions, his vision and creative insight, and his gift of prophecy.[23]

Von ähnlicher Attraktionskraft wie die Theorie der Imagination und im Umfang und in den Inhalten vergleichbar sind seit der zweiten Hälfte des 18. Jahrhunderts auch das Genie- und das Phantasiekonzept, wie Jochen Schmidt bzw. Silvio Vietta überzeugend nachgewiesen haben.[24] Die vom Sturm und Drang bis zur Romantik von Philosophen und Literaten geführten Gespräche über die Frage künstlerischen Schöpfertums, die ich unter dem anachronistischen Titel ›Kreativitätsdebatte‹ zusammenfasse, scheinen die Struktur eines Rhizoms zu haben. Daher ist es beliebig, welchen Eingangsbegriff man wählt, um sich das labyrinthische Argumentationsgeflecht zu erschließen.[25] Man ist nur gezwungen, dem historischen Verlauf der Diskussion in allen Verzweigungen zu folgen. Das kann und

---

vgl. außerdem Kruse, Peter, 1988: *Stabilität – Instabilität – Multistabilität. Selbstorganisation und Selbstreferentialität in kognitiven Systemen*. In: *Delfin* 6/XI; S. 35–37; und S. J. Schmidt 1988, in: Gumbrecht (Hg.), 1988, S. 44ff.

23 Cf. Engell, James, 1981: *The Creative Imagination. Enlightenment to Romanticism*. Cambridge/Massachusetts, London, S. VIIIf.

24 Vgl. J. Schmidt, 1985; sowie Vietta, Silvio, 1986: *Literarische Phantasie: Theorie und Geschichte, Barock und Aufklärung*. Stuttgart.

25 »We find dead-ends, labyrinths, and mazes«, heißt es einmal resignierend bei Engell, 1981, S. 136.

muß hier nach den umfangreichen Studien von Engell, Schmidt und Vietta nicht noch einmal geschehen.

Die Abkürzung, die ich wähle, folgt der Fragestellung meiner Arbeit. Der Blick wechselt dadurch vom Haupt- zu einem Nebenschauplatz der subjektphilosophischen Debatten des Idealismus. Bekanntlich hat sie vor allem das Problem der *epistemologischen Autorität* des schöpferischen Menschen beschäftigt, die Klärung des Verhältnisses von Subjekt und Objekt, Innenwelt und Außenwelt, Idealität und Realität. Demgegenüber interessiert im folgenden, wie hier die *genealogische Autorität*, die Verantwortlichkeit des Subjekts für die von ihm geschaffenen Produkte und der Prozeß ihrer Erzeugung, d.h. die Fragen des Ursprungs und der Genese von Kreativität, geklärt wurden. Ich beschränke mich dabei auf die Präsentation zweier prototypischer Antworten.

Die ästhetische Diskussion vor der Geniezeit wird hier nicht dargestellt. Dadurch könnte der Eindruck entstehen, als seien die antiken bzw. christlichen transsubjektiven Inspirationsmodelle schlagartig durch subjektzentrierte ersetzt worden. Das war natürlich nicht der Fall. In der geschichtlichen Abfolge schieben sich zwischen die traditionell-theonomen Begründungen von Inspiration und die autonomen des Sturm und Drang die aufklärerisch-immanenten Begründungen von Kreativität, d.h. die Versuche, das ingenium als ›Witz‹ im Sinne eines rein rationalen Assoziationsvermögens zu definieren.[26]

3.2.1 Youngs *Conjectures on Original Composition*

Das erste Untersuchungsbeispiel sind Edward Youngs 1759 in London erschienene und schon ein Jahr später ins Deutsche übersetzte *Conjectures on Original Composition in a Letter to the Author of Sir Charles Grandison*[27] – ein Werk, das die Geniediskussion des Sturm und Drang vorbereitete. Young nimmt in der englischen Neuauflage der *Querelle des Anciens et des Modernes* Partei für die letzteren. Er erschüttert noch einmal die drei Hauptstützen der alten Dichtungstheorie, die Überzeugung, daß Ursprung und Genese literarischer Werke sich vor allem der Trias von ingenium (hier als göttlicher Inspiration), ars (als handwerklicher Beherrschung der Kunstregeln) und doctrina (als gelehrtem Wissen) verdankten. Auf die Frage nach dem Schaffensgrund antwortet Young weniger als Musenenthusiast denn als

26 Vgl. zu dieser Zwischenstufe vor allem J. Schmidt, 1985, Bd. 1, S. 31ff.

27 Zitiert wird im folgenden nach Young, Edward, 1977: *Gedanken über die Original-Werke* (aus dem Englischen von H.E. von Teubern). Heidelberg (= Faksimiledruck der dt. Ausgabe von 1760, mit einem Nachwort und einer Dokumentation zur

Aufklärer. Zu behaupten, daß Originalwerke wie die Shakespeares »von Engeln geschrieben« wurden, hieße »leugnen, daß wir Menschen sind«, Menschen, denen der »Himmel« allerdings »Talente giebt«, mit dem Gebot, »daß wir sie gebrauchen sollten« (Y S. 66). Die himmlische Begabung sei weder selten noch außergewöhnlich, wir mißachteten das Gebot nur beständig und deshalb gebe es auch so selten Genies. Youngs Erklärung dafür lautet im Zusammenhang:

Ja, wir unterwerfen uns durch den Geist der Nachahmung so wenig einer Nothwendigkeit, die uns die Natur auflegen sollte, daß wir zweytens, durch denselben der Natur vielmehr zuwider handeln, und ihrer Absicht widerstreben. Sie bringt uns alle als Originale auf die Welt. Nicht zwey Gesichter, nicht zwo Seelen sind einander vollkommen ähnlich; alle tragen vielmehr das sichtbare Unterscheidungs-Zeichen der Natur an sich. Da wir nun als Originale gebohren werden, wie kömmt es doch, daß wir als Copien sterben? Die Nachahmung, der Affe, der sich immer darein mischet, sobald wir zu den Jahren der Indiscretion (erlauben Sie mir dieses Wort) gelangen, ergreifet die Feder und streichet das Unterscheidungs-Zeichen der Natur aus, zerstöret ihr schönes Vorhaben und vernichtet die ganze Individualität der Seele. (Y S. 39f., ohne Youngs Hervorhebungen)

Die Belesenheit des Gelehrten und die Erfüllung der Gesetze der Kunstrichter, die Nachahmung literarischer Vorbilder also, fördern nach Youngs Ansicht nicht die Ausbildung des Originalgenies, sondern hemmen oder verhindern sie. Seine »güldenen Regeln« – »in der Composition nicht weniger als im Leben« – sind deshalb andere: »Die erste ist: Erkenne dich selbst. Die zweyte: Habe für dich selbst Ehrfurcht« (Y S. 47, ohne Youngs Hervorhebungen). Wer sich selbst achte, statt aus Furcht vor »Autoritäten [...] ein allzugroßes Mißtrauen« gegen sich selbst zu haben, werde »gewahr werden, daß die Welt in ihrer Achtung der seinigen folget. Seine Werke werden stets ein unterscheidendes Merkmal an sich tragen! Ihm allein wird das Eigenthum darüber zugehören; und nur dieses Eigenthum kann allein den edeln Titul des Autors uns geben« (Y S. 48, ohne Youngs Hervorhebungen). Die »Characteristik des Genies« erkennt Young in »Schönheiten, die man noch nie in Regeln vorgeschrieben, und etwas Vortreffliches, von dem man noch kein Exempel hatte, [...] diese liegen weit außer den Gränzzeichen der Herrschaft der Gelehrsamkeit und ihrer Gesetze« (Y S. 29). Das Muster des Genies ist also das Muster seiner Individualität, seiner Eigentümlichkeit, die es zu erkennen und auszudrücken gilt. Wie dieses allerdings möglich sein soll, darüber läßt uns Young weitgehend im

Wirkungsgeschichte in Deutschland von Gerhard Sauder; in: *Deutsche Neudrucke*, Reihe: Goethezeit, hg. von Arthur Henkel). Nachweise nach dieser Ausgabe werden im Text mit der Sigle Y abgekürzt.

unklaren. Verständlich ist, daß er dafür nicht wieder allgemeingültige Regeln aufstellen kann, außer eben der einen, »von der Heerstraße« abzugehen und dem eigenen »Pfad« (Y S. 25) zu folgen. Das ist quasi die Negativbegründung des Genies, deren mögliche Konsequenzen – als nonkonformistisches oder destruktives Verhalten des Kreativen – bekannt sind. Sie fundiert das Protestpotential der Stürmer und Dränger, ihre Zerstörung des Regelgebäudes. Young hält es hier ähnlich wie später Kleist. Der »Original-Scribent« ist zwar »aus sich selbst gebohren« und damit »sein eigener Stamm-Vater« (Y S. 59), Hebammen hat er aber schon nötig, und diese heißen wiederum Zufall und Wettbewerb (wobei bei Young die literarischen Vorbilder die Rolle der Prüfer im Kreativitätstest bekommen): »Daß so etwas [wie die überraschende Erfahrung der eigenen Individualität] da seyn kann, dieß entdecket oft der Zufall; entweder durch die glückliche Wahl einer Materie, oder durch einen großen Preiß, durch die unumgängliche Nothwendigkeit sich hervorzuthun, oder durch ein edles Gefühl der Nacheiferung bey dem Ruhme des andern« (Y S. 42).

Kriterien zur Positivbestimmung des Originalgenies als Abdruck der eigenen Individualität suchen wir bei Young vergeblich. Gefragt werden darf, ob die Aporie nur eine der ästhetischen Theorie ist, wie es also um den Individualstil Youngs bestellt ist, der anfänglich für sich beansprucht, er habe mit seinem Briefessay an Richardson »eine Original-Materie« (Y S. 11) geschaffen. Welche Gedanken er seinen Vorgängern in den englischen Literaturdebatten des 18. Jahrhunderts schuldet, ist längst ausgemacht.[28] Das Augenmerk gilt deshalb seinen Genie-Metaphern, die bekanntlich ihre Wirkung auf die deutschen Literaten des Sturm und Drang nicht verfehlten. Young hat hier, wie an einigen Beispielen kurz gezeigt werden soll, ein Ragout aus Bildern unterschiedlichster Herkunft gemischt.

So finden sich bei ihm z.B. Anlehnungen an den biblischen Schöpfungsbericht, der das Wunder einer ›creatio ex nihilo‹ verzeichnet: »Das Genie ist von einem guten Verstande, wie der Zauberer von einem guten Baumeister unterschieden; jenes erhebt sein Gebäude durch unsichtbare Mittel, dieses durch den kunstmaßigen [sic!] Gebrauch der gewöhnlichen Werkzeuge. Deßwegen hat man stets das Genie für etwas göttliches gehalten« (Y S. 28). Damit korrespondiert Youngs Definition, daß das »Genie der Gott in uns« (Y S. 31) ist. In Erinnerung ist, daß er darunter nicht die göttliche Begeisterung, sondern die Gottesgabe der »Individualität der Seele« versteht, die jedem Menschen verliehen wird. Sie ist das »unsichtbare Mittel«, das nicht

28 Cf. Steinke, Martin William, 1917: *Edward Young's »Conjectures on Original Composition« in England and Germany. A Study in Literary Relations*. New York.

genauer bezeichnet werden kann – individuum est ineffabile. Statt mit Begriffen nähert sich Young mit Bildern an das Unsagbare an, vergleicht das Unsichtbare der menschlichen mit dem Unsichtbaren der göttlichen Schaffenskraft. Gottes Geheimnis jedoch ist, daß er allein und voraussetzungslos etwas völlig Neues schafft. Seine Schöpfung hat eine Nach-, aber keine Vorgeschichte. Das unterscheidet sie grundsätzlich von der Kreativität des Dichters, die stets lebens-, sozial- und gattungsgeschichtlich fundiert ist. Youngs Metaphorik gibt also dem Genie das Charisma zurück, das seine Theorie ihm abgestritten hat. Die Analogie von Schöpfergott und kreativem Subjekt leistet außerdem der späteren Mythisierung des Genies im deutschen Sturm und Drang Vorschub, in der das Genie nicht mehr allein das Ebenbild Gottes ist, sondern dessen Stelle einnimmt.

Eine zweite Bildquelle ist die antike Musentopologie:

> Vielleicht besaß er [Shakespeare] so viel Gelehrsamkeit, als sein dramatisches Amt erforderte; denn, wenn ihm auch alle andere Gelehrsamkeit fehlte, so verstand er doch zwey Bücher vollkommen, [...] das Buch der Natur und das Buch des Menschen. Diese hatte er ins Gedächtnis gefaßt, und manche trefliche Seite hat er daraus in seinen unsterblichen Werken abgeschrieben. Dieß sind die Brunnquellen, woher die *Castalischen* Ströme der *Original*-Compositionen fließen (Y S. 69).

Die Quelle Kastalia auf dem Parnaß bei Delphi ist nach der griechischen Mythologie einer der Orte, an dem die Musen anzutreffen sind. Als Töchter des Zeus und der Mnemosyne verleihen sie dem Dichter die Gedächtniskraft, die Fähigkeit, in seinem Werk an die göttliche Ordnung der Welt und die von Göttern gelenkte Geschichte der Menschen zu erinnern. Young profanisiert bzw. allegorisiert den Mythos, damit er seiner Konzeption von Kreativität entspricht: Die literarischen Vorbilder kämen für Shakespeare als Musenersatz nicht in Frage, er vertraue seinen Eigenerfahrungen von Wirklichkeit. Festzuhalten bleibt jedoch, daß Young, statt darüber nachzudenken, woher Shakespeare die ihm eigentümliche Fähigkeit hatte, in den Büchern der Natur und des Menschen zu lesen, Topoi zitiert, die einmal auf den transpersonalen Ursprung der Kreativität und eben nicht auf den personalen verwiesen haben.

Ambivalent ist Youngs Gebrauch von Naturbildern, deren Hauptspender Pindar ist. Sie dienen einerseits der Erhöhung des Genies, das u.a. mit der Sonne, Sternen, Kometen und Adlern verglichen wird (cf. z.B. Y S. 18 und S. 60f.), anderseits der Deklarierung seiner Schöpferkraft als einer kreatürlichen Fruchtbarkeit, die allen Lebewesen der Natur innewohnt. So kennzeichnet er den »Geist eines Mannes, der Genie hat« als »ein fruchtbares und angenehmes Feld, angenehm wie Elysium und fruchtbar, wie Tempe; es genießt einen immerwährenden Frühling. Die schönsten Blumen dieses Frühlings sind die Originale« (Y S. 15, ohne Youngs Hervorhebungen). An anderer Stelle heißt es bündig:

> Man kann von einem Originale sagen, daß es etwas von der Natur der Pflanzen an sich habe: es schießt selbst aus der belebenden Wurzel des Genies auf; es wächset selbst, es wird nicht durch die Kunst getrieben. Nachahmungen sind oft eine Art von Manufactur-Arbeit, die durch die beyden Meister, durch Kunst und Fleiß aus Materialien, die nicht ihr eigen sind, und schon vorher da waren, hervorgebracht worden. (Y S. 17, ohne Youngs Hervorhebungen)

Lessing, ursprünglich ein Wegbereiter des Genie-Gedankens in Deutschland[29], distanziert sich in der Schlußpartie der *Hamburgischen Dramaturgie* vom Irrationalismus des Youngschen Konzepts und bezieht sich dabei direkt auf die zuletzt zitierte Stelle und auf Youngs Behauptung, daß »Regeln« wie »Krücken« seien, »eine nothwendige Hülfe für den Lahmen, aber ein Hinderniß für den Gesunden« (Y S. 29):

> Ich fühle die lebendige Quelle nicht in mir, die durch eigene Kraft sich emporarbeitet, durch eigene Kraft in so reichen, so frischen, so reinen Strahlen aufschießt: ich muß alles durch Druckwerk und Röhren aus mir heraufpressen. Ich würde so arm, so kalt, so kurzsichtig sein, wenn ich nicht einigermaßen gelernt hätte, fremde Schätze bescheiden zu borgen, an fremdem Feuer mich zu wärmen und durch die Gläser der Kunst mein Auge zu stärken. Ich bin daher immer beschämt oder verdrießlich geworden, wenn ich zum Nachteil der Kritik etwas las oder hörte. Sie soll das Genie ersticken: und ich schmeichelte mir, etwas von ihr zu erhalten, was dem Genie sehr nahe kömmt. Ich bin ein Lahmer, den eine Schmähschrift auf die Krücke unmöglich erbauen kann. Doch freilich: wie die Krücke dem Lahmen wohl hilft, sich von einem Orte zum anderen zu bewegen, aber ihn nicht zum Läufer machen kann: so auch die Kritik.[30]

Lessings Young-Schelte nimmt die Feinheiten von dessen Argumentation nicht mehr wahr[31], und ebenso recht wie billig ist es, sie als die Verteidigung eines *Kunstrichters* und Schriftstellers zu lesen. Seine Kritik weist implizit auf eine zentrale Aporie nicht nur der Youngschen Genie-Schrift hin. Zwar ist es nicht so, wie Lessing fälschlich annimmt, daß Young eine

---

29 Zur Entwicklung des Genie-Gedankens bei Lessing vgl. die differenzierte Darstellung von J. Schmidt. 1985, Bd. 1, S. 69–95.

30 Lessing, Gotthold Ephraim, 1967: *Hamburgische Dramaturgie*. In: *Werke* hg. von Kurt Wölfel. Frankfurt/M., Bd. 2 (= Schriften I), S. 522 (= Hundert und erstes, zweites, drittes und viertes Stück. Den 19. April 1768).

31 Young spricht z.B. nicht davon, daß die Kritik das Genie ersticke, sondern vielmehr davon, daß die »vortrefflichen Schriften« der »Classischen Schriftsteller [...] unsern Verstand [...] nur *nähren*, nicht *ersticken*« sollten (Y S. 22f.). Cf. hierzu Gerhard Sauders umsichtige Einschätzung der Wirkung Youngs in Deutschland in seinem Nachwort des Reprints, bes. S. [47].

Opposition zwischen Genie und Kunstrichter konstruierte. Richtig müßte es heißen, daß Young in seiner Theorie ohne den Begriff des Kunstrichters auskommt, weil er aus der »Individualität der Seele« und dem Niveau der Selbsterkenntnis des kreativen Subjekts als den Produktionsbedingungen unmittelbar die ästhetische Qualität des Werkes ableitet.

Was Youngs ›Kreativitätstheorie‹ demnach zu fassen versucht, ist allein das abstrakte Kunstvermögen, nicht dessen Objektivierung im geschaffenen Werk. Sie beurteilt nicht das »Original«, das kreative Produkt, sondern die Persönlichkeit und den Prozeß der schöpferischen Tätigkeit.[32] Das Werk ist das Resultat der Einzigartigkeit seines Urhebers, dessen Selbstfindung ist der kreative Prozeß. Sein Weg ist notwendig einer der Abweichung von Normen und Konventionen. Young kann das Genie nur negativ, nicht aber positiv bestimmen. Das Muster der Kreativität ist das Muster der »Individualität der Seele«, das durch allgemeine begriffliche Merkmale nicht mehr beschreibbar ist. Young ersetzt deshalb häufig die Sprache der Analyse durch die Sprache der Begeisterung. Er schafft dabei allerdings keine »Original-Materie«, sondern führt gerade seine Belesenheit und Gelehrsamkeit vor. Die Bilder, die er verwendet, entstammen vorwiegend der antiken oder biblischen Schöpfermythologie. Sie scheinen deshalb wenig geeignet, Youngs Theorie vom personalen Ursprung menschlicher Kreativität Ausdruck zu verleihen. Lessing setzt sich von Young in der oben zitierten Passage aus der *Hamburgischen Dramaturgie* nicht nur gedanklich, sondern auch stilistisch ab: »ich muß alles durch Druckwerk und Röhren aus mir heraufpressen«, bekennt er und stellt – in zeitgemäßer Maschinenmetaphorik – seine Schaffenstätigkeit als saure irdische Arbeit dar. In summa: Youngs Geniebegriff ist der einer bloßen Haltung, ein Appell zur Selbsterforschung. Er liefert weder für die Beschreibung der schöpferischen Persönlichkeit noch für die des geschaffenen Werkes konkrete Kriterien und gibt damit seinen Lesern, seien es Autoren oder Kunstrichter, die dem Angriff auf die Stützen der alten Regelpoetik folgen, keinen neuen Halt.

3.2.2 Die Genie-Kapitel in Kants *Kritik der Urteilskraft*

Kant, durch das Studium von Alexander Gerards 1774 erschienenem *Essay on Genius* in der englischen Literaturtheorie beschlagen, versucht in der *Kritik der Urteilskraft* von 1790 Forderungen der alten Regelpoetiken mit

32 Über die sozialen Faktoren in der Ausbildung des Originalgenies findet sich bei Young wenig, weil er dessen Begabung ja als natürliche zu bestimmen sucht. Aufklärerisch und ganz im Sinne der ›Modernes‹ heißt es deshalb nur, »daß eine unpartheyische Vorsehung die Talente ohne Unterschied, in allen Ständen der Menschen, wie in allen Perioden der Zeit, vertheilet« (Y S. 62).

Forderungen der neuen Genielehren zu verbinden.[33] Er setzt die Akzente deutlich anders als Young. Seine Geniebestimmung ist zweiteilig, sie richtet sich – im Gegensatz zu der Youngschen – nicht allein auf das kreative Subjekt, sondern auch auf die Wirkung des von ihm geschaffenen Werkes. Den Ausgangspunkt seiner Überlegungen über das Genie bildet die bekannte Definition in § 46 der *Kritik der Urteilskraft*:

Genie ist das Talent (Naturgabe), welches der Kunst die Regel gibt. Da das Talent, als angebornes produktives Vermögen des Künstlers, selbst zur Natur gehört, so könnte man sich auch ausdrücken: *Genie* ist die angeborne Gemütslage (ingenium), *durch welche* die Natur der Kunst die Regel gibt.[34]

»*Originalität*« ist für Kant die »erste Eigenschaft« des Genies, sie muß jedoch eine musterhafte sein in dem Sinne, daß die Originalwerke »*exemplarisch* sein müssen: mithin selbst nicht durch Nachahmung entsprungen, anderen doch dazu, d.i. zum Richtmaße oder Regel der Beurteilung, dienen müssen«. Ein regelloses Werk kann nach Kant nicht Kunst heißen, es handele sich hierbei lediglich um »originalen Unsinn« (K V, S. 406). Geschmäht werden die, die in der Vergangenheit nur durch ihren Geniekult aufgefallen sind: in der 1798 veröffentlichten *Anthropologie in pragmatischer Hinsicht* werden sie kurzerhand »*Geniemänner* (besser Genieaffen) genannt« (K VI, S. 545).

Der Ursprung seiner Kreativität ist dem Genie nach Kants Ansicht unbewußt. Für das Genie gelte, daß es

wie es sein Produkt zu Stande bringe, selbst nicht beschreiben oder wissenschaftlich anzeigen könne, sondern daß es als *Natur* die Regel gebe; und daher der Urheber eines Produkts, welches es seinem Genie verdankt, selbst nicht weiß, wie sich in ihm die Ideen dazu herbei finden, auch es nicht in seiner Gewalt hat, dergleichen nach Belieben oder planmäßig auszudenken, und anderen in solchen Vorschriften mitzuteilen, die sie in Stand setzen, gleichmäßige Produkte hervorzubringen. (Daher denn auch vermutlich das Wort Genie von genius, dem eigentümlichen einem Menschen bei der Geburt mitgegebenen

33 Zu Kants Gerard-Rezeption vgl. Engell, 1981, S. 135ff.; sowie Gerard, Alexander, 1966 (1774): *An Essay on Genius*. Hg. von Bernhard Fabian. München (hier vor allem die Einleitung des Herausgebers). Zu Kants Geniekonzept vgl. außer den genannten Überblicksarbeiten von Engell, 1981; J. Schmidt, 1985 und Vietta, 1986, noch Baeumler, Alfred, ²1967 (1923): *Das Irrationalitätsproblem in der Ästhetik und Logik des 18. Jahrhunderts bis zur Kritik der Urteilskraft*. Darmstadt; und Mörchen, Hermann, 1930: *Die Einbildungskraft bei Kant*. In: *Jahrbuch für philosophische und phänomenologische Forschung* 11, S. 311–488.

34 Cf. Kant, Immanuel. 1983: *Kritik der Urteilskraft und Schriften zur Naturphilosophie*. In: *Werke in sechs Bänden*. Hg. von Wilhelm Weischedel. Darmstadt. Bd. V, S. 405f. Die Werkausgabe wird im folgenden mit der Sigle K, verbunden mit der Bandzahl, zitiert.

schützenden und leitenden Geist, von dessen Eingebung jene originale Ideen herrührten, abgeleitet ist.) (K V, S. 406f.)

Die Bedeutung der Konjunktion »oder« im ersten Satz des Zitats muß erläutert werden. Sie hat nicht die Funktion, zwei Alternativen zu verbinden, sie dient vielmehr der Präzisierung (im Sinne von »oder, genauer gesagt«). Das Genie kann selbstverständlich versuchen, den Prozeß der »Eingebung« zu beschreiben. Es ist nur nicht imstande, das unbewußte Geschehen logisch zu rekonstruieren und damit von seiner Eigentümlichkeit abzulösen, so daß anderen nicht nur das musterhafte Produkt, sondern – wie es z.B. im Gegensatz zur künstlerischen bei der wissenschaftlichen Kreativität für Kant der Fall ist – auch die Methode seiner Gewinnung nachahmbar wäre. In der Konsequenz dieser Einsicht wechselt Kant die Beobachterperspektive und denkt über die Beurteilbarkeit der Kreativität des »eigentümlichen Geistes« durch andere nach. Hier unterscheidet er sich wieder von Young, der die interne Perspektive nachzuvollziehen sucht (und das macht gerade das Irrationale seines Ansatzes aus). Das Genie solle sich selbst erkennen, dann werde es für andere als Genie erkennbar, lautet Youngs Credo. Bei Kant verhält es sich umgekehrt. Genie kann nur der heißen, der von anderen als Genie erkannt wird. Das einzige Erkennungszeichen des Genies ist die Wirkung seines Werkes:

Da die Naturgabe der Kunst (als schönen Kunst) die Regel geben muß: welcherlei Art ist denn diese Regel? Sie kann in keiner Formel abgefaßt zur Vorschrift dienen; denn sonst würde das Urteil über das Schöne nach Begriffen bestimmbar sein: sondern die Regel muß von der Tat, d.i. vom Produkt abstrahiert werden (K V, S. 408f.)

Kants Geniebestimmung ist sowohl eine produktions- wie eine wirkungsästhetische. Damit sein Werk beurteilbar wird, muß das Genie im Schaffensakt das Eigene mit dem Fremden verbinden. »Originalität des Talents« mache »ein (aber nicht das einzige) wesentliche Stück vom Charakter des Genies« aus:

Das Genie kann nur reichen *Stoff* zu Produkten der schönen Kunst hergeben; die Verarbeitung desselben und die *Form* erfordert ein durch die Schule gebildetes Talent, um einen Gebrauch davon zu machen, der vor der Urteilskraft bestehen kann. [...] Diese Form aber dem Produkte der schönen Kunst zu geben, dazu wird bloß Geschmack erfordert, an welchem der Künstler, nachdem er ihn durch mancherlei Beispiele der Kunst, oder der Natur, geübt und berichtigt hat, sein Werk hält, und, nach manchen oft mühsamen Versuchen, denselben zu befriedigen, diejenige Form findet, die ihm Genüge tut: daher diese nicht gleichsam eine Sache der Eingebung, oder eines freien Schwungs der Gemütskräfte, sondern einer langsamen und gar peinlichen Nachbesserung ist, um sie dem Gedanken angemessen und doch der Freiheit im Spiele derselben nicht nachteilig werden zu lassen. (K V, S. 409 u. 412)

Von »peinlicher Nachbesserung« ist hier die Rede und damit vom Widerstand der Kunstgesetze, den das Genie bei der Ausgestaltung seiner »Eingebungen« schmerzlich erfährt. Theodor W. Adorno muß diese Stelle schlicht überlesen haben, sonst könnte er nicht behaupten, daß Kant in der *Kritik der Urteilskraft* »Genialität, mit unübersehbarer Folge, einzig dem Subjekt reserviert« habe, »gleichgültig gegen die Ichfremdheit gerade dieses Moments«.[35] Die Kreativität des Genies ist für Kant ein Prozeß der Inspiration bzw. »Eingebung« und der mühseligen Elaboration. Letztere steht unter der Kontrolle des »Geschmacks«, der »ein Beurteilungs- nicht ein produktives Vermögen« (K V, S. 412) ist, eine notwendige, aber keine hinreichende Bedingung der Kreativität. Er ist

die Disziplin (oder Zucht) des Genies, beschneidet diesem sehr die Flügel und macht es gesittet oder geschliffen: zugleich aber gibt er diesem eine Leitung, worüber und bis wie weit es sich verbreiten soll, um zweckmäßig zu bleiben; und, indem er Klarheit und Ordnung in die Gedankenfülle hineinbringt, macht er die Ideen haltbar, eines dauernden zugleich auch allgemeinen Beifalls, der Nachfolge anderer, und einer immer fortschreitenden Kultur, fähig. Wenn also im Widerstreite beider Eigenschaften an einem Produkte etwas aufgeopfert werden soll, so müßte es eher auf der Seite des Genies geschehen: und die Urteilskraft, welche in Sachen der schönen Kunst aus eigenen Prinzipien den Ausspruch tut, wird eher der Freiheit und dem Reichtum der Einbildungskraft als dem Verstande Abbruch zu tun erlauben. (K V, S. 421)

Die »Fetischisierung des Geniebegriffs als der abgetrennten, nach Hegels Sprache abstrakten Subjektivität« ist, gegen Adornos Meinung[36], gerade kein Anliegen Kants. Der Geschmacksbegriff ist für Kants Geniebestimmung ebenso zentral wie der der Einbildungskraft, denn er bezeichnet das Medium, den konsensuellen Bereich, in dem das Genie überhaupt erst als solches erkannt werden kann. Der »eigentümliche Geist« muß sich um seiner Identifizierbarkeit willen den interindividuellen Konventionen unterwerfen:

Wenn Geschmacksurteile (gleich den Erkenntnisurteilen) ein bestimmtes objektives Prinzip hätten, so würde der, welcher sie nach dem letztern fället, auf unbedingte Notwendigkeit seines Urteils Anspruch machen. Wären sie ohne alles Prinzip, wie die des bloßen Sinnengeschmacks, so würde man sich gar keine Notwendigkeit derselben in die Gedanken kommen lassen. Also müssen sie ein subjektives Prinzip haben, welches nur durch Gefühl und nicht durch Begriffe, doch aber allgemeingültig bestimme, was gefalle oder mißfalle. Ein solches Prinzip aber könnte nur als ein *Gemeinsinn* angesehen werden [...] Also

35 Cf. Adorno, Theodor W., ^{4}1980 (1970): *Ästhetische Theorie*. Hg. von Gretel Adorno und Rolf Tiedemann. Frankfurt/M., S. 255.

36 Cf. Adorno, ^{4}1980, S. 255.

nur unter der Voraussetzung, daß es einen Gemeinsinn gebe (wodurch wir aber keinen äußern Sinn, sondern die Wirkung aus dem freien Spiel unsrer Erkenntniskräfte verstehen), nur unter Voraussetzung, sage ich, eines solchen Gemeinsinns, kann das Geschmacksurteil gefällt werden. (K V, S. 321)

Der »Gemeinsinn« ist nach Kant »eine bloße idealische Norm«, weder rational noch empirisch faßbar, damit das Geschmacksurteil aber kein »Privatgefühl« bleibe, »eine jedermann notwendige Idee« (K V, S. 323), an die sich auch das Genie zu halten hat. Er ermöglicht die Anerkennung und die soziale bzw. kulturelle Integration des Genies. Youngs Konzept fehlt die ausdrückliche Verpflichtung des Genies auf den Gemeinsinn; es läßt sich deshalb auch radikal individualistisch ausdeuten. Kants aufklärerische Genielehre setzt sich durch die Forderung eines harmonischen Ausgleichs zwischen Genie und Gesellschaft von der des Sturm und Drang ab und liefert der deutschen Klassik das Vorbild. Unzulänglich ist sie nur insofern, als sie nicht zeigt, wie groß das Opfer ist, welches das Genie im »Widerstreit« von Eigensinn und Gemeinsinn, Einbildungskraft und Geschmack, den letzteren bringen muß.

Anders als für Young, der es jedem Menschen offen hält, sich durch die Erkenntnis seiner Individualität zum Genie auszubilden, ist für Kant das Genie der Ausnahmefall, »ein Günstling der Natur« und »eine seltene Erscheinung« (K V, S. 415). Der Geschmack ist das Kriterium, welches in der Kantschen Theorie das Genie mit den vielen verbinden hilft. Das Kriterium, welches das Genie von den vielen unterscheiden läßt, ist die produktive Einbildungskraft. Sie bezeichnet die hinreichende Bedingung originalen Schöpfertums. Ihre Definition erfolgt, wie in der *Kritik der Urteilskraft* durchweg üblich, aus der externen Perspektive. Kant bestimmt sie aus dem Blickwinkel des Rezipienten, nicht des Produzenten eines Originalwerks. Er denkt darüber nach, wie dieses Vermögen von außen beurteilt werden kann, und spekuliert nicht über dessen Entstehung im kreativen Subjekt.

Kant hebt besonders zwei Qualitäten der produktiven Einbildungskraft hervor. Zum einen sei sie fähig, eine neue Vorstellung von der Wirklichkeit zu erzeugen: Sie sei »sehr mächtig in Schaffung gleichsam einer andern Natur, aus dem Stoffe, den ihr die wirkliche gibt«. Zum anderen könne sie Anschauungen liefern, die »zu etwas über die Erfahrungsgrenze hinaus Liegendem wenigstens streben«. Kant nennt diese Anschauungen »ästhetische Ideen« und definiert sie so:

unter einer ästhetischen Idee aber verstehe ich diejenige Vorstellung der Einbildungskraft, die viel zu denken veranlaßt, ohne daß ihr doch irgend ein bestimmter Gedanke, d.i. *Begriff* adäquat sein kann, die folglich keine Sprache völlig erreicht und verständlich machen kann. – Man sieht leicht, daß sie das

Gegenstück (Pendant) von einer *Vernunftidee* sei, welche umgekehrt ein Begriff ist, dem keine *Anschauung* (Vorstellung der Einbildungskraft) adäquat sein kann. (K V, S. 414)

Die »ästhetische Idee« ist für Kant also ein potentielles Mittel zur Evokation von Vorstellungen, die die Grenzen des empirisch und begrifflich Faßlichen übersteigen und in den Bereich des »Unnennbaren« (K V, S. 417) vordringen. Das eben ist die für den deutschen Idealismus folgenreichste Bestimmung der Kantschen Genielehre, daß besonders die Dichtkunst »zum Behuf und gleichsam zum Schema des Übersinnlichen zu gebrauchen« sei (K V, S. 429):

Der Dichter wagt es, Vernunftideen von unsichtbaren Wesen, das Reich der Seligen, das Höllenreich, die Ewigkeit, *die Schöpfung* u.d.gl. zu versinnlichen; oder auch das, was zwar Beispiele in der Erfahrung findet, z.B. den Tod, den Neid und alle Laster, imgleichen die Liebe, den Ruhm u.d.gl. über die Schranken der Erfahrung hinaus (K V, S. 414, die Hervorhebung wurde von mir hinzugefügt).

In dieser Kantschen Überlegung ist die Verpflichtung des idealistischen Dichters, die Darstellung des Absoluten zu erstreben, schon angelegt – und damit auch die die Literatur der Klassik und Frühromantik bestimmende epistemologische Problematik dichterischer Subjektivität. Spannender in unserem Zusammenhang ist jedoch, daß hier ein Ausweg zur Lösung der Frage der genealogischen Autorität des kreativen Subjekts erkennbar wird. Den Dichtern, die es wagen, die göttliche Schöpfung zu versinnlichen, kann auch die Annäherung an das Unnennbare des Ursprungs menschlicher Kreativität als Aufgabe zugewiesen werden. Was seine Vermögenspsychologie bzw. Vermögensästhetik nicht leisten konnte, traut Kant der Dichtkunst zu.

Kants Genieauffassung ist, im ganzen betrachtet, zwiespältig. Der Ausnahmefall des Genies, dessen »eigentümlicher Geist« neue Vorstellungen von der Wirklichkeit und »Schemata des Übersinnlichen« erzeugt, ohne sich des Ursprungs seiner Kreativität bewußt zu sein, und dessen Schaffensgrund sich jeder rationalen Analyse entzieht, ist für Kant Faszinosum und Gefahr zugleich. Einerseits erkennt er es an, daß das Genie seinen »mystischen Namen« zu Recht hat, weil sein Vermögen sich durch die »*Unsichtbarkeit* (der Ursache zu einer Wirkung)« (K VI, S. 545) auszeichnet, anderseits bemüht er sich, das Irrationale des Genies zu eskamotieren oder beherrschbar zu machen. Wie Kant mit Hilfe des Geschmacksbegriffs dem Genie »die Flügel« zu »beschneiden« und es zu disziplinieren versteht, haben wir bereits gesehen. Das unberechenbare Geschehen der Einbildungskraft versucht er ebenfalls unter Kontrolle zu bekommen. So ist die Einbildungskraft »in ästhetischer Absicht« zwar im Prinzip frei »vom

Zwange des Verstandes«, der Stoff, den sie liefert, soll »aber, nicht sowohl objektiv zum Erkenntnisse, als subjektiv zur Belebung der Erkenntniskräfte, indirekt also doch auch zu Erkenntnissen« gebraucht werden. Die durch sie »bewirkte subjektive Gemütsstimmung« könne »als Begleitung eines Begriffs« dienen. Zu verlangen sei außerdem die »freie Übereinstimmung der Einbildungskraft zur Gesetzlichkeit des Verstandes« (K V, S. 417f.). Daß das eben nur Forderungen sind, die das Genie nicht zu erfüllen braucht, weiß auch Kant, und meldet deshalb in der acht Jahre nach der *Kritik der Urteilskraft* erschienenen *Anthropologie* Zweifel an der Integrierbarkeit und Nützlichkeit des Genies für die Gemeinschaft an:

> Ob der Welt durch große Genies im ganzen sonderlich gedient sei, weil sie doch oft neue Wege einschlagen und neue Aussichten eröffnen, oder ob mechanische Köpfe, wenn sie gleich nicht Epoche machten, mit ihrem alltägigen, langsam am Stecken und Stabe der Erfahrung fortschreitenden Verstande, nicht das meiste zum Wachstum der Künste und Wissenschaften beigetragen haben (indem sie, wenn gleich keiner von ihnen Bewunderung erregte, doch auch keine Unordnung stifteten): mag hier unerörtert bleiben. (K VI, S. 545)

3.2.3 Die beiden Alternativen des subjektzentrierten Kreativitätskonzepts in der Goethezeit

Die neuen Wege, die die goethezeitliche Kreativitätsdebatte zur Lösung des Problems der genealogischen Autorität des schöpferischen Subjekts eingeschlagen hat, sollen noch einmal grob skizziert werden. Die Geniekonzeptionen Youngs und Kants sind dafür eine gute Folie. Nach der im Zuge der Kontroverse von ›Anciens‹ und ›Modernes‹ bewirkten Ablösung der Regelpoetik durch die Genieästhetik gibt es für die Entwicklung eines subjektzentrierten Kreativitätskonzeptes zwei Alternativen, eine radikale und eine gemäßigte. Selbstverständlich ist hier von *Grundtendenzen* die Rede; realiter findet man nur Mischformen, in denen die eine oder die andere Tendenz vorherrscht.

Young kann als einer der Wegbereiter der radikalen Richtung gelten. Für Young ist der Ursprung und das Muster der Kreativität die »Individualität der Seele«. Sie ist eine jedem Menschen von Geburt an verliehene Himmelsgabe, jedoch kein ›furor poeticus‹. Das kreative Subjekt hat für seine Schaffenstätigkeit keine andere Voraussetzung als seine Eigentümlichkeit und ist nur sich selbst verantwortlich. Es hat das »Unterscheidungs-Zeichen der Natur« zu erkennen und auszudrücken und dafür zu sorgen, daß es nicht erlischt. Wie das gelingen soll, kann Young nur unbestimmt lassen bzw. negativ charakterisieren: Der kreative Prozeß ist, indem er auf die Wiedergabe des ursprünglichen Individualitätszeichens fixiert bleibt, ein

Prozeß der wiederholten Selbsterzeugung und Selbstverteidigung, ein lebenslanger Kampf des Genies gegen die sozialen und kulturellen Normen, um nicht »als Copie« zu sterben. Verständlich ist, daß von diesem Konzept authentischer und autonomer Kreativität eine gewaltige Faszination ausgeht und daß die Geste des Selbstschöpfertums den literarischen Helden des Sturm und Drang – Werther (s. u.) gibt dafür ein Beispiel – wichtiger wird als das geschaffene Werk. Die mythologischen Bilder, die Young zur Beschreibung seines Konzepts verwendet, erhöhen noch dessen Faszination. Sie konterkarieren es jedoch auch, indem sie zeigen, daß Young doppelt hilflos ist: Er kann seine Theorie vom personalen Ursprung der Kreativität weder rational erklären noch durch ihr adäquate Bilder vermitteln.

Das radikale Modell subjektzentrierter Kreativität wird in der deutschen Literatur und Philosophie der Goethezeit variiert und immer wieder neu und unterschiedlich begründet, ohne daß die Aporien dadurch verschwänden. Die Gipfelpunkte in dieser Entwicklungslinie sind bekannt: u. a. die großen Hymnen des jungen Goethe *(Wandrers Sturmlied, Prometheus, Mahomets-Gesang, Ganymed* und *Harzreise im Winter)*, die Fichtesche Bestimmung der Einbildungskraft in der *Grundlage der gesammten Wissenschaftslehre*[37] oder die schon ausführlich behandelten Kleistschen Experimente schöpferischer Selbstentfaltung. Der Beweis der Persistenz des Grundmusters darf hier unterbleiben, auf die Darstellung der einzelnen Nuancen muß verzichtet werden. Dazu wäre eine eigene Abhandlung erforderlich; in diesem Kapitel geht es aber nur darum, Prototypen von Problemen zu finden, die von der Goethezeit nicht gelöst und an die Literatur des 19. Jahrhunderts weitergegeben wurden.

Kants Geniekonzept repräsentiert die gemäßigte Alternative subjektzentrierter Kreativität, versucht das Genie zu domestizieren, die Konflikte zwischen schöpferischem Eigensinn und Gemeinsinn zu beseitigen. Es ist in sich gespalten, und demgemäß divergieren die Richtungen seiner Nachfolge bzw. Kritik. Für die Integrationsmodelle nach Kant gibt es im wesentlichen zwei Ansatzpunkte: zum einen die verstärkte Eskamotierung des irrationalen Moments im Schaffensprozeß, zum anderen die Wiedereinbindung der individuellen Einbildungskraft in Konzepte transsubjektiver Inspiration.

Die erste Tendenz herrscht z. B. in August Wilhelm Schlegels *Kunstlehre* vor, der Kants Disziplinierungsversuche des Genies mißachtet und ihm vorwirft, er habe durch seine Definition »das Genie zu einem blinden

37 Vgl. hierzu J. Schmidt, 1985, Bd. 1, S. 380ff., der die Fichtesche Transzendentalphilosophie als »äußerste Form der Geniekonzeption« begreift (cf. S. 383).

Werkzeuge der Natur« gemacht. Schlegel ersetzt den Begriff des Genies durch den des »Künstlers«, dessen »Hervorbringung immer zugleich beurteilend« sei, bei dem »die Äußerung schöpferischer Kraft mit beständiger Selbstanschauung in ihr verbunden« sei.[38] Die Reflexion schafft hier Distanz vom irrationalen Inspirationsgeschehen. Der Prozeß der Elaboration des Kunstwerks rückt so wieder in den Mittelpunkt des Interesses.[39]

Die Hegelsche Ästhetik folgt gleichfalls dieser Linie, indem sie zwar eingesteht, daß »Talent und Genius des Künstlers ein natürliches Moment in sich hat, dasselbe dennoch wesentlich der Bildung durch den Gedanken, der Reflexion auf die Weise seiner Hervorbringung sowie der Übung und Fertigkeit im Produzieren bedarf«. Die »Hauptseite dieser Produktion« gilt Hegel als eine »äußerliche Arbeit, indem das Kunstwerk eine rein technische Seite hat, die bis gegen das Handwerksmäßige sich hin erstreckt [...] Zu einer Fertigkeit hierin verhilft keine Begeisterung, sondern nur Reflexion, Fleiß und Übung.«[40] Hegel leugnet also nicht, daß zu echtem Schöpfertum ein von Gott verliehenes »angeborenes höheres Kunsttalent notwendig« sei.[41] Er nimmt dies als ein Faktum hin. Wie das »Kunstwerk dem subjektiven Inneren angehört, als dessen Erzeugnis es noch nicht zur Wirklichkeit herausgeboren ist«, hält er jedoch für eine Frage, die »aus dem Kreise philosophischer Betrachtung auszuschließen sei oder doch nur wenige allgemeine Bestimmungen liefere«.[42] Diese Bestimmungen trifft Hegel so rational wie möglich. Als auffallendste künstlerische Fähigkeit gilt ihm die Phantasie, die er an das »*Auffassen der Wirklichkeit* und ihrer Gestalten, welche durch das aufmerksame Hören und Sehen die mannigfaltigsten Bilder des *Vorhandenen* dem Geiste einpräge, sowie das aufbewahrende *Gedächtnis* für die bunte Welt dieser vielgestaltigen Bilder« und an »die gleiche Vertrautheit mit dem *Innern* des Menschen«, aber nicht an »selbstgemachte Einbildungen« gebunden wissen will. Der Stoff, den sie befördere, müsse dann »nach allen Richtungen hin lange und tief erwogen und durchdacht« werden.[43] Die »Tätigkeit der Phantasie und technischen Ausführung, als Zustand im Künstler für sich betrachtet«, nennt Hegel nun »Begeisterung«.

---

38 Cf. Schlegel, August Wilhelm, 1963: *Die Kunstlehre*. In: *Kritische Schriften und Briefe*. Hg. von Edgar Lohner. Stuttgart, Bd. 2, S. 74f.

39 Vgl. hierzu Mainusch, Herbert, 1969: *Romantische Ästhetik. Untersuchungen zur englischen Kunstlehre des späten 18. und frühen 19. Jahrhunderts*. Bad Homburg, Berlin, Zürich, S. 283ff.

40 Hegel, Georg Wilhelm Friedrich, 1970: *Vorlesungen über die Ästhetik I*. In: *Werke in zwanzig Bänden*. Frankfurt/M., Bd. 13, S. 46f.

41 Hegel, 1970, Bd. 13, S. 64. Zum göttlichen Ursprung dieser Gabe vgl. S. 49.

42 Hegel, 1970, Bd. 13, S. 362.

43 Cf. Hegel, 1970, Bd. 13, S. 364f.

Sie sei nicht durch »die Wärme des Bluts« oder »Champagner« zuwege zu bringen[44] und auch nicht durch den bloßen Entschluß, sondern habe sich am Gegenstand des Kunstwerks selbst zu entzünden: »Eine Begeisterung, in welcher sich das Subjekt als Subjekt aufspreizt und geltend macht, statt das Organ und die lebendige Tätigkeit der Sache selbst zu sein, ist eine schlechte Begeisterung.«[45] Hegels Interesse richtet sich also nicht auf den Ursprung »schöpferischer Subjektivität«, sondern auf den Vorgang ihrer Objektivierung im Werk.

Es gibt, wie gesagt, noch eine zweite Möglichkeit, das Kantsche Integrationsmodell fortzuführen. Diese Form der Regulierung genialer Subjektivität orientiert sich, im Gegensatz zur ersten, vor allem an der Frage nach dem irrationalen Ursprung künstlerischen Schaffens und erkennt in ihm nicht die Eigentümlichkeit des kreativen Subjekts, sondern seine Teilhabe am Absoluten. Ältere Vorstellungen subjektdezentrierten und neuere Vorstellungen subjektzentrierten Schöpfertums werden z.B. in der Schellingschen Kunstphilosophie zu vermitteln versucht. Auf komplizierteste Weise, die hier nicht mehr summarisch dargestellt werden kann[46], soll der Nachweis gelingen, daß »der Künstler, so absichtsvoll er ist, doch in Ansehung dessen, was das eigentlich Objektive in seiner Hervorbringung ist, unter der Einwirkung einer Macht zu stehen [scheint], die ihn von allen Menschen absondert, und ihn Dinge auszusprechen oder darzustellen zwingt, die er selbst nicht vollständig durchsieht, und deren Sinn unendlich ist«, wie es im *System des transzendentalen Idealismus* heißt[47], bzw. daß das Genie

---

44 Damit nimmt Hegel auch Stellung gegen zeitgenössische Popularvorstellungen, die den platonischen Enthusiasmus durch sehr irdische Inspirationsanlässe ersetzen. Man vgl. z.B. Justus Mösers Artikel *Wie man zu einem guten Vortrage seiner Empfindungen gelange*, der den Schaffensprozeß als mühselige Arbeit charakterisiert, für die allerdings unabdingbar sei, daß man »die Seele in eine Situation versetze, um sich zu rühren«, daß man »sie erhitze, um sich aufzuschließen, und zur Schwärmerei bringe, um alles aufzuopfern«, und das könnte z.B. durch den Genuß von Wein oder Liebe geschehen. – Cf. Möser, Justus, o.J. [1945]: *Patriotische Phantasien IV.* In: *Sämtliche Werke*. Hist.-krit. Ausgabe in 14 Bdn. Oldenburg/Hamburg, Bd. 7, S. 14.

45 Cf. Hegel, 1970, Bd. 13, S. 370–372.

46 Vgl. hierzu J. Schmidt, 1985, S. 390ff. und Freier, Hans, 1976: *Die Rückkehr der Götter. Von der ästhetischen Überschreitung der Wissensgrenze zur Mythologie der Moderne. Eine Untersuchung zur systematischen Rolle der Kunst in der Philosophie Kants und Schellings*. Stuttgart.

47 Cf. Schelling, Friedrich Wilhelm Joseph von, 1967: *System des transzendentalen Idealismus*. In: Ausgewählte Werke. Schriften von 1799–1801. Darmstadt (= Neudruck der Ausgabe von 1858/59), S. [617].

»das inwohnende Göttliche des Menschen«, »ein Stück aus der Absolutheit Gottes« darstellt, wie in der *Philosophie der Kunst* behauptet wird.[48]

In der Absage an eine aufklärerische Nivellierung des Schöpferischen wird bei Wackenroder und Tieck wieder dessen Rätselhaftigkeit und Würde betont, für die, quasi als Chiffre, die göttliche Inspiration einsteht. In den *Herzensergießungen eines kunstliebenden Klosterbruders* wird nicht bestritten, daß große Meister wie Leonardo oder Raffael die »Lehren und Regeln der Kunst« aufs Beste beherrschten, alle »Gestalten der Schöpfung« wahrgenommen und »die Formen und Abdrücke davon in der Schatzkammer des Geistes«[49] aufbewahrt hätten, ihre Genialität aber verdanke sich, wie an Raffaels Bericht einer Madonnenerscheinung gezeigt wird, allein göttlichen Offenbarungen:

Die Begeisterung der Dichter und Künstler sind von jeher der Welt ein großer Anstoß und Gegenstand des Streites gewesen. Die gewöhnlichen Menschen können nicht begreifen, was es damit für eine Bewandtnis habe, und machen sich darüber durchaus sehr falsche Vorstellungen. Daher sind über die inneren Offenbarungen der Kunstgenies ebenso viele Unvernünftigkeiten, in und außer Systemen, methodisch und unmethodisch abgehandelt und geschwatzt worden, als über die Mysterien unsrer heiligen Religion. [...]

Mit wie unendlich vielen unnützen Worten haben sich nicht die überklugen Schriftsteller neuerer Zeiten bei der Materie von den Idealen in den bildenden Künsten versündigt! Sie gestehen ein, daß der Maler und Bildner zu seinen Idealen auf einem außerordentlicheren Wege, als dem Wege der gemeinen Natur und Erfahrung gelangen müsse; sie geben zu, daß dies auf eine geheimnisvolle Weise geschehe: und doch bilden sie sich und ihren Schülern ein, sie wüßten das Wie; – denn es scheint, als würden sie sich schämen, wenn irgend etwas in der Seele des Menschen versteckt und verborgen liegen sollte, worüber sie wißbegierigen jungen Leuten nicht Auskunft geben könnten.

Andre sind nun gar in der Tat ungläubige und verblendete Spötter, welche das Himmlische im Kunstenthusiasmus mit Hohnlachen gänzlich ableugnen, und durchaus keine besondere Auszeichnung oder Weihe gewisser seltener und erhabener Geister annehmen wollen, weil sie sich selber allzu entfernt von ihnen fühlen. Diese liegen indessen ganz außer meinem Wege, und ich rede nicht mit ihnen.

Aber die Afterweisen, auf welche ich deutete, wünsche ich zu belehren. Sie verwahrlosen die jungen Gemüter ihrer Schüler, indem sie ihnen so kühn und leichtsinnig abgesprochene Meinungen über göttliche Dinge beibringen, als

48 Cf. Schelling, Friedrich Wilhelm Joseph von, 1960: *Philosphie der Kunst*. Darmstadt (= Neudruck der Ausgabe von 1859), S. [460].

49 Cf. Wackenroder, Wilhelm Heinrich und Ludwig Tieck, 1984 (1797): *Herzensergießungen eines kunstliebenden Klosterbruders*. In: Wilhelm Heinrich Wackenroder: *Dichtung, Schriften, Briefe*. Hg. von Gerda Heinrich. Darmstadt, S. 166 (aus *Das Muster eines kunstreichen und dabei tiefgelehrten Malers, vorgestellt in dem Leben des Leonardo da Vinci, berühmten Stammvaters der Florentinischen Schule)*.

wären es menschliche, und ihnen dadurch den Wahn einpflanzen, als stände es in ihrer Macht, dreist zu ergreifen, was die größten Meister der Kunst –, ich darf es freiheraus sagen –, nur durch göttliche Eingebung erlangt haben.[50]

In der Spätromantik ist dann sogar eine echte Rückkehr zur transzendent-christlichen Begründung von Inspiration möglich, wie z. B. Brentanos Protokollierung von Visionen der stigmatisierten Nonne Anna Katharina Emmerick bezeugt.

Die diskursiven Bestimmungen der genealogischen Autorität des seit der Geniezeit überwiegend als eigenverantwortlich definierten kreativen Subjekts fallen in der idealistischen Ästhetik, das ist ersichtlich geworden, auf unterschiedliche Weise aporetisch aus oder werden von alten Konzepten subjektdezentrierter Kreativität überlagert. Gefragt werden darf, ob die von der Kantschen Genietheorie abgeleitete Hoffnung berechtigt ist, daß die Dichter sich an das »Unnennbare« des Ursprungs menschlicher Kreativität annähern könnten. Die Literatur der Goethezeit hat darauf keine positive Antwort gegeben. So gibt es vom Sturm und Drang bis zur Romantik zwar zahlreiche Romanhelden, die eine künstlerische Lebensform anstreben, zeitweilig ausüben oder über ästhetische Fragen reflektieren, aber kaum schaffende Künstler. Und letztere sind zumeist Schwärmer bzw. Dilettanten, deren kreative Phase nur ein Durchgangsstadium darstellt auf dem Weg ihrer erfolgreichen oder mißlingenden Integrierung in die Gemeinschaft tätiger Bürger. Daß die Schilderung produktiver Künstler und ihres Schaffensprozesses nicht zum Zuge kommt, kann, ex negativo, auf unterschiedliche Weise erklärt werden: z. B. als Fortschreibung des kritischen Phantasiebegriffs der Spätaufklärung[51] oder als Instrumentalisierung der Künstlerfiguren zu Vehikeln allgemeiner Menschheitsideen.[52] Es erscheint deshalb als ein fragwürdiges Unternehmen, mit Moritz' *Anton Reiser*, Heinses *Ardinghello* oder Goethes *Werther* und *Wilhelm Meister* die

50 Cf. Wackenroder und Tieck, 1984, S. 142f. (aus *Raffaels Erscheinung*). Vgl. dazu Vietta, Silvio, 1988: *Raffael-Rezeption in der literarischen Frühromantik: Wilhelm Heinrich Wackenroder und sein akademischer Lehrer Johann Dominicus Fiorillo*. In: *Geschichtlichkeit und Aktualität. Studien zur deutschen Literatur seit der Romantik. Festschrift für Hans-Joachim Mähl zum 65. Geburtstag*. Hg. von Klaus-Detlef Müller u. a. Tübingen, S. 221–241.

51 Vgl. hierzu Vietta, 1986, S. 212ff.

52 Zum Künstlerbild in der Goethezeit allgemein vgl. Granzow, Hermann, 1960: *Künstler und Gesellschaft im Roman der Goethezeit. Eine Untersuchung zur Bewußtwerdung neuzeitlichen Künstlertums in der Dichtung vom ›Werther‹ bis zum ›Kater Murr‹*. Bonn: Diss.

Tradition des Künstlerromans beginnen zu lassen.[53] Von Werther, der sich des öfteren als künstlerischer Mensch ausweist, heißt es symptomatisch gleich zu Anfang:

Ich bin so glücklich, mein Bester, so ganz in dem Gefühle von ruhigem Dasein versunken, daß meine Kunst darunter leidet. Ich könnte jetzt nicht zeichnen, nicht einen Strich, und bin nie ein größerer Maler gewesen als in diesen Augenblicken.[54]

Die einzige Zeichnung, die ihm im Verlaufe der Romanhandlung gelingt, bestärkt ihn in dem »Vorsatze«, sich »künftig allein an die Natur zu halten«, die »allein [...] den großen Künstler« bilde; »zum Vorteile der Regeln« könne man »viel sagen, ungefähr was man zum Lobe der bürgerlichen Gesellschaft sagen kann«. Über die Entstehung des Kunstwerks erfahren wir nichts. Es ist nur ein Anlaß, um, erstens, an die ›Querelle‹ zu erinnern und Stellung für die ›Modernes‹ zu beziehen und, zweitens, ein »Gleichnis« zu erzählen, das auf das eigentliche Romanthema führt. Aus dem Kunst- wird dabei ein Liebesproblem, das Naturgenie wird durch den verschwenderisch Liebenden, der Regelkünstler durch den »Philister« ersetzt, der zu einer vernünftigen Einteilung von Arbeits- und Erholungsstunden rät.[55] Wie Wilhelm Meister in den *Lehrjahren* vom künstlerischen Dilettantismus befreit und ins tätige Leben integriert wird, ist bekannt. Die Kunstbetrachtungen in Heinses *Ardinghello* machen den Helden nicht zum Künstler. Ebenso wie Werther ist er ein verhindertes Malgenie, zu dem mit Recht gesagt wird: »ich weiß, daß Ihr ein Florentiner seyd, und hier die Mahlerey treibt, aber daß dieses Eure Bestimmung nicht ist, sondern Nebenbeschäftigung, und Euer Ziel im Verborgnen höher steckt«.[56] Ardinghello, der das genialische Lebensgefühl des Sturm und Drang erfolgreicher verkörpern darf als Werther, gründet denn auch zuletzt einen utopischen Staat. Die gescheiterten Versuche Anton Reisers, ein rechter Dichter zu werden und im poetischen Schaffen den ihm »eigentümlichen Geist« zu ergreifen, kommentiert Moritz in dem Abschnitt *Die Leiden der Poesie*, der im Zusammen-

53 So mit Einschränkungen bei Marcuse, Herbert, 1978 (1922): *Der deutsche Künstlerroman*. In: *Schriften*. Frankfurt/M., Bd. 1, S. 20ff.; Laserstein, Käte, 1931: *Die Gestalt des bildenden Künstlers in der Dichtung*. Berlin, Leipzig, S. 5ff.; sowie Granzow, 1960, S. 20ff.

54 Goethe, Johann Wolfgang von, 1982: *Die Leiden des jungen Werther*. In: *Werke. Hamburger Ausgabe in 14 Bänden*. München, Bd. 6, S. 9 (im Brief vom 10. Mai). Zu Werther als Zeichner vgl. auch S. 40f. und S. 74.

55 Cf. Goethe, 1982, Bd. 6, S. 15f.

56 Heinse, Wilhelm, 1924: *Ardinghello und die glückseeligen Inseln. Eine Italiänische Geschichte aus dem sechzehnten Jahrhundert*. In: *Sämmtliche Werke*. Hg. von Carl Schüddekopf. Leipzig, Bd. 4, S. 49.

hang zitiert werden soll – als Dokument des kritischen Phantasiebegriffs der Spätaufklärung:

Wenn ihn [Anton Reiser] der Reiz der Dichtkunst unwillkürlich anwandelte, so entstand zuerst eine wehmütige Empfindung in seiner Seele, er dachte sich ein Etwas, worin er sich selbst verlor, wogegen alles, was er je gehört, gelesen oder gedacht hatte, sich verlor, und dessen Dasein, wenn es nun würklich von ihm dargestellt wäre, ein bisher noch ungefühltes, unnennbares Vergnügen verursachen würde.

Nun war es aber noch nicht ausgemacht, ob dies ein Trauerspiel, oder eine Romanze, oder ein Elegisches Gedicht werden sollte; genug, es mußte etwas sein, das würklich eine solche Empfindung erweckte, wovon der Dichter gewissermaßen schon ein Vorgefühl gehabt hatte.

In den Momenten dieses seligen Vorgefühls konnte die Zunge nur stammelnde einzelne Laute hervor bringen. Etwa wie die in einigen Klopstockschen Oden, zwischen denen die Lücken des Ausdrucks mit Punkten ausgefüllt sind.

Diese einzelnen Laute aber bezeichneten denn immer das *Allgemeine* von *Groß, erhaben, Wonnetränen*, und dergleichen. – Dies dauerte denn so lange, bis die Empfindung in sich selbst wieder zurücksank, ohne auch nur ein paar vernünftige Zeilen, zum Anfange von etwas Bestimmten, ausgeboren zu haben.

Nun war also während dieser Krisis nichts Schönes entstanden, woran sich die Seele nachher hätte festhalten können, und alles andre, was würklich schon da war, wurde nun keines Blicks mehr gewürdigt. Es war, als ob die Seele eine dunkle Vorstellung von etwas gehabt hätte, was sie selbst nicht sein konnte, und wodurch ihr eigenes Dasein ihr verächtlich wurde.

Es ist wohl ein untrügliches Zeichen, daß einer keinen Beruf zum Dichter habe, den *bloß eine Empfindung im Allgemeinen zum Dichten veranlaßt, und bei dem nicht schon die bestimmte Szene, die er dichten will, noch eher als diese Empfindung, oder wenigstens zugleich mit der Empfindung da ist. Kurz, wer nicht während der Empfindung zugleich einen Blick in das ganze Detail der Szene werfen kann, der hat nur Empfindung, aber kein Dichtungsvermögen.*[57]

Weniger inspiriert als seine von Gott erleuchteten Vorbilder in der Renaissancekunst zeigt sich auch der Titelheld von Tiecks *Franz Sternbalds Wanderungen*, der das Malen zumeist vergeblich versucht und als ein Beispiel dafür angeführt werden kann, daß auch im frühromantischen Künstlerroman nicht der schaffende Künstler im Mittelpunkt steht, sondern die Begeisterung für die Lebensform bzw. die Idee des Künstlers und die Kunstbetrachtung.

Daß ohne eine »dunkle, aber mächtige Totalidee, die allem Technischen

57 Cf. Moritz, Karl Philipp, 1981: *Anton Reiser. Ein autobiographischer Roman.* In: *Werke in drei Bänden.* Hg. von Horst Günther. Frankfurt/M., Bd. 1, S. 380f. – Zur Tradition der Schwärmerkritik im 18. Jahrhundert und Moritz' Position vgl. Schings, 1977; sowie Bezold, Raimund, 1984: *Popularphilosophie und Erfahrungsseelenkunde im Werk von Karl Philipp Moritz.* Würzburg.

vorhergeht«, »kein poetisches Werk entstehen« wird, die Poesie »eben darin besteht, jenes Bewußtlose aussprechen und mitteilen zu können, d.h. es in ein Objekt überzutragen«, also das »Bewußtlose mit dem Besonnenen« zu vereinigen, gilt für Schiller in seinem Brief an Goethe vom 27. März 1801 als ausgemacht, und dieser antwortet ihm am 3. April 1801:

Was die Fragen betrifft, die Ihr letzter Brief enthält, bin ich nicht allein Ihrer Meinung, sondern ich gehe noch weiter. Ich glaube, daß alles, was das Genie, als Genie, tut, unbewußt geschehe. Der Mensch von Genie kann auch verständig handeln, nach gepflogner Überlegung, aus Überzeugung; das geschieht aber alles nur so nebenher. Kein Werk des Genies kann durch Reflexion und ihre nächsten Folgen verbessert, von seinen Fehlern befreit werden; aber das Genie kann sich durch Reflexion und Tat nach und nach dergestalt hinaufheben, daß es endlich musterhafte Werke hervorbringt. Je mehr das Jahrhundert selbst Genie hat, desto mehr ist das einzelne gefördert.[58]

Kein idealistischer Dichter käme auf den Einfall, den unbewußten Schaffensgrund ganz zu verleugnen und den künstlerischen Schaffensprozeß als vollständig kalkulierbar zu verstehen – wie später Poe in der *Philosophy of Composition*. Schillers wie Goethes letztlich doch vergleichbar moderate Ausbalancierung von irrationalen und rationalen, eigenen und fremden Schaffensanteilen, ist nur ein weiterer vergeblicher Versuch, das seit der Geniezeit offene Problem der genealogischen Autorität des kreativen Subjekts und der Beschreibbarkeit des schöpferischen Ursprungs zu lösen. Die Kreativitätsbestimmungen der Goethezeit wie der Gegenwart sind in diesem Punkt unzureichend.

58 In: *Der Briefwechsel zwischen Schiller und Goethe*. 3 Bde. Hg. von Siegfried Seidel. München 1984, Bd. 2, S. 365 u. S. 367.

3.3 Interpretationsfragen

Ingenium est ineffabile? Ob der Satz für die Kreativitätsdarstellungen in den Künstlernovellen des 19. Jahrhunderts seine Gültigkeit bewahrt, werden die Interpretationen zeigen. Ihre Leitfragen hierfür sind:

Erstens die Frage nach der die jeweilige Darstellung fundierenden *subjektiven Theorie* über den *Quellpunkt des Schöpferischen* im Spannungsfeld von personalen und transpersonalen Ursprungsideen, und davon abhängig die Frage nach den Erkenntnismethoden und deren Grenzen.

Zweitens die Frage nach den *Gründen* für die *Faszination des Ursprungsproblems* und nach den *Funktionen des Kreativitätsmodells*. Von Interesse sind hier vor allem der zweifache Wunsch der Erzeugung von *Eigentümlichkeit* und der Erzeugung von *originalen Werken* im schöpferischen Akt sowie die Frage der *Berechenbarkeit* ihrer Konstitutierung.

Drittens die Frage nach der *Lesbarkeit* und *Beschreibbarkeit* des *»Unterscheidungs-Zeichens« des Schöpfers* bzw. des *»unnennbaren« Schaffensgrundes*, d.h. die Frage nach den Erkennungsmerkmalen und den Möglichkeiten der Codierung und Decodierung des »eigentümlichen Geistes« in den Konventionen interindividueller Kommunikation. Untersucht werden u.a. die Kongruenz von Theorie und Darstellung der Kreativität, die Wiederverwendung traditioneller mythologischer und die Gewinnung neuer Ausdrucksmuster.

Viertens die Frage nach der *sozialen* bzw. *kulturellen Verankerung des Schöpferischen*, die Frage nach den *Legitimations- bzw. Disziplinierungsformen* und *-instanzen des Außerordentlichen*. Der Doppelcharakter von Kreativität steht hier zur Debatte: die Möglichkeit der krisenhaften Ausbildung schöpferischer Eigentümlichkeit als Nonkonformität und die Abhängigkeit des kreativen Subjekts von ihrer gesellschaftlichen Anerkennung.

4.
Ein »Multiplikationsexempel, in welchem mit wenigen Faktoren rasch ein sicheres Produkt herausgerechnet wird«
Zur Eignung der Novellenform für die modellhafte Darstellung von Kreativität

Die Ideengeschichte der Kreativität nach der Goethezeit soll im zweiten Hauptteil meiner Untersuchung aus der Interpretation von Erzählungen entwickelt werden, deren Hauptfiguren Künstler sind. Im Blickpunkt stehen damit nicht mehr begrifflich abstrakte Kreativitätsdefinitionen ästhetischer Schriften, sondern literarische Darstellungs- und Deutungsmuster künstlerischen Schöpfertums. Die Wahl des paradigmatisch zu analysierenden Genres ist zu begründen. Auf faktische Präferenzen der Autoren kann man sich dabei nicht berufen, denn der Kreativitätsgedanke wurde seit der Geniebewegung des 18. Jahrhunderts in allen Gattungsformen thematisiert. Meine Entscheidung für die Novelle als Untersuchungsgegenstand ist rein pragmatisch. Sie geht von zwei Prämissen aus. Die erste ist, daß sich genrespezifische Voraussetzungen dafür finden lassen, die Form der Novelle als ein geeignetes Deskriptions- bzw. Explikationsmodell nachidealistischer Künstlerproblematik zu behandeln. Die zweite ist, daß eine diachrone Reihe von Einzelwerken zur Demonstration von Kontinuität und Wandel der Kreatitivätsgestaltung gebildet werden kann. Die erste Annahme impliziert die Frage der Gattungsdefinition, die zweite die Frage der Zusammenstellung des Textkorpus.

Erläutert werden soll zunächst die erste, was bei der bekanntlich unzulänglichen Diskussion um den Novellenbegriff alles andere als einfach ist. An ihrem Beispiel ließe sich eine Methodengeschichte der Gattungsbestimmungen im 20. Jahrhundert schreiben. Der Dissens zwischen Romanisten und Germanisten in der Frage der Novellendefinition, den Walter Pabsts komparatistischer Forschungsbericht von 1949[1] aufdeckte, hat die Debatte bis in die siebziger Jahre geprägt. Anlaß zur Zerknirschung – wie sie z.B.

1 Pabst, Walter, 1949: *Die Theorie der Novelle in Deutschland (1920–1940)*. In: *Romanistisches Jahrbuch* 2, S. 81–124. Pabsts Artikel ist wie andere wichtige Beiträge zur Gattungsdiskussion im 19. und 20. Jahrhundert wieder abgedruckt in Kunz, Josef (Hg.), 1973: *Novelle*. Darmstadt, S. 249–293.

Friedrich Sengle 1972 demonstrierte[2] – bestand auf germanistischer Seite eigentlich zu keiner Zeit, und überholt war längst der romanistische Brauch, die Begrifflichkeit der Nachbarphilologie als untauglich für die eigenen Gegenstände abzulehnen.[3] Im Grunde wurden bei der aus der älteren Novellenforschung deduzierten Meinungsverschiedenheit Äpfel und Birnen gegeneinander aufgewogen. Die Methoden der Gattungsbeschreibung in beiden Disziplinen waren inkompatibel, das läßt sich an Pabsts Gegenüberstellung der zwischen 1920 und 1940 erschienenen Arbeiten zeigen. Die hier zitierten Romanisten (Erich Müller, Erich Auerbach, Leo Spitzer, Karl Vossler, Werner Krauss u.a.) bezogen sich in ihren Untersuchungen auf die historisch, regional und individuell unterschiedliche Novellen*praxis* seit der Spätantike, die von Pabst kritisierten Germanisten dagegen (Oskar Walzel, Bernhard Bruch, Johannes Klein u.a.) vor allem auf die in poetologischen Überlegungen deutscher Autoren des 19. Jahrhunderts kontinuierlich sich entfaltende Novellen*theorie*. Ihrem idiographischen Ansatz gemäß kamen die Romanisten zu dem Ergebnis, daß es so viele Novellentypen gibt, wie Novellen geschrieben wurden. Die Germanisten dagegen gewannen aus den Novellenbestimmungen Goethes, Tiecks, Mundts, Heyses, Spielhagens, Storms u.a. einen Katalog signifikanter Merkmale (wie z.B. ›unerhörte Begebenheit‹, ›Falke‹, ›Wendepunkt‹). Probleme ergaben sich bei dessen interpretatorischer Anwendung, wenn es also galt, das Verhältnis von Universalie und Einzelwerk festzulegen. Zum einen bestand die Gefahr eines falschen Begriffsrealismus: Die Universalie, ursprünglich ein theoretisches Konstrukt des Interpreten, wurde hierbei als eine objektive Wesenheit betrachtet, als eine aller Novellenpraxis vorausliegende Gattungsnorm und damit als ein absoluter Maßstab für die Beurteilung von Einzelwerken.[4] Zum anderen neigte man dazu, die Signifikanz

2 Vgl. Sengle, Friedrich, 1972: *Biedermeierzeit. Deutsche Literatur im Spannungsfeld zwischen Restauration und Revolution 1815–1848*. Bd. II: *Die Formenwelt*. Stuttgart, hier S. 834f., der summarisch von einem »unsicheren Novellenbegriff« und von einer »heilsamen Abrechnung mit der deutschen Novellentheorie« durch den Romanisten Walter Pabst spricht.

3 Wie es z.B. bei Eitel, Wolfgang (Hg.), 1977: *Die romanische Novelle*. Darmstadt, oder Wetzel, Hermann H., 1977: *Die romanische Novelle bis Cervantes*. Stuttgart, noch geschah.

4 Radikalen Begriffsrealismus demonstriert z.B. Grolman, Adolf von, 1929: *Die strenge »Novellen«-Form und die Problematik ihrer Zertrümmerung*. In: *Zs. für Deutschkunde*, 1929, S. 609–627; gekürzt wiedergegeben in: Kunz (Hg.), 1973, S. 154–166 – v. Grolmann orientiert sich in seiner Begriffsbildung allerdings nicht an der Novellentheorie des 19. Jahrhunderts, sondern an der Novellistik der Frührenaissance,

bestimmter Erkennungszeichen wie z. B. den ›Falken‹ zu bezweifeln, wenn man sie nicht in allen Novellen entdeckte[5] – die implizite Voraussetzung dafür war, daß der Merkmalskatalog nicht für eine Vereinigungs-, sondern für eine Durchschnittsmenge aller Novellentheorien gehalten wurde.

Nach Pabsts Kritik suchte die deutsche Literaturwissenschaft Auswege aus der verfahrenen Gattungsdiskussion.[6] Vorzugsweise entschied man sich, wenn auch nicht immer explizit, für die Lösung, den Novellenbegriff – im Sinne der definitorischen Unterscheidung Harald Frickes[7] – nicht als eine »literarische Textsorte«, als »rein systematischen literaturwissenschaftlichen Ordnungsbegriff«, sondern als »Genre«, als »historischen Gruppennamen«, einzuführen und die Gültigkeit klassifikatorischer Aussagen damit von vornherein auf eine Epoche zu beschränken. Vorbildlich geschah dies, um ein Beispiel zu nennen, in Rolf Schröders 1970 erschienener Untersuchung biedermeierlicher Novellistik.[8] Eine neue Forschungsperspektive eröffnete 1987 Reinhart Meyers positivistische Studie über die journalistische Erstveröffentlichung von Novellen, die nahelegt, Merkmale wie Neuigkeit, Realismus etc. für originäre Charakteristika des Publikationsmediums und nicht mehr der Gattung zu halten.[9] Mit einer Verve, die der von Pabsts früherem Angriff in nichts nachsteht, attackiert Meyer noch einmal die gesamte germanistische Novellenforschung. Vor allem ärgert ihn ihre mit zahlreichen Beispielen belegte Gepflogenheit, in Anthologien und Interpretationssammlungen Erzählungen als Novellen zu rubrizieren ohne Rücksicht darauf, ob die Originalausgaben eine solche Gattungsbezeich-

---

negiert die Existenz »echter« Novellen in der weltanschaulich zerrissenen Moderne (i.e. hier: nach der Goethezeit) und bezichtigt Heyse, Keller und Thomas Mann falscher Titelgebungen.

5 Vgl. u.a. Koksimies, Rafael, 1959: *Die Theorie der Novelle.* In: *Orbis Litterarum* 14, S. 65–88 und Schunicht, Manfred, 1960: *Der »Falke« am »Wendepunkt«. Zu den Novellentheorien Tiecks und Heyses.* In: *GRM* 41, S. 44–65; beide Aufsätze finden sich wieder in Kunz (Hg.), 1973, S. 409–438 (Koksimies) bzw. S. 439–468 (Schunicht).

6 Über die Versuche der Gattungsbestimmung bis zur Mitte der sechziger Jahre informiert Polheim, Karl Konrad, 1964: *Novellentheorie und Novellenforschung. Ein Forschungsbericht 1945–1963.* In: *DVjs 38*, S. 208–316.

7 Vgl. Fricke, Harald, 1981: *Norm und Abweichung. Eine Philosophie der Literatur.* München, S. 132 (Zitate im folgenden ohne die Hervorhebungen Frickes).

8 Vgl. Schröder, Rolf, 1970: *Novelle und Novellentheorie in der frühen Biedermeierzeit.* Tübingen.

9 Vgl. Meyer, Reinhart, 1987: *Novelle und Journal.* Erster Band: *Titel und Normen. Untersuchungen zur Terminologie der Journalprosa, zu ihren Tendenzen, Verhältnissen und Bedingungen.* Stuttgart.

nung im Titel trugen oder nicht.[10] So vielversprechend Meyers Neuansatz ist, in diesem Kritikpunkt verfängt er nicht. Es mag z.B. lohnend sein, darüber nachzudenken, warum einer der angeblichen Meister der deutschen Novellenkunst, Heinrich von Kleist, keine seiner Erzählungen so betitelte, oder Eduard Mörike ein bei der Erstveröffentlichung 1832 640 Seiten starkes Prosawerk, den »Maler Nolten«, den wir heute umstandslos als Roman bezeichnen, eine »Novelle in zwei Theilen« nannte. Solche Funde von Novellen gewaltigen Umfangs verschlagen aber nichts, wie Meyer suggeriert[11], gegen populäre Gattungsbestimmungen wie die Emil Staigers, wonach eine Novelle »nichts anderes als eine Erzählung mittlerer Länge« sei.[12] Von der systematischen Klassifikation einer Textsorte – und um eine solche handelt es sich bei Staiger – kann man a priori nicht erwarten, daß sie jedes historische Werk, das Novelle genannt wurde, zu erfassen imstande ist. Meyer argumentiert quasi als Sozialwissenschaftler und verkennt dabei, daß es sich bei Staigers Behauptung nicht um einen Induktionsschluß handelt, der durch ein Einzelbeispiel falsifiziert würde. Vor allem aber verkennt er die Konstruktivität und Funktionalität jeder Gattungsbestimmung und damit die potentiell unterschiedlichen Interessenlagen von Autoren und Literaturwissenschaftlern.

Die neuere Diskussion über Probleme der Gattungsterminologie[13] nimmt Meyer nicht wahr. Hier versuchte man gerade die Frage nach dem erkenntnistheoretischen Status und dem praktischen Nutzen von Gattungskonzepten zu beantworten. Meyer mißachtet z.B. den im Kontext dieser

---

10 Vgl. Meyer, 1987, S. 15ff. Einer der Gescholtenen ist Benno von Wiese, dessen 1956 und 1962 in zwei Bänden erschienene kanonische Abhandlung (*Die deutsche Novelle von Goethe bis Kafka. Interpretationen.* 2 Bde. Düsseldorf) fünfzehn »Novellen« für die Zeit bis 1850 vorstelle, von denen im Original nur zwei so benannt seien.

11 Vgl. Meyer, 1987, S. 21ff.

12 Die Definition entstammt einem Seminar Staigers und wurde überliefert von Arx, Bernhard von, 1953: *Novellistisches Dasein. Spielraum einer Gattung in der Goethezeit.* Zürich: Diss., hier S. 8.

13 Einen entscheidenden Anstoß dazu, die bisherigen Methoden der Gattungsbestimmung neu zu überdenken, gab Hempfer, Klaus W., 1973: *Gattungstheorie, Information und Synthese.* München. Einen Überblick über die Entwicklung der Debatte und deren Streitfragen in den siebziger und achtziger Jahren vermittelt die Dokumentation von Wagenknecht, Christian (Hg.), 1988: *Zur Terminologie der Literaturwissenschaft. Akten des IX. Germanistischen Symposions der Deutschen Forschungsgemeinschaft* Würzburg 1986. Stuttgart, vor allem die Einführung Theodor Verweyens in die dritte Sektion, die sich speziell mit der »Problematik literaturwissenschaftlicher Gattungsbegriffe« befaßte (ebd., S. 263–273).

Diskussion erfolgten Vorschlag Werner Strubes[14], die verschiedenen Novellendefinitionen nicht mehr inhaltlich gegeneinander auszuspielen, sondern ihre tatsächlichen Gebrauchsweisen sprachanalytisch zu differenzieren. Nicht über Gattungs-, sondern über Definitionstypen sollte demnach geredet werden. Strube unterscheidet deren vier: »(1) Wesensdefinition, (2) extensionale Definition, (3) Begriffsexplikation und (4) bloße Gebrauchsbeschreibung von ›Novelle‹«.[15] Essentialistisch definiert ihmzufolge die Novelle, wer z.B. – wie überwiegend die ältere Generation deutscher Literaturwissenschaftler – notwendige Merkmale der Gattung inventarisiert. Das Verfahren ihres schärfsten Kritikers, des Romanisten Walter Pabst, erweist sich dagegen als ein extensionales. Pabst geht ja davon aus, daß es eine Vielzahl formal unterschiedlicher Texte mit dem Namen Novelle, nicht aber eine Gattung Novelle gebe. Explikativ nennt Strube Versuche, (historische) Genres terminologisch gegeneinander abzugrenzen. In der aporetischen Novellendiskussion bedeutete – für sich allein genommen – Strubes Typenkatalog, der sich noch verfeinern oder erweitern ließe[16], keinen wesentlichen Fortschritt. Der Wert seines Aufsatzes liegt vielmehr darin begründet, daß er zum einen die »Gleichberechtigung aller Definitionsformen«[17] fordert und zum anderen durch die Einführung des vierten, hier noch nicht erläuterten Definitionstyps das Problem des Verhältnisses von Universalie und Einzelwerk zu lösen versucht.

Innerhalb der jahrzehntelangen Debatte um den ›richtigen‹ Begriff von Novelle stellt vor allem Strubes Toleranzangebot eine Innovation dar. Wenn man eine Gattungsgeschichte der Novelle schreiben wolle, meint er, sei es durchaus sinnvoll, diese durch eine essentialistische Definition zu fundieren. Idiographischen Untersuchungen dagegen sei ein extensionaler Novellenbegriff adäquat. Das darf keinesfalls als eine Aufforderung zu methodischem Relativismus verstanden werden. Es soll nur jedem »Literaturwissenschaftler die Freiheit« eingeräumt werden, »diejenige Definitionsform von ›Novelle‹ zu wählen, die ihm nützlich zu sein scheint«.[18] Der Preis der Freiheit ist also, daß der Nutzen einer Definitionsform, ihr Gebrauchs-

14 Strube, Werner, 1982: *Die komplexe Logik des Begriffs »Novelle«. Zur Problematik der Definition literarischer Gattungsbegriffe*. In: *GRM* 32, S. 379–386.

15 Strube, 1982, S. 379.

16 Wie Strube selbst gezeigt hat – vgl. Strube, Werner, 1988: *Sprachanalytisch-philosophische Typologie literaturwissenschaftlicher Begriffe*. In: Wagenknecht (Hg.), 1988, S. 35–49.

17 Strube, 1982, S. 384.

18 Strube, 1982, S. 384.

wert, jeweils begründet werden muß. Strubes sprachanalytische Untersuchung verzichtet allerdings auf einen solchen Schlußappell.

Zweifelhaft ist nun gerade der praktische Nutzen von Strubes eigener »Gebrauchsbeschreibung« der Novelle, die er als »Familienähnlichkeitsbegriff« im Sinne Wittgensteins[19] definiert. Er geht dabei ganz formalistisch vor: Eine Novelle A z.B. habe kein Merkmal mit der Novelle B gemein, beide verbinde jedoch ein je anderes Merkmal mit der Novelle C, deshalb gehörten sie alle in eine Gattungsfamilie. Die Anwendbarkeit des Wittgensteinschen Terminus für wissenschaftliche Begriffsbildungen ist schon mehrfach problematisiert worden: Wittgenstein habe damit ja die Sprachspiele des Alltags zu beschreiben versucht, in denen die Verständigung funktioniere, obwohl der Wortgebrauch (im Gegensatz zur Wissenschaftssprache) nicht normiert sei. Außerdem verwende er den Terminus nur metaphorisch, und wesentlich sei es wohl zu wissen, welche Grundgesamtheit von Eigenschaften die eine »Familie« von der anderen unterscheide.[20] Strubes Novellenbegriff ist demgegenüber zu offen, weil er alle Texte einschließt, die wechselseitig durch jeweils ein (beliebiges) Merkmal verbunden werden können.

Gegen den Gebrauch des Begriffs »Familienähnlichkeit« ist, was bisher nicht bedacht wurde, grundsätzlich einzuwenden, daß er das Faktum der Konstruktivität von Gattungsdefinitionen verdeckt. Er suggeriert einen quasi natürlich-genetischen Zusammenhang von Texten, deren Verbindung in Wirklichkeit nur dem Klassifikationsbegehren von Autoren, Literaturwissenschaftlern oder Literaturkritikern zu verdanken ist. Horst Steinmetz hat das »Denken in Gattungskategorien« von dem »allgemeineren Bedürfnis« abgeleitet, »die Vielfalt der Wirklichkeit zu ordnen, ihre Komplexität zu reduzieren, die Erscheinungen der Realität übersichtlich zu machen«.[21] Bei Gattungsbegriffen handele es sich prinzipiell um konventionelle Vorstellungen, die sich an den jeweils herrschenden Weltbildern, an

---

19 Vgl. Wittgenstein, Ludwig, 1960: *Tractatus logico-philosophicus. Tagebücher 1914–1916. Philosophische Untersuchungen.* (= Schriften Bd. 1). Frankfurt/M., hier S. 324ff.

20 Vgl. Verweyen, Theodor/Witting, Gunther, 1979: *Die Parodie in der neueren deutschen Literatur. Eine systematische Einführung.* Darmstadt, hier S. 105ff. oder Fricke, 1981, S. 145f., dessen Vorschlag einer »*Verschränkung* von Konjunktion und Alternation, von notwendigen und alternativen Merkmalen« in der Definition einer Textsorte einen höheren Gebrauchswert für die Klassifikation einzelner Texte verspricht als das Konzept der »Familienähnlichkeit«.

21 Steinmetz, Horst, 1983: *Historisch-strukturelle Rekurrenz als Gattungs-/Textsortenkriterium.* In: *Textsorten und literarische Gattungen. Dokumentation des Germanistentages in Hamburg vom 1. bis 4. April 1979.* Hg. vom Vorstand der Vereinigung der deutschen Hochschulgermanisten. Berlin, S. 68–88, hier S. 72.

»außerliterarischen Wirklichkeitsmodellen«[22] also, orientierten und deshalb geschichtlichen Veränderungen unterworfen seien. »Überzeitliche Gattungsinvarianten« kennzeichnet Steinmetz als wenig aussagekräftige und »sehr allgemeine, als bloße Rahmenbedingungen«[23] solcher zeitlich variablen Gattungsmuster. Deshalb gelte es, die historisch begrenzten Konventionen zu analysieren. Ihrer habhaft werde man, indem man in den Texten und zeitgenössischen Kommentaren nach Rekurrenzphänomenen suche, d.h. nach den von Autoren wie Kritikern wiederholt angewandten bzw. erkannten formalen und inhaltlichen Gattungskriterien.

Unentschieden bleibt damit bei Steinmetz allerdings weiterhin die Frage nach der ›Existenzform‹ von Gattungen. Zum einen beschreibt er sie als kognitive Phänomene, als konsensuelle Schemata von Produzenten und Rezipienten, zum anderen als Eigenschaften der Werke selbst. Er kombiniert damit eine nominalistische mit einer realistischen Auffassung. Diese Unentschiedenheit prägt auch seine Bestimmung von Gattungen als Reproduktionsformen von historisch veränderlichen Weltbildern. Das zeigt sich bei der Operationalisierung seiner Definition. Er demonstriert sie am Beispiel des Wandels der Tragödientheorie von Gottsched zu Schiller, der kongruent sei mit dem Wandel der Weltinterpretation von Wolff zu Kant. Steinmetz macht dabei nicht deutlich, daß die Zuordnung von Gattungskonventionen und Weltbildern nicht etwas a priori Existentes, sondern eine Konstruktionsleistung von Literaturwissenschaftlern und damit selbst eine variable Größe ist. Das gilt selbstverständlich ebenso für die Wahl des historischen Ausschnittes und damit für die Entscheidung, welche Gattungskriterien als zeitliche und welche als uberzeitliche angesehen werden. Steinmetz' Auffassung von Gattungen als historischen Konventionen, kognitiven Schemata und Ausdruck von Weltbildern ist zweifelsohne ein fruchtbarer Neuansatz für literaturwissenschaftliche Begriffsbildungen. Es kommt nur eben auf das an, worauf Steinmetz wieder fälschlich glaubt verzichten zu können, nämlich »ihren erkenntnistheoretischen Status konsequent zu ermitteln und zu beschreiben«.[24]

Die epistemologische Problematik von Gattungsdefinitionen soll vor der Einführung des eigenen Novellenkonzepts noch einmal allgemein behandelt werden. Erkenntnistheoretisch betrachtet, ist es völlig gleichgültig, ob ein Literaturwissenschaftler Gattungsbegriffe als Genres oder als Textsorten definiert, ob er also historische Konventionen zu rekonstruieren versucht oder eine neue Klassifikationsform vorschlägt. Das Defini-

---

22 Steinmetz, 1983, S. 75.
23 Steinmetz, 1983, S. 77.
24 Steinmetz, 1983, S. 70.

tionsprodukt, die Universalie, ist in jedem Fall ein kognitives Schema, d.h. ein zum besseren Verständnis von Einzelwerken oder historischen Textgruppen entworfenes Modell, das deren ›Realität‹ nicht abbildet, sondern interpretiert. Solche Kommunikationsschemata sind nicht ›richtig‹ oder ›falsch‹, sie bedürfen aber des Konsenses, müssen also intersubjektivierbar sein.

Diese Einsicht ist die epistemologische Basis für eine radikal konstruktivistische Gattungstheorie, wie sie z.B. Siegfried J. Schmidt jüngst für audiovisuelle Medien konzipiert hat.[25] Er geht von vornherein davon aus, daß Gattungen als »kognitive Phänomene und nicht als Merkmale von Medienprodukten untersucht werden sollten«.[26] Im Mittelpunkt des Interesses steht damit nicht mehr das einzelne Werk, sondern das Operieren von Autoren, Kritikern, Rezipienten und Wissenschaftlern mit Gattungsschemata und dessen je spezifische Funktionen. Mit Hilfe empirischer Methoden sollen hier soziale Kommunikations- bzw. Handlungsprozesse analysiert werden.

Durch diese Verschiebung des Forschungsakzentes verschwindet das alte Problem des Verhältnisses von Universalie und Einzelwerk, ohne daß es gelöst würde. Es taucht selbstverständlich sofort wieder auf, wenn man einen Gattungsbegriff zur Textinterpretation verwenden will, also z.B. Künstlernovellen untersucht. Auf der Grundlage der epistemologischen Prämissen des Radikalen Konstruktivismus bietet sich dafür die folgende Lösung an: Universalie und Einzelwerk sind keinesfalls zur ›Deckung‹ zu bringen, indem man Merkmalskongruenzen feststellt, wie es so häufig geschieht. Da ein Gattungsbegriff lediglich ein kognitives Schema darstellt, sollte man ihn als einen Vorschlag des Interpreten für eine mögliche *Lesart eines Textes* verstehen, die neue Erfahrungen gewinnen läßt oder alte bestätigt. Damit er intersubjektivierbar wird, müssen Art und Funktion der Begriffsbildung vor der Interpretation genau begründet werden. An der Subjektabhängigkeit von Gattungsschemata liegt im übrigen, was Meyer für illegitim hielt: Ein Interpret kann einen Text als Novelle lesen, unabhängig davon, ob dessen Autor diesen Gattungsnamen gebraucht.

Im folgenden sollen die eigene Definitionsform von Novelle und damit die Lesart bzw. die Gesichtspunkte für die Auswahl der Interpretationsexempel erläutert werden. Basis für die Begriffsbildung sind deutsche Novellentheorien des 19. und frühen 20. Jahrhunderts. Die Durchsicht des

25 Schmidt, Siegfried J., 1987: *Skizze einer konstruktivistischen Mediengattungstheorie.* In: *Siegener Periodicum zur Internationalen Empirischen Literaturwissenschaft* 6/2, S. 165–205.

26 Schmidt, 1987, S. 166 (ohne dessen Hervorhebungen).

Materials geschieht, wie eingangs erwähnt, in der Absicht, genrespezifische Voraussetzungen für die Eignung der Novellenform als Deskriptions- bzw. Explikationsmodell nachidealistischer Künstlerproblematik zu finden. Die Rekonstruktion historischer Konventionen unterliegt also einem Selektionsprinzip. Sie ist gebunden an eine theoretische Vorgabe: an die Überlegungen zur Ideengeschichte der Kreativität, die im vorhergegangenen Kapitel entwickelt wurden. Die Novellendefinition ist sehr allgemein formuliert. Sie soll nicht die differentia specifica der Novellenkonventionen in den Literaturepochen des 19. Jahrhunderts erfassen, sondern die diesen Zeitraum übergreifenden Rahmenbedingungen für die Eignung der Novellenform zur modellhaften Darstellung von Kreativität. Sie soll nicht dazu dienen, eine Gattungsgeschichte der Novelle seit der Goethezeit zu schreiben oder an jedem Interpretationsexempel das Verhältnis von Norm (Epochenkonvention) und Abweichung (Einzelwerk) zu messen. Der Zweck der Bestimmung ist die Begründung der Paradigmenwahl und damit die Begründung einer Lesart. Von der Erkenntnistheorie des Radikalen Konstruktivismus nicht überzeugte Kritiker mögen eine solche Definitionsform für einen Zirkelschluß halten. Wahrscheinlicher ist es dagegen m. E., daß man immer nur die Ostereier findet, die man selbst versteckt hat, und intellektuell redlich, daraus kein Geheimnis zu machen.

Daß die Novellenform ein zugleich einfaches wie variationsfähiges Schema[27] für die Deskription und Explikation nachidealistischer Künstlerproblematik ist, hat m. E. folgende Voraussetzungen:

1. *Realistische Darstellung und Aktualität*

Die Verpflichtung auf die Empirie und die Intention, ein für die Zeitgenossen aktuelles Thema widerzuspiegeln, sehen die meisten Theoretiker als formbestimmend für die Novelle an, gleichgültig, ob sie sich auf die italienische Novelle der Renaissance oder auf die deutsche Novelle der Gegenwart beziehen. »Bey einer Novelle«, so heißt es z. B. in Wielands *Das Hexameron von Rosenhain*, »werde vorausgesetzt, daß sie sich [...] in unserer

27 Wilhelm Voßkamp hat mit Hilfe der Kriterien ›Einfachheit‹ und ›Variationsfähigkeit‹ die »prototypische Rolle der Goetheschen ›Lehrjahre‹« und damit die Rahmenbedingungen des »›Modells Bildungsroman‹« zu bestimmen versucht – cf. Voßkamp, Wilhelm, 1988: *Der Bildungsroman als literarisch-soziale Institution. Begriffs- und funktionsgeschichtliche Überlegungen zum deutschen Bildungsroman am Ende des 18. und Beginn des 19. Jahrhunderts.* In: Wagenknecht (Hg.), 1989, S. 337–352; hier S. 340.

wirklichen Welt begeben habe, wo alles natürlich und begreiflich zugeht«.[28] Friedrich Schlegel, der ebenfalls hervorhebt, daß die Novelle auf das »wirkliche Leben« gehe, gesteht ihrem Autor das Umbilden herkömmlicher Stoffe zu – unter einer Bedingung: »Novellen dürfen im Buchstaben *alt* sein, wenn nur der Geist *neu* ist.«[29] Für August Wilhelm Schlegel hat der Novellendichter auf die Geschichte seines Zeitalters gerichtete »Erfahrungen über den Weltlauf mitzutheilen, und etwas als wirklich geschehen zu erzählen«. Gegeben werden soll dabei allerdings die ganze Wirklichkeit, nicht nur das rational Begreifbare – wie Wielands aufklärerischer Reduktionismus es gebietet –, sondern auch das »Unwahrscheinlichste«.[30] In der Nachfolge August Wilhelm Schlegels sind sich Gattungstheoretiker wie Autoren im 19. Jahrhundert weitgehend einig, daß in der Novelle gerade auch die Einbrüche des Irrationalen in die Alltagswelt gezeigt werden können – eine wichtige Voraussetzung für die Thematisierung künstlerischer Inspirationserfahrungen z. B.. Bekannt geworden ist Ludwig Tiecks Bestimmung, daß die Novelle »einen großen oder kleinern Vorfall in's hellste Licht stelle, der, so leicht er sich ereignen kann, doch wunderbar, vielleicht einzig ist«. Er verteidigt zudem die zeitgenössische Novellenkunst als eine realistische und aktuelle Form gegen ihre Kritiker mit dem Hinweis darauf, daß »alle Stände, alle Verhältnisse der neuen Zeit, ihre Bedingungen und Eigenthümlichkeiten [...] dem klaren dichterischen Auge gewiß nicht minder zur Poesie und edlen Darstellung geeignet [seien], als dem Cervantes seine Zeit und Umgebung war«.[31] Für Theodor Mundt »fängt [die Novelle] ihre Verhältnisse in dem Brennspiegel einer charakteristischen Absicht, einer Zeittendenz, einer auf die Tagesbewegung berechneten Reflexion auf«.[32] Nach Friedrich Theodor Vischers Ansicht hat

28 Wieland, Christoph Martin, 1984 [1805]: *Das Hexameron von Rosenhain*. In: *Sämmtliche Werke*. Hamburg [= Reprint der Göschen-Ausgabe, Leipzig, 1805], Bd. XII/38, S. 73 [aus dem Vorwort des Erzählers der *Novelle ohne Titel*].

29 Schlegel, Friedrich, 1980: *Literarische Notizen 1797–1801 = Literary Notebooks*. Hg., eingeleitet und kommentiert von Hans Eichner. Frankfurt/M., Berlin, Wien, S. 189 [Nr. 1867] und S. 110 [Nr. 970].

30 Schlegel, August Wilhelm, 1965: *Geschichte der romantischen Literatur*. In: *Kritische Schriften und Briefe*. Hg. von Edgar Lohner. Stuttgart, Bd. IV, S. 216f.

31 Tieck, Ludwig: *Schriften*. Berlin: Reimer 1829, Bd. XI, S. LXXXVIf. (des Vorberichtes zur dritten Lieferung).

32 Mundt, Theodor, 1969 [1837]: *Die Kunst der deutschen Prosa. Ästhetisch, literargeschichtlich, gesellschaftlich*. Göttingen [Faksimiledruck nach der Originalausgabe Berlin: Veit und Comp., 1837 – in der Reihe Texte des 19. Jahrhunderts hg. von Walther Killy, mit einem Nachwort von Hans Düvel], S. 360f.

die Novellistik Boccaccios den modernen Dichtern die Grundlage gegeben, »das Erfahrungsbild der Welt« zu erobern.[33]

2. Darstellung eines Sonderfalles

Daß die Novelle sich nicht nur zum Ausdruck der zeitgenössischen Verhältnisse aller Stände, sondern vor allem zum Ausdruck der Künstlerproblematik eignet, liegt an einer zweiten Voraussetzung, die von Theoretikern des 19. Jahrhunderts als genrespezifisch genannt wird. Rekurrent ist die Erkenntnis bzw. Forderung, daß sich der Novellendichter bevorzugt auf die Darstellung eines Sonderfalls konzentriert. Er setzt den Akzent auf das Besondere und nicht auf das Allgemeine. Deren Relation wird dabei im Laufe des 19. Jahrhunderts zunehmend als problematische bestimmt. Goethe oder August Wilhelm Schlegel kennzeichnen sie z.B. noch nicht als ein Oppositionsverhältnis. »Unter den vielen Privatgeschichten« interessierten gerade manche, »die uns die menschliche Natur und ihre inneren Verborgenheiten auf einen Augenblick eröffnen, andere wieder, deren sonderbare Albernheiten uns ergetzen«, heißt in den *Unterhaltungen deutscher Ausgewanderten* noch die offene Regel für die Kunst des Novellenerzählens.[34] August Wilhelm Schlegel definiert die Novelle als »eine Geschichte außer der Geschichte, sie erzählt folglich merkwürdige Begebenheiten, die gleichsam hinter dem Rücken der bürgerlichen Auffassungen und Anordnungen vorgefallen sind«, die keinen Platz in der »eigentlichen Historie« finden, aber dennoch alltäglich geschehen können. Eine Novelle müsse, »um ächt zu seyn, von der einen Seite durch seltsame Einzigkeit auffallen, von der andern Seite eine gewisse allgemeine Gültigkeit haben«.[35] Nach Tiecks Auffassung ist in dem »beschränkten Rahmen« der Novelle erlaubt, »was so oft unbeschränkt und unbedingt im Leben als Leidenschaft und Einseitigkeit verletzt«. Anders als Goethe und August Wilhelm Schlegel betont er gerade die Möglichkeit, ein Besonderes im Widerspruch zum Allgemeinen darzustellen: Der »Form der Novelle« sei es auch »vergönnt über das gesetzliche Maas hinweg zu schreiten, und Seltsamkeiten unpartheiisch und ohne Bitterkeit darzustellen, die nicht mit dem moralischen Sinn, mit Convenienz oder Sitte unmittelbar in Harmonie stehn«.[36] Daß der Novellist im Gegensatz zum Romancier nicht die Aufgabe habe, die Totalität des Da-

33 Vischer, Friedrich Theodor, 1857: *Aesthetik oder Wissenschaft des Schönen*. Dritter Theil. Zweiter Abschnitt. *Die Künste*. Fünftes Heft: *Die Dichtkunst*. Stuttgart, § 883, S. 1318.

34 Goethe, 1982, Bd. 6, S. 143.

35 August Wilhelm Schlegel, 1965, S. 218 und 213f.

36 Tieck, 1829, S. LXXXVIII und S. XC.

seins widerzuspiegeln, hebt auch Mundt hervor: »Die Novelle behandelt in der Regel ein von einer gesammten Lebenstendenz abgesondertes, einzeln für sich bestehendes Lebensverhältniß.«[37] Neu ist die kritische Volte, mit der er diese Definition verbindet, daß nämlich in der Form der Novelle das hamletsche Bewußtsein des deutschen Intellektuellen, der der (Selbst-)Betrachtung den Vorzug vor der Tat gebe, sich am besten verkörpern lasse. Das erkläre die Novellenblüte in der Restaurationszeit. Vischer, der Roman und Novelle in ähnlicher Weise wie Mundt voneinander abgrenzt, bestimmt das stoffliche Substrat der Novelle als »ein Stück aus einem Menschenleben, das eine Spannung, eine Krise hat«, und hält die Überbetonung des Reflexionselementes – allerdings aus ästhetischen Gründen – ebenfalls für bedenklich: »Es lag der modernen Zeit sehr nahe, den Inhalt der Novelle als Thema zu behandeln, d.h. unsere Conversation und Debatte so in sie zu verlegen, daß eine Lebensfrage, ein Kampf geistiger Richtungen, dunkle Erscheinungen des Seelenlebens und dergl. vorherrschend gesprächsweise erörtert werden, während in den persönlichen Schicksalen zugleich die factische Antwort erfolgt.«[38] Angegriffen wird in beiden Fällen Tieck, dessen »berüchtigte romantische ›Ironie‹« auch Paul Heyse für die Zerstörung der naiven Faktizität der klassischen Novelle verantwortlich macht.[39] Die wesentlichste Formkonstituente der Novelle ist für Heyse die Darstellung eines Sonderfalls. Er akzentuiert das in seiner Definition extremer als andere Novellentheoretiker. In dieser »bescheidenen dichterischen Gattung« finde »auch der Ausnahmsfall, das höchst individuelle und allerpersönlichste Recht im Kampf der Pflichten, seine Geltung [...] Fälle, die sich durch den Eigensinn der Umstände und Charaktere und eine durchaus nicht allgemein gültige Lösung der dramatischen Behandlung entziehen, sittliche Zartheit oder Größe, die zu ihrem Verständniß der sorgfältigsten Einzelzüge bedarf, alles Einzige und Eigenartige, selbst Grillige und bis an die Grenze des Häßlichen sich Verirrende, ist von der Novelle dichterisch zu verwerthen«.[40] Zum Nachweis des zweiten Novellenkriteriums soll abschließend noch Friedrich Spielhagens prägnante Unterscheidung von Roman und Novelle zitiert werden: »die Novelle hat es mit fertigen Charakteren zu thun, die, durch eine besondere Verkettung der Umstände und

37 Mundt, Theodor, [1845]: *Ästhetik. Die Idee der Schönheit und des Kunstwerks im Lichte unserer Zeit.* Göttingen [Faksimiledruck nach der Originalausgabe Berlin: Veit & Comp., 1845 – in der Reihe Texte des 19. Jahrhunderts hg. von Walter Killy, mit einem Nachwort von Hans Düvel], S. 342.

38 Vischer, 1857, S. 1318.

39 Heyse, Paul, ^{4}1901: *Jugenderinnerungen und Bekenntnisse.* Berlin, S. 344.

40 Heyse, Paul, o.J. (1871): *Einleitung.* In: *Deutscher Novellenschatz.* Hg. von Paul Heyse und Hermann Kurz. München, Bd. 1, S. V–XXIV; hier S. XIVf.

Verhältnisse, in einen interessanten Konflikt gebracht werden, wodurch sie gezwungen sind, sich in ihrer allereigensten Natur zu offenbaren, also, daß der Konflikt, der sonst Gott weiß wie hätte verlaufen können, gerade diesen, durch die Eigentümlichkeit der engagierten Charaktere bedingten und schlechterdings keinen anderen Ausgang nehmen kann und muß.«[41] Der zweite Grund für die Wahl der Novelle zur Demonstration nachidealistischer Künstlerproblematik ist also, daß diese Form erlaubt, kritische Situationen als Experimente auf die Erkennbarkeit des »Unterscheidungs-Zeichens« und den sozialen Doppelcharakter der Kreativität durchzuspielen und die agonale Struktur des Schöpferischen herauszuarbeiten – als Versuch, das Eigentümliche auszubilden oder zu bewahren gegen die zerstörende Gewalt gesellschaftlicher Institutionen. Daß dieser Konflikt modellhaft abgehandelt werden kann, ist der dritte Grund.

3. Abbreviatorischer Charakter

In den Bestimmungen der Novelle finden sich zahlreiche Hinweise auf deren abbreviatorischen Charakter, auf den hohen Abstraktionsgrad der Darstellung, auf die Tendenz zur Reduktion des Sonderfalls auf das Wesentliche. Bei Wieland heißt es, daß man Novellen »vorzüglich eine Art von Erzählungen« nenne, »welche sich von den großen Romanen durch Simplicität des Plans und den kleinen Umfang der Fabel unterscheiden«.[42] August Wilhelm Schlegel wirft Wieland jedoch vor, sich in seiner Novellenpraxis nicht an dieses Formpostulat gehalten zu haben. Seine Novellen zeichneten sich durch »laxe Weitschweifigkeit« aus, während die Erzählungen Boccaccios durch ihre »Konzision, das Verzichtleisten auf unpassenden Schmuck« bestechen würden.[43] Die Beschränkung der Darstellung auf entscheidende (Wende-)Punkte als strenges Baugesetz der Novelle ist für Schlegel, Tieck, Schleiermacher u.a. Gattungstheoretiker im 19. Jahrhundert bekanntermaßen das Argument, die Form der Novelle mit der des Dramas zu vergleichen. Sie begründet die Hochschätzung der Novelle seit der Jahrhundertmitte, für die Theodor Storm das extremste Beispiel gibt: »die heutige Novelle ist die Schwester des Dramas und die strengste Form der Prosadichtung. Gleich dem Drama behandelt sie die tiefsten Probleme des Men-

---

41 Spielhagen, Friedrich, 1967 [1876]: *Novelle oder Roman? (Gelegentlich der Novellen von Marie v. Olfers.)*. In: ders., 1967 [1883]: *Beiträge zur Theorie und Technik des Romans.* Göttingen [Faksimiledruck nach der 1. Auflage Leipzig: Staackmann, 1883 – in der Reihe Texte des 19. Jahrhunderts, hg. von Walther Killy, mit einem Nachwort von Hellmuth Himmel], S. 243–257; hier S. 245.

42 Wieland, Christoph Martin, 1984 [1795]: *Die Abenteuer des Don Sylvio von Rosalva.* Erster Theil. In: *Sämmtliche Werke* Bd. IV, 11, S. 18, Anm.

43 August Wilhelm Schlegel, 1965, S. 215.

schenlebens; gleich diesem verlangt sie zu ihrer Vollendung einen im Mittelpunkt stehenden Konflikt, von welchem aus das Ganze sich organisiert, und demzufolge die geschlossenste Form und die Ausscheidung alles Unwesentlichen«.[44] Der Abstraktionsgrad der Novelle ist, unabhängig von der Bestimmung ihres ästhetischen Ranges, damit das wesentlichste Abgrenzungskriterium der Gattung gegenüber der des Romans. Mundt definiert die Novelle als »eine prismatische Zusammendrängung der Wirklichkeit«.[45] Bei Vischer heißt es metaphorisch, daß die Novelle sich zum Roman verhalte »wie ein Strahl zu einer Lichtmasse«.[46] Spielhagens mathematische Formulierung hat diesem Kapitel den Titel gegeben: »So gleicht die Novelle einem Multiplikationsexempel, in welchem mit wenigen Faktoren rasch ein sicheres Produkt herausgerechnet wird.«[47] Heyse vergleicht die Tätigkeit des Novellisten mit der des Chemikers: »Daß dieser Fall in kleinem Rahmen energisch abgegrenzt ist, wie der Chemiker die Wirkung gewisser Elemente, ihren Kampf um das endliche Ergebniß ›isolieren‹ muß, um ein Naturgesetz zur Anschauung zu bringen, macht den eigenartigen Reiz dieser Kunstform aus.«[48] Zur Ergänzung noch zwei Belege aus dem frühen 20. Jahrhundert, das erste Zitat stammt von Robert Musil: »Außer dem Zwang, in beschränktem Raum das Nötige unterzubringen, bedingt kein Prinzip einen einheitlichen Formcharakter der Gattung. Hier lebt das Reich nicht der notwendigen, wohl aber der hinreichenden Gründe.«[49] Das zweite Zeugnis von dem abbreviatorischen Charakter der Novelle legt Georg Lukács' Romantheorie ab. Die Novellenform enthüllt ihm den abstrakten Zugriff dichterischer »Subjektivität, die aus der maßlosen Unendlichkeit des Weltgeschehens ein Stück herausreißt« und »einen immanent herausstrahlenden Sinn in dem isolierten Dasein gerade dieses Lebensstückes zur Evidenz bringt«. Die Gewinnung des Modells ist für Lukács ein rein artistischer Akt, ein Akt gewaltsamer Abrundung, der nur einen formellen Ersatz für den Verlust der Totalität schafft. Daß dadurch in der Novelle die »Sinnlosigkeit« des Lebens, »als Sinnlosigkeit, zur Ge-

---

44 Storm, Theodor, 1958: *Eine zurückgezogene Vorrede aus dem Jahre 1881.* In: *Werke.* Gesamtausgabe in drei Bänden. Hg. von Hermann Engelhard. Stuttgart, Bd. 3, S. 524.

45 Mundt, 1969, S. 360.

46 Vischer, 1857, S. 1318.

47 Spielhagen, 1967, S. 246.

48 Heyse, ^{4}1901, S. 344.

49 Musil, Robert, 1978 [1914]: *Literarische Chronik. Die Novelle als Problem.* In: *Gesammelte Werke.* Hg. von Adolf Frisé. Reinbek bei Hamburg, S. 1466.

stalt«[50] werde, wird man freilich weder von der italienischen Novellistik der Renaissance noch von der deutschen des 19. Jahrhunderts behaupten wollen. Die Lukácssche Bestimmung verrät hierin lediglich ihren eigenen geschichtlichen Standort, sie ist gebunden an das Bewußtsein von der Krise der epischen Gattungen am Beginn der Moderne. In der Neubewertung des epistemologischen Status jedoch bestätigt Lukács noch einmal den Modellcharakter der Novelle. Sie kann nicht nur die Darstellung des Besonderen auf das Wesentliche abkürzen, sie ist durch ihren hohen Abstraktionsgrad auch ein geeignetes Instrument zur Ausbildung subjektiver Theorien über den Ursprung und die Genese von Kreativität.

Reduktion von Komplexität, überschaubare, realistische Gestaltung, Aktualitätsbezug und Fokussierung des Interesses auf einen außergewöhnlichen Einzelfall könnten auch als Ursachen für die Beliebtheit der Novellenlektüre bei den Lesern des 19. Jahrhunderts genannt werden.[51] Novellistische Darstellungs- und Deutungsmuster von Kreativität sind also sowohl als geeignete Form künstlerischer Selbstverständigung interpretierbar wie als publikumswirksames Medium zur Förderung von Verständnis und sozialer Anerkennung künstlerischen Schöpfertums, zur Ausbildung von Künstler-Imagines etc.

Die Wahl des Paradigmas für die Analyse der Ideengeschichte der Kreativität und die Lesart der Novellen sind durch die jetzt explizite Gattungsdefinition begründet. Schwieriger ist es, Kriterien für die Auswahl der einzelnen Interpretationsexempel anzugeben. Es handelt sich durchweg um Texte, die zum Lektürekanon des bürgerlichen Lesepublikums im 19. und frühen 20. Jahrhundert gehören, drei davon sind in der berühmten Novellensammlung Paul Heyses enthalten, in dem 1870–1874 zusammen mit Hermann Kurz herausgegebenen 24bändigen *Deutschen Novellenschatz*.[52] Interpretiert werden außerdem nur Texte, in denen der schaffende Künstler im Mittelpunkt der Darstellung steht oder das Problem der genealogischen Autorität des kreativen Subjekts. In Büchners *Lenz* ist das z.B. nicht der Fall, deshalb habe ich auf die Analyse der Novelle verzichtet. Im übrigen gelten für die Zusammenstellung des Textkorpus dieselben epistemologischen Prämissen wie für die Gattungsdefinition. Sie ist, wie man sie auch

50 Lukács, Georg, ²1974 [1920]: *Die Theorie des Romans. Ein geschichtsphilosophischer Versuch über die Formen der großen Epik.* Neuwied und Berlin, S. 41f.

51 Zu den (journalistischen) Vermittlungs- und den Rezeptionsbedingungen von Novellen im Literatursystem des 19. Jahrhunderts vgl. u.a. die positivistische Untersuchung von Meyer, 1987.

52 Abgedruckt sind hier Hoffmanns *Das Fräulein von Scuderi*, Mörikes *Mozart auf der Reise nach Prag* und Storms *Eine Malerarbeit.*

begründet, in jedem Fall eine subjektive Konstruktionsleistung und deshalb, worauf ich in der Vorbemerkung schon hingewiesen habe, nicht als Abbildung eines ›realen‹ ideen- und literaturgeschichtlichen Zusammenhangs zu verstehen, sondern als Angebot einer historischen Sichtweise, in der die Gesinnung zur Totalität aufgegeben ist. Das Entstehen von Geschichte wie Geschichtsschreibung scheint nichts anderes zu sein

> als die Art wie der Geist des Menschen die ihm *undurchdringlichen Begebenheiten* aufnimmt; das, weiss Gott ob Zusammengehörige verbindet; das Unverständliche durch etwas Verständliches ersetzt; seine Begriffe von Zweckmässigkeit nach Aussen einem Ganzen unterschiebt, das wohl nur eine nach innen kennt; und wieder Zufall annimmt, wo tausend kleine Ursachen wirkten. Jeder Mensch hat zugleich seine Separatnothwendigkeit, so dass Millionen Richtungen parallel in krummen und geraden Linien nebeneinander laufen, sich durchkreuzen, fördern, hemmen, vor- und rückwärts streben und dadurch für einander den Charakter des Zufalls annehmen und es so, abgerechnet die Einwirkungen der Naturereignisse, unmöglich machen, eine durchgreifende, Alle umfassende Nothwendigkeit des Geschehenden nachzuweisen.[53]

Die Konsequenz dieser Einsicht ist m. E. nicht die Melancholie, sondern der Dialog.

---

53 Diese Montage aus Grillparzer-Zitaten steht in Nietzsches Abrechnung mit der Objektivität der Historiker, in der zweiten seiner *Unzeitgemässen Betrachtungen: Vom Nutzen und Nachtheil der Historie für das Leben* von 1874 – cf. KSA Bd. 1, S. 290f., Belege für die Grillparzer-Zitate im Kommentarband KSA Bd. 14, S. 69.

ZWEITER
HAUPTTEIL

Interpretationen

1.
Der »versteckte Poet«
E. T. A. Hoffmanns Suche nach dem Ursprung des Schöpferischen in *Das Fräulein von Scuderi*

1.1 Zweifel an Hoffmann als Theoretiker

In Hoffmanns Erzählungen kann man im Unterschied zur idealistischen Künstlerprosa allenthalben schaffende Künstler entdecken: den Ritter Gluck, den Kapellmeister Kreisler, den Goldschmied Cardillac, den dichtenden Studenten Nathanael, den Architekten und Geigenbaumeister Krespel, die Maler Berthold und Traugott u. a. m. Dilettanten befinden sich ebenso darunter wie Genies, und fast immer sind sie die Mittelpunktsfiguren. Sie fungieren nicht mehr als Repräsentanten bürgerlicher Ideale. Hoffmann betont ihren sozialen Sonderstatus. Sein Interesse gilt der Profession selbst und der Entfaltung aller damit verbundenen Probleme. Reich an Aspekten ist demgemäß auch die Forschung, die sich mit der Gestalt des Künstlers bei Hoffmann befaßt. Sie hat ein Hauptthema, dem stets neue Variationen abgerungen werden: die Spannung zwischen Künstlern und Philistern.[1] Hoffmanns Bestimmung des Schaffensursprungs ist dagegen eine bis heute ungeklärte Frage. Gerhard R. Kaiser weist in einem jüngst erschienenen Realienband mit Recht darauf hin, daß die »unausgesprochene Kontroverse« zwischen den Positionen Wulf Segebrechts und Peter von Matts noch ausgetragen werden müsse. Nach Segebrechts Ansicht hebe Hoffmann den Erlebnisgrund künstlerischen Schaffens hervor, für Peter von Matt dagegen postuliere er die »absolute Autonomie der produktiven Einbildungskraft«.[2]

Ob der Widerspruch aufzulösen ist, wird sich zeigen. Die Forschung ist sich jedenfalls schon einmal einig darin, der Solidität von Hoffmanns ästhe-

---

1 Vgl. – stellvertretend für zahlreiche Untersuchungen dieses Problems – Pikulik, Lothar, 1979: *Romantik als Ungenügen an der Normalität. Am Beispiel Tiecks, Hoffmanns und Eichendorffs*. Frankfurt/M. Auf einen Forschungsbericht kann ich dank zweier in den letzten Jahren veröffentlichten Elementarbücher verzichten – cf. Feldges, Brigitte/Stadler, Ulrich, 1986: *E. T. A. Hoffmann. Epoche – Werk – Wirkung*. München; sowie Kaiser, Gerhard R., 1988: *E. T. A. Hoffmann*. Stuttgart.

2 Cf. Kaiser, 1988, S. 204; vgl. hierzu Segebrecht, Wulf, 1967a: *Autobiographie und Dichtung. Eine Studie zum Werk E. T. A. Hoffmanns*. Stuttgart, S. 140ff. und von Matt, 1971, S. 18.

tischen Überlegungen, wenn sie in diskursiver Form erfolgen, grundsätzlich zu mißtrauen:

E. T. A. Hoffmann steht nicht im Ruf ein großer Denker zu sein. [...] Im Gegenteil: wo Hoffmann sich abstrakten Gedankengängen widmet – und er tut es immer wieder mit Behagen –, da macht er es auch seinen geneigtesten Freunden schwer. Eine fatale Unbekümmertheit philosophisch ohnehin belasteten Begriffen gegenüber verstrickt ihn oft gerade dort, wo es ihm um die heiligsten Dinge geht, in abenteuerliche Terminologien. Ausdrücke wie Ich, Selbst, Bewußtsein, Person, höherer oder innerer Geist, Geisterreich, Jenseits, Ironie, Humor und nicht zuletzt Dualismus gleiten da ohne klare Begrenzung und gelegentlich in gewagter Syntax durcheinander, so daß der Leser, der zu den vielen Rätseln dieses Autors aus dessen eigenem Munde einige Schlüsselsätze vernehmen möchte, entweder verwirrt zu den novellistischen Werken zurückkehrt, oder aber eine Aussage exzerpiert, die sich in der Folge als ungenau, wenn nicht geradezu widersprüchlich erweist.[3]

Konsequenterweise hat man deshalb empfohlen, sich um die »exoterische Poetik« Hoffmanns nicht mehr zu bekümmern und statt dessen nach der »esoterischen Poetik« zu suchen. Der Interpret solle sich nicht länger mit »unscharfen« und »dunklen« Prinzipien wie dem serapiontischen herumschlagen, sondern die versteckte Einheit der Hoffmannschen Gedanken in den Texten selbst auffinden.[4] Fraglich bleibt allerdings, ob sich die Verwirrspiele der exoterischen nicht in der esoterischen Poetik fortsetzen bzw. ob es ratsam sein kann, das in einer primären Reflexionsebene Disparate und Heterogene auf der Folie einer sekundären Reflexionsebene, die ein Konstrukt des Interpreten ist, wieder in die rechte Ordnung zu bringen. Möglich wäre ja, daß das Fehlen gedanklicher Systematik nicht das Resultat begrifflicher Schlamperei, sondern der Ausdruck einer besonderen Krisenlage Hoffmanns ist.

Aber folgen wir einstweilen den Anweisungen der Sekundärliteratur und bleiben den Helden in Hoffmanns Erzählungen auf der Spur. Es ist eine ihrer Lieblingsbeschäftigungen, dem Ursprung von Kreativität nachzuforschen. Zum Künstler gesellt sich des öfteren ein Analytiker, der sein Schaffen beobachtet. Zumeist ist der Erzähler das Gegenüber wie im Falle des dichtenden Einsiedlers Serapion oder des Ritter Gluck. Manchmal sind auch beide Rollen in einer Person vereint. Der Rat Krespel gibt dafür ein Beispiel, der Geigen zerlegt, deren Klang der menschlichen Stimme ähnelt, um das Geheimnis des Gesangs zu ergründen. »Nur der Dichter versteht den Dichter«, »nur der poetisch exaltierte Geist, der mitten im Tempel die

3 Cf. von Matt, 1971, S. 1.

4 Cf. Pfotenhauer, Helmut, 1982: *Exoterische und esoterische Poetik in E. T. A. Hoffmanns Erzählungen*. In: *Jahrbuch der Jean-Paul-Gesellschaft* 17, S. 129–144, hier S. 134f.

Weihe empfing, [kann] das verstehen, was der Geweihte in seiner Begeisterung ausspricht«, heißt es programmatisch in Hoffmanns *Don Juan*.[5] Es ist deshalb vielleicht keine schlechte Wahl, das Problem der genealogischen Autorität des kreativen Subjekts am Beispiel einer Erzählung wie *Das Fräulein von Scuderi* zu behandeln, in der sich zwei Künstler gegenüberstehen.

1.2 Die falsche Alternative: Detektivgeschichte versus Künstlergeschichte

Das Fräulein von Scuderi erschien zunächst als Einzelveröffentlichung im *Taschenbuch für das Jahr 1820. Der Liebe und Freundschaft gewidmet.* Sie bescherte, wie man weiß, ihrem Autor einen außergewöhnlichen Erfolg und ein Dankespräsent seiner Verleger, der Gebrüder Willmanns, in Form einer »Kiste mit 50 Bouteillen Hinterhäuser Eilfer, der ganz köstlich ist«.[6] Ratschläge wie die Paul-Wolfgang Wührls, daß die »wackere alte Dame« als »Lesefutter« doch allmählich ausgedient habe[7], werden weiterhin entrüstet

5 Nachweise erfolgen nach Hoffmann, E. T. A., 1960ff.: *[Werke in nicht-numerierten Einzelbänden.]* Hg. von Walter Müller-Seidel und Friedrich Schnapp mit Illustrationen von Theodor Hosemann. München bzw. Darmstadt. Die Ausgaben des Winkler-Verlags und der Wissenschaftlichen Buchgesellschaft sind textidentisch. Die einzelnen Bände werden in Anlehnung an die in der neueren Sekundärliteratur übliche Praxis mit den folgenden Siglen abgekürzt zitiert:
– *Fantasie- und Nachtstücke.* Nachwort von Walter Müller-Seidel. Anmerkungen von Wolfgang Kron. München 1960/Darmstadt 1978 = H I.
– *Die Elexiere des Teufels. Lebensansichten des Katers Murr.* Nachwort von Walter Müller-Seidel. Anmerkungen von Wolfgang Kron. München 1961/Darmstadt 1978 = H II.
– *Die Serapions-Brüder.* Nachwort von Walter Müller-Seidel. Anmerkungen von Wulf Segebrecht. München 1963/Darmstadt 1978 = H III.
– *Späte Werke.* Nachwort von Walter Müller-Seidel. Anmerkungen von Wulf Segebrecht. München 1965/Darmstadt 1978 = H IV.
– *Schriften zur Musik. Nachlese.* Nachwort und Anmerkungen von Friedrich Schnapp. München 1963/Darmstadt 1963 = H V.
– *Juristische Arbeiten.* Mit Erläuterungen hg. von Friedrich Schnapp. München 1973 = H VI.
Das Zitat aus *Don Juan* findet sich in H I, S. 74.

6 Cf. E.T.A. Hoffmann, 1967f.: *Briefwechsel.* Gesammelt und erläutert von Hans von Müller und Friedrich Schnapp. 2 Bde. München = H Br I, II; Zitat H Br II, S. 252.

7 Cf. Wührl, Paul-Wolfgang, 1982: *Madame kann nicht sterben.* In: *Mitteilungen der E.T.A. Hoffmann-Gesellschaft* 28, S. 85–87, hier S. 87.

abgelehnt[8]; bemerkt werden kann allerdings, daß das Werk für neuere Untersuchungen weit weniger Attraktionskraft besitzt als z.B. *Der Sandmann*, der mittlerweile zum Probestück literaturwissenschaftlicher Interpretationskunst avanciert ist.

Die Scuderi-Erzählung hat den Germanisten bisher aus zwei Gründen Kopfschmerzen bereitet. Erstens stritt man darüber, ob es sich um eine Künstler- oder eine Detektivgeschichte handelt. Und zweitens wußte man nicht zu entscheiden, wer denn im Mittelpunkt der Erzählung steht: die Titelfigur oder der mörderische Goldschmied, und ob das Fräulein harmlos ist oder von ebenso diabolischem Charakter wie Cardillac. Richard Alewyns Behauptung, Hoffmanns Erzählung sei die erste deutsche Detektivgeschichte überhaupt[9], wurde mehrfach zurückgewiesen. Das Hauptargument dagegen war, daß die Entlarvung des Verbrechens nur den Geständnissen Oliviers und Miossens und nicht dem Spürsinn der Scuderi zu verdanken sei.[10] Und daß die ehrwürdige alte Dichterin so tugendhaft nicht ist, wie die ältere Hoffmann-Forschung noch annahm[11], gilt inzwischen ebenfalls als ausgemacht. Man gesteht ihr nur einen Prozeß der Läuterung zu. Die galanten Spottverse über die Feigheit der Pariser Liebhaber und über Cardillacs rührendes Angebot, ihr den Schmuck zu schenken, zeigten sie anfangs als wahre »Goldschmiedsbraut« (H III, S. 669), deren Künstlertum – wie das ihres Verehrers – moralisch und sozial verantwortungslos sei. Zur edelmütigen und humanen Dichterin werde sie erst am Schluß, als sie ihre rhetorische Begabung dafür verwende, den König von der Unschuld Oli-

8 Cf. Feldges/Stadler, 1986, S. 154.

9 Cf. Alewyn, Richard, 1963: *Das Rätsel des Detektivromans*. In: *Definitionen. Essays zur Literatur*. Hg. von Adolf Frisé. Frankfurt/M., S. 117–136. Wieder abgedruckt unter dem Titel *Ursprung des Detektivromans* in Alewyn, Richard, 1974: *Probleme und Gestalten*. Frankfurt/M., S. 341–360.

10 Vgl. u.a. Kanzog, Klaus, 1964: *E.T.A. Hoffmanns Erzählung ›Das Fräulein von Scuderi‹ als Kriminalgeschichte*. In: *Mitteilungen der E.T.A. Hoffmann-Gesellschaft* 11, S. 1–11, wieder abgedruckt in Prang, Helmut (Hg.), 1976: *E.T.A. Hoffmann*. Darmstadt, hier S. 307–321; Naumann, Dietrich, 1968: *Zur Typologie des Kriminalromans*. In: *Studien zur Trivialliteratur*. Hg. von Heinz Otto Burger. Frankfurt/M., S. 225–241; Schönhaar, Rainer, 1969: *Novelle und Kriminalschema. Ein Strukturmodell deutscher Erzählkunst um 1800*. Bad Homburg, Berlin, Zürich, hier S. 19–26.

11 Vgl. z.B. Ellinger, Georg, 1912: *Einleitung des Herausgebers*. In: *E.T.A. Hoffmanns Werke in 15 Teilen*. Hg. von G.E. 5. Teil. *Die Serapionsbrüder* I. Berlin, Leipzig, Wien, Stuttgart, S. 33f. oder Harich, Walther, 1924: *Nachwort*. In: *E.T.A. Hoffmann. Dichtungen und Schriften sowie Briefe und Tagebücher. Gesamtausgabe in 15 Bdn.* Hg. von W.H. Weimar, Bd. 2, S. XIf.

vier Brussons zu überzeugen.[12] Die Kompromißformel, auf die man sich insgeheim verständigt hat, könnte demnach folgendermaßen lauten: Die Erzählung ist eine Künstlergeschichte, in der zuletzt das Ideal eines Künstlers aufscheint, der Scuderis gewissermaßen schon bürgerliche Mitleidsfähigkeit mit der Cardillacschen Genialität vereint. So heißt es z.B. bei Jochen Schmidt: »Die Scuderi als Braut Cardillacs – das ist die utopische Figuration einer Versöhnung von wahrer Menschlichkeit und wahrem Künstlertum. Weil solche Versöhnung nicht möglich ist, bleibt über der äußerlich glücklich endenden Geschichte eine Grundstimmung von Tragik und Trauer.«[13] Schmidt übersieht dabei, daß Hoffmann in der Figur des Olivier die Möglichkeit einer solchen Versöhnung gestaltet hat. Als früherer Zögling der Scuderi und Schwiegersohn Cardillacs ist er sozusagen das ›Kind‹ dieses Künstlerpaares. Von der Dichterin erbt er den Anstand und vom Goldschmied die funkelnden Augen und das Talent. Das Happy-End ist märchenhaft, aber, wider Erwarten bei Hoffmann, ohne Ironie – falls es ein dunkles Problem in der Geschichte gibt, ist es anderswo zu suchen:

> Gleich nach der Hochzeit zog er [Olivier], von den Segnungen der Scuderi begleitet, mit seinem jungen Weibe nach Genf. Reich ausgestattet durch Madelons Brautschatz, begabt mit seltner Geschicklichkeit in seinem Handwerk, mit jeder bürgerlichen Tugend, ward ihm dort ein glückliches, sorgenfreies Leben. (H III, S. 708f.)

Die Forschung hat die Diskussion ihrer beiden Hauptfragen überwiegend auf der Ebene der vorgrammatographischen Beschreibung geführt, d.h. die Handlungs- und Spannungsfolge der Erzählung und die psychologischen Motive der Figuren untersucht.[14] Das stilgeschichtliche Korrektiv bildeten vor allem die Formgesetze der Kriminalliteratur. Daß die Frage des Kreativitätsursprungs die eigentliche Dunkelstelle und ein zentrales Thema der Novelle ist, kann man erst bei einer grammatographischen Analyse und Interpretation des Textes entdecken.

Dafür schlage ich zunächst vor, die gewohnte Alternative: Detektivgeschichte vs. Künstlergeschichte ad acta zu legen. Zu fragen wäre im Gegenteil, ***warum Hoffmann die Bilder des Künstlertums mit denen des Verbrechens***

---

12 Vgl. Himmel, Hellmuth, 1960: *Schuld und Sühne der Scuderi. Zu Hoffmanns Novelle.* In: *Mitteilungen der E.T.A. Hoffmann-Gesellschaft* 7, S. 1–13, wieder abgedruckt in Prang (Hg.), 1976, S. 215–236; sowie Post, Klaus D., 1976: *Kriminalgeschichte als Heilsgeschichte. Zu E.T.A. Hoffmanns Erzählung ›Das Fräulein von Scuderi‹.* In: *ZfdPh* 96, S.H. E.T.A. Hoffmann, S. 132–156, und das Nachwort von Walter Müller-Seidel in H III, S. 999–1026, hier S. 1014–1017.

13 Cf. J. Schmidt, 1985, Bd. 2, S. 39.

14 Mit Ausnahme von Himmel, 1960, der sich mit der Erlösungsfunktion der Scuderi für Cardillac und der christlichen Symbolik des Textes eingehend befaßt.

kontaminiert hat. Die einfache und sicherlich nicht falsche Antwort ist, daß Cardillacs Wahnsinn die Schnittmenge beider Bereiche darstellt, daß Hoffmann also auf den seit alters bekannten Topos von Genialität und Wahnsinn zurückgreift. Diese Konstellation ist uns auch aus anderen Werken Hoffmanns in mehr oder weniger harmloser Form vertraut. Man denke nur an Serapion, Krespel oder Nathanael, wobei die beiden letzteren sich zumindest am Rande der Kriminalität bewegen. Der tolle Sonderling Krespel wirft schon einmal seine schwangere Ehefrau aus dem Fenster, und Nathanael versucht noch kurz vor seinem eigenen Ende die Verlobte vom Ratsturm herabzuschleudern. Die poetologische Bedeutung des Wahnsinnsmotivs bei Hoffmann hat Peter von Matt hinreichend geklärt. Vom Wahnsinn bedroht seien seine Figuren, wenn sie die Produkte ihrer Einbildungskraft für Wirklichkeit hielten, wenn ihnen das Reflexionsprinzip der romantischen Ironie unvertraut sei.[15] Ebenso berechtigt ist es vermutlich, den Zusammenhang von Künstler- und Verbrechertum bei Hoffmann literatursoziologisch zu interpretieren: als extremste Form der Opposition des Künstlers gegen die verhaßte Philisterwelt bzw. als radikalsten Ausdruck der Verteidigung des »modern-autonomen Künstlers«.[16] Es gibt außerdem noch eine dritte Vergleichsmöglichkeit, die ich im folgenden entwickeln will. Zu analysieren sind hierbei die Geschehensstruktur von Verbrechen und Künstlertum und deren Zeichenhaftigkeit in der Novelle.

1.3 Ereignis und Geschichte: Zur Grundspannung Hoffmannscher Novellistik in *Die Serapions-Brüder*

Den historischen Hintergrund der Geschichte des Cardillac bildet die Katastrophe, die durch eine Serie von Mordanschlägen über Paris im Zeitalter Ludwigs des Vierzehnten hereingebrochen ist. Die Stadt, in der der Goldschmied sein Unwesen treibt, ist »der Schauplatz der verruchtesten Greueltaten« (H III, S. 653). Das Verbrechen breitet sich, obwohl die Keimzelle entdeckt ist und die ersten Schüler des teuflischen Giftmischers Exili umgekommen sind oder hingerichtet wurden, weiterhin unkontrollierbar wie eine Seuche aus:

15 Cf. von Matt, 1971, S. 38ff. Eine psychoanalytische Interpretation von Cardillacs Wahnsinn als Ausdruck von Narzißmus und ödipaler Schädigung versucht Schneider, Peter, 1980: *Verbrechen, Künstlertum und Wahnsinn. Untersuchungen zur Figur des Cardillac in E.T.A. Hoffmanns ›Das Fräulein von Scuderi‹*. In: *Mitteilungen der E.T.A. Hoffmann-Gesellschaft* 26, S. 34–50.

16 So J. Schmidt, 1985, Bd. 2, S. 34.

Die Pariser atmeten auf, als das Ungeheuer von der Welt war, das die heimliche mörderische Waffe ungestraft richten konnte gegen Feind und Freund. Doch bald tat es sich kund, daß des verruchten La Croix entsetzliche Kunst sich fortvererbt hatte. Wie ein unsichtbares tückisches Gespenst schlich der Mord sich ein in die engsten Kreise, wie sie Verwandtschaft – Liebe – Freundschaft nur bilden können, und erfaßte sicher und schnell die unglücklichen Opfer. Der, den man heute in blühender Gesundheit gesehen, wankte morgen krank und siech umher, und keine Kunst der Ärzte konnte ihn vor dem Tode retten. (H III, S. 655)

In der Inszenierung einer Katastrophensituation als Rahmen seiner Novelle hat Hoffmann Vorbilder in der Gattungstradition finden können. Die Aristokraten in Boccaccios *Decamerone* erzählen sich ihre Geschichten angesichts der Pestepidemie des Jahres 1348, vor der sie aus Florenz geflüchtet sind, und Goethes *Unterhaltungen deutscher Ausgewanderten* sind auf das Jahr 1793 zu datieren, in dem die französische Revolutionsarmee nach Deutschland vordringt und die herkömmliche Gesellschaftsordnung außer Kraft zu setzen droht. Im übrigen blickt auch die Runde der Serapions-Brüder, in deren Erzählzyklus Hoffmann seine Novelle nachträglich eingefügt hat, auf eine turbulente Zeit zurück – die Zeit der Befreiungskriege gegen Napoleon –, die wie ein »wilder Orkan« die Freunde »auseinanderschleuderte« und keinen unverändert ließ, wie Theodor anfangs bemerkt:

Ja freilich sind wir alle nicht mehr dieselben! [...] Aber wen von uns hat indessen nicht der wilde Strudel von Ereignis zu Ereignis, ja von Tat zu Tat fortgerissen? Konnte denn alles Schrecken, alles Entsetzen, alles Ungeheure der Zeit an uns vorübergehen ohne uns gewaltig zu erfassen, ohne tief in unser Inneres hinein seine blutige Spur einzugraben? – Darüber erbleichten die Bilder des früheren Lebens, und fruchtlos bleibt nun das Mühen, sie wieder aufzufrischen! (H III, S. 9f.)

Theodor zufolge hat die Katastrophe ›Napoleon‹, einem Naturereignis gleich, alle kultur-, sozial- und lebensgeschichtlichen Zusammenhänge plötzlich unterbrochen. Etabliert ist somit eine typische Rahmensituation novellistischen Erzählens, die es erlaubt, den Blick auf die Sonder- und Ausnahmsfälle zu lenken, auf Prozesse der Identitätsbildung, die nicht sukzessiv-linear, sondern sprunghaft vonstatten gehen (cf. Kap. I.4). Verständlich wird außerdem, daß die Gesprächskunst der Serapions-Brüder auch therapeutischen Charakter hat. Die Novellen sind Proben darauf, inwieweit es gelingen kann, das *Ereignishafte* wieder in eine *Ordnung* einzubinden, das *Diskontinuierliche* in ein *Kontinuum* zu überführen. Das wäre nämlich auch die Voraussetzung dafür, daß der Zirkel halten kann, was Cyprian verspricht: »wir wollen andere sein als damals und doch wieder dieselben, das ist nun ausgemacht« (H III, S. 16f.).

Die Scuderi-Erzählung demonstriert das Experiment der nachträglichen

Berechnung des Ereignishaften und Zufälligen, das eine Grundspannung der Hoffmannschen Novellistik in den *Serapions-Brüdern* indiziert, auf zweifache Weise: am Beispiel des Mord- und des Kreativitätsgeschehens. Beide werden, nimmt man Cardillacs Geständnis vor Olivier vorläufig aus, stets aus der Perspektive externer Beobachter geschildert, die Repräsentanten gesellschaftlicher Institutionen sind und deren Ordnung und Tradition zu wahren suchen. Diese Funktionsbeschreibung trifft für Desgrais und die anderen Agenten des von Ludwig XIV. zur Aufrechterhaltung der staatlichen Gewalt eingesetzten Apparats der »Chambre ardente« ebenso zu wie für das Fräulein von Scuderi als am Königshof und in den Pariser Salons geschätzter Dichterin, die ihre Werke mit Witz und Anmut nach den *Vorschriften der Regelpoetiken* verfaßt und selbst als ein Muster *kontinuierlichen und vom Zufall von Genieblitzen unabhängigen künstlerischen Schaffens* gelten kann. Das Sinnbild dafür ist, daß Hoffmann sie zur Zeit der Erzählhandlung, also um 1680, gerade an ihrem mehrbändigen historischen Roman *Clélie* schreiben läßt. Das Werk ist in Wirklichkeit schon zwanzig Jahre vorher – von 1654 bis 1660 – veröffentlicht worden. Hoffmann kam es also weniger auf historische als auf metaphorische Genauigkeit an.

Der Scuderi aufgrund ihrer eleganten Spottverse über die Opfer des Juwelendiebs moralische und soziale Bindungslosigkeit zu unterstellen und sie zur geheimen Komplizin des genialen Verbrechers und Künstlers zu machen, ist von daher eine gelinde Übertreibung interpretatorischer Geschicklichkeit, die nur die Finte entschuldigt, die Hoffmann selbst durch Cardillacs Dankgeschenk und seine Verehrung der alten Dame gelegt hat. Bei diesem Paar gesellt sich nicht Gleich zu Gleich, hier ziehen sich die Unterschiede an. Auf der Ebene der vorgrammatographischen Beschreibung kann es noch angehen, die Personenkonfiguration der Novelle aus der Opposition von Gut und Böse zu verstehen, die Scuderi ihrer anfänglichen Leichtfertigkeit wegen kurzzeitig und die blutgierigen Häscher der »Chambre ardente« gänzlich zur Gruppe der Unholde zu schlagen. Wechselt man von der Handlungs- auf die Bildebene, so stellen sich die Figuren nach einem anderen Gegensatz auf: dem von Ereignis und Geschichte, Unordnung und Ordnung. Die Scuderi, la Regnie, Desgrais oder Argenson mögen keine Detektive im klassischen Sinne sein, gemeinsam ist ihnen jedoch die Anstrengung, Daten zu verbinden, deren Zusammenhang sie nicht kennen, und Zeichen zu lesen, zu deren Entschlüsselung erst ein passender sozialer und kultureller Code gefunden werden muß. Die Geschehensstruktur von Verbrechen bzw. künstlerischem Schöpfertum beschreiben sie in vergleichbarer Weise, unterschiedlich sind nur ihre Wege, deren Genealogie zu verstehen.

1.4 Geschehensstruktur, Entstehungstheorien und Erkenntnismethoden des Verbrechens

Plötzlichkeit, Unsichtbarkeit und *Irrationalität* sind die *Deskriptionsmerkmale* des Verbrechensgeschehens, wenn man dessen Entstehung von außen betrachtet. Sylvesters Erzählung setzt mit dem gespenstischen Auftritt Oliviers im Haus der Scuderi ein und liefert im zweiten Abschnitt (cf. H III, S. 653ff.) die Chronik der Ereignisse nach. Sie schildert sie mit den Augen Desgrais' oder der Pariser Bürger. Seit die ersten Morde sie aus ihrer Ruhe aufgeschreckt haben, geht nichts mehr seinen gewohnten Gang. Zu jeder Zeit, an jedem Ort und über Personen jeden Standes kann das Unheil hereinbrechen – und zwar im doppelten Sinne. Vor der Zufallsmacht des »feinen, spurlosen Giftes« (H III, S. 656) scheinen Opfer wie Täter gleichermaßen schutzlos. »Wie ein unsichtbares tückisches Gespenst« (H III, S. 655) schleicht es sich in alle Kreise ein, verwandelt die einen, die eben noch vertrauenswürdige Menschen gewesen waren, in Mörder und bringt den anderen den Tod:

Das grausamste Mißtrauen trennte die heiligste Bande. Der Gatte zitterte vor der Gattin – der Vater vor dem Sohn – die Schwester vor dem Bruder. – Unberührt blieben die Speisen, blieb der Wein bei dem Mahl, das der Freund den Freunden gab, und wo sonst Lust und Scherz gewaltet, spähten verwilderte Blicke nach dem verkappten Mörder. Man sah Familienväter ängstlich in entfernten Gegenden Lebensmittel einkaufen, und in dieser, jener schmutzigen Garküche selbst bereiten, in ihrem eigenen Hause teuflischen Verdacht fürchtend. Und doch war manchmal die größte, bedachteste Vorsicht vergebens. (H III, S. 655)

Wo Menschen von der einen Minute zur anderen zu Verbrechern werden können und sichere Vor-Zeichen des plötzlichen und heimlichen Identitätswechsels unbekannt sind, droht das seine Gültigkeit zu verlieren, was bisher Vertrauen stiftete: die in Jahren gewachsenen familiären und sozialen Bindungen, das Kontinuum lebensgeschichtlicher Erfahrungen.

Cardillacs Verbrechen schließen sich, wie die Beschreibung ihres Geschehensmusters zeigt, an die Kette der Giftmorde an. Die Überfälle erfolgen nächtlich in unregelmäßigen Intervallen und an allen Orten, »auf offener Straße oder in finstern Gängen der Häuser«, »auf der Schwelle, ja vor dem Zimmer der Geliebten«. Die Opfer werden entweder durch einen von hinten geführten Dolchstich ins Herz getroffen, so daß sie »keines Lautes mächtig zu Boden sinken«, oder durch einen »Faustschlag auf den Kopf« wie durch einen »Wetterstrahl« betäubt und ihres Bewußtseins beraubt. Der Verbrecher bleibt unsichtbar und scheint »mit Geistern im Bunde« (H III, S. 657). Und wie Cardillac später selbst gestehen wird, treibt ihn, der »in ganz Paris als der rechtlichste Ehrenmann, uneigennützig, offen, ohne Hinterhalt« (H III, S. 664) gilt, kein bewußter Vorsatz, sondern ein »böser Stern« (H III, S. 691) zu seinen gräßlichen Taten.

Die Gruppe der ›Ordnungshüter‹ in der Novelle entwickelt für das plötzliche, unsichtbare und irrationale Geschehen nun *Entstehungstheorien* und *Erkenntnismethoden*, die den »undurchdringlichen Schleier« der Verbrechen (H III, S. 654) lüften und das Unverständliche wieder verständlich machen sollen. Über den Entstehungsgrund des Verbrechens gibt es zwei komplementäre Anschauungen. Das erste Modell ist ein *metaphysisches*. Ihmzufolge sind die Untaten *transpersonalen Ursprungs*. Es ist Desgrais, der diese Theorie gegen seine eigene Überzeugung in die Welt setzt. Als ihm der Juwelendieb durch eine scheinbar undurchdringliche Mauer entkommen ist, beschönigt er gegenüber la Regnie, dem Präsidenten der »Chambre ardente«, das bisherige Scheitern seiner mit äußerster Rationalität und einem gewaltigen Polizeiapparat betriebenen Anstrengungen mit dem Satz: »Der Teufel selbst ist es, der uns foppt« (H III, S. 659). Was für Desgrais nur eine Entschuldigungsformel ist, wird umgehend zur populären Lesart des Verbrechens, weil sie dem Unheimlichen wieder ein bekanntes Gesicht gibt, die namenlose Angst in begründete Furcht verwandelt, den Schrecken bannt und mitteilbar macht:

Desgrais' Geschichte wurde in Paris bekannt. Die Köpfe waren erfüllt von den Zaubereien, Geisterbeschwörungen, Teufelsbündnissen der Voisin, des Vigoureux, des berüchtigten Priesters le Sage; und wie es denn nun in unserer ewigen Natur liegt, daß der Hang zum Übernatürlichen, zum Wunderbaren alle Vernunft überbietet, so glaubte man bald nichts Geringeres, als daß, wie Desgrais nur im Unmut gesagt, wirklich der Teufel selbst die Verruchten schütze, die ihm ihre Seelen verkauft. Man kann es sich denken, daß Desgrais' Geschichte mancherlei tollen Schmuck erhielt. Die Erzählung davon mit einem Holzschnitt darüber, eine gräßliche Teufelsgestalt vorstellend, die vor dem erschrockenen Desgrais in die Erde versinkt, wurde gedruckt und an allen Ecken verkauft. Genug, das Volk einzuschüchtern, und selbst den Häschern allen Mut zu nehmen, die nun zur Nachtzeit mit Zittern und Zagen die Straßen durchirrten, mit Amuletten behängt, und eingeweicht in Weihwasser. (H III, S. 659)

Das zweite Entstehungsmodell ist ein *psychologisches* bzw. *anthropologisches*. Ihmzufolge ist das verbrecherische Geschehen *personalen Ursprungs*. Die Analyse bereits aufgeklärter Verbrechen soll hier die Motive der noch unaufgeklärten erschließen helfen. Das Exempel dafür liefert der Fall der Giftmörderin Brinvillier. Der Erzähler resümiert:

Die Brinvillier war ein entartetes Weib, durch Sainte Croix wurde sie zum Ungeheuer. Er vermochte sie nach und nach, erst ihren eignen Vater, bei dem sie sich befand, ihm mit verruchter Heuchelei im Alter pflegend, dann ihre beiden Brüder, und endlich ihre Schwester zu vergiften; den Vater aus Rache, die andern der reichen Erbschaft wegen. Die Geschichte mehrerer Giftmörder gibt das entsetzliche Beispiel, daß Verbrechen der Art zur unwiderstehlichen Leidenschaft werden. Ohne weitern Zweck, aus reiner Lust daran, wie der Chemiker Experimente macht zu seinem Vergnügen, haben oft Giftmörder Personen gemordet, deren Leben oder Tod ihnen völlig gleichgültig sein konnte. (H III, S. 654)

Das Zufällige, Ereignishafte, wird hier nicht in einen Glaubens-, sondern in einen Erfahrungszusammenhang eingeordnet. Wenn man das Exempel allerdings gegen den Strich liest, so erweist es sich, nicht anders als Desgrais' Teufelserzählung, als eine bloße »Geschichte« mit moralischer Appellfunktion. Der consolatorische Wert des empirischen Konstrukts ist gering, denn die Beliebigkeit bzw. Austauschbarkeit der Motive zeigt, daß sich Verbrechen letztlich nicht berechnen lassen. Sie geschehen eben, und »völlig gleichgültig« ist, ob der Grund Rachsucht aus gekränkter Ehre oder Habgier heißt oder ob es keinen »weitern Zweck« gibt als den des Mordens um des Mordens willen. Der Fall der Brinvillier ist im übrigen historisch. Sylvester gibt dessen Aufklärung nach der Quelle wieder, die er am Beginn der Novelle (cf. H III, S. 648) nennt: Voltaires 1751 erschienenem Geschichtswerk *Le Siècle de Louis XIV*. Hoffmanns Erzähler zitiert sie fast wortgetreu. Signifikant ist, was er hinzufügt. Es handelt sich um die Ausweitung der Mordmotive, aus der die Beliebigkeitsformel resultiert, mit der die Interpretation des Verbrechens abgeschlossen und dessen psychologische Analysierbarkeit wieder konterkariert wird. Zum Vergleich ein Auszug aus Voltaires Bericht in der deutschen Übersetzung:

Auf das Leben ihres Gemahls [des Marquis von Brinvilliers], der gegen eine Liebe [zu Sainte Croix], zu der er selbst den Anlaß gegeben, nachsichtig gewesen war, machte die Marquise keinen Angriff, aber die Rachsucht bewog sie, ihren Vater, ihre beiden Brüder und ihre Schwester zu vergiften. Trotz aller ihrer Verbrechen war sie fromm [...]. Daß sie ihre Gifte in den Hospitälern erprobt habe, wie das Volk behauptete, und wie in den ›Berühmten Rechtshändeln‹, einem für das Volk geschriebenen Werke eines beschäftigungslosen Advokaten, zu lesen steht, ist unwahr [...].[17]

Sylvester dagegen greift das von Voltaire für »unwahr« gehaltene Gerücht, das aus Gayot de Pitavals 1737ff. veröffentlichten *Causes celebres* stammt, aus guten Gründen wieder auf (cf. H III, S. 654), stützt es doch seine Behauptung, daß das Morden auch zwecklos und aus »reiner Lust« geschehen könnte.

---

17 Voltaires Buch erschien schon 1752 in Berlin in einer deutschen Übersetzung und 1778 in Dresden in der Waltherischen Hofbuchhandlung. Die zitierte Passage entstammt der folgenden Ausgabe: Voltaire, o. J. [1887]: *Das Zeitalter Ludwigs XIV*. Deutsch von Robert Habs. 2 Bde. Leipzig, Bd. I, S. 455f.

So aporetisch wie die Entstehungstheorien, so hilflos sind auch die Erkenntnismethoden zur Aufklärung der Verbrechen. Letztlich ist es der ›Kommissar Zufall‹, der den Mörder überführt. Studieren wir zunächst die Bemühungen der »Chambre ardente«. Sie schwankt ergebnislos zwischen alten und neuen Ermittlungsstrategien. Zum einen versucht sie es mit mittelalterlichen Folter- und Blutgerichtsmethoden, vor denen es die Pariser Bürger wie den König selbst schaudert. Anläßlich der Verfolgung der Giftmörder bemerkt der Erzähler, daß das »Tribunal [...] ganz den Charakter der Inquisition« angenommen hatte, und es häufig »dem Zufall überlassen war, die Unschuld des auf den Tod Angeklagten darzutun« (H III, S. 656). Gleiches berichtet er von der Suche nach den Juwelenräubern, bei der man einfach alles aufgriff, »was von dem Volk nur irgend verdächtig schien«, und sich dann »vergebens« anstrengte, »Geständnisse« verbrecherischer Identität zu »erpressen« (H III, S. 657). Der Rechtsspruch, der daraufhin gefällt wird, ist demnach kein Wahr-, sondern nur ein Machtspruch. Zum anderen verlassen sich die staatlichen Häscher auf die Praxis des Indizienbeweises, auf moderne, empirisch-rationale Polizeitechniken. Der Präsident der »Chambre ardente« erläutert der Scuderi umständlich die Sorgfalt seiner Spurensicherung und entlarvt die Unglaubwürdigkeit von Oliviers Alibi, so daß diese sich eingestehen muß: »Alles sprach wider ihn [Olivier], ja kein Richter der Welt hätte anders gehandelt, wie la Regnie, bei solch entscheidenden Tatsachen« (H III, S. 679). D'Andilly, der Advokat, den sie in ihrer Verzweiflung aufsucht, bestätigt ihre Einschätzung (cf. H III, S. 700). Dennoch geht la Regnie, wie sich am Ende herausstellen wird, in die Irre, und die Scuderi vermag er letztlich doch nicht »von der Schuld des jungen Menschen« zu überzeugen (H III, S. 679).

Der Grund dafür ist, daß die Dichterin ihrer Zeit um eineinhalb Jahrhunderte voraus ist und einer anderen Erkenntnismethode vertraut als die Polizei Ludwigs XIV.: dem Verfahren physiognomischer Detektion. E. T. A. Hoffmann kennt es aus seiner juristischen Praxis als festen Bestandteil kriminalistischer Untersuchungen, und sein Erzähler läßt die Scuderi eifrig Blicke lesen. Das funktioniert einmal und dann wieder nicht. Angesichts Cardillacs, der in Paris für einen »Ehrenmann« gehalten wird, schöpft sie keinen Verdacht, obwohl – wie Sylvester uns vorwarnt – »sein ganz besonderer Blick aus kleinen, tiefliegenden, grün funkelnden Augen hätte ihn in den Verdacht heimlicher Tücke und Bosheit bringen können« (H III, S. 664), obwohl »ein häßliches Lachen auf seinem roten Antlitz gleißt« (H III, S. 667), als er vor der Scuderi das ihr heimlich zugesteckte Geschmeide als Erzeugnis seiner Werkstatt identifiziert, und obwohl er sich wie toll vor ihr gebärdet. Nachdem der Mörder gegangen ist, quält sie zwar eine »dunkle Ahnung«, das hindert sie aber nicht, den Scherz der Maintenon, der Goldschmied habe sich in sie »sterblich verliebt«„ sogleich in »gar anmutige Verse« zu fassen (H III, S. 669f.). Mit großer Sicherheit aber sieht sie in der ihr bis dato gänzlich fremden Madelon, die nach der Verhaftung Oliviers ohnmächtig »mit geschlossenen Augen« (!) auf der Straße liegt, sofort den »unschuldsvollen Engel«; zu diesem Wissen genügt ihr ein einfacher Umkehrschluß: Sie hat Desgrais' »tückischen, schadenfrohen Blick auf das Mädchen« (H III, S. 673) bemerkt, ergo ist für sie das Objekt seiner Begierde unverdächtig. Madelons Erzählung vom Tode ihres Vaters bestärkt sie noch in ihrem Glauben an die Unschuld des Paares. Als sie jedoch bei der Gegenüberstellung mit Olivier »auf den ersten Blick [...] den jungen Menschen« erkennt, »der ihr das Kästchen mit den Juwelen gebracht hatte«, gilt dieser Glaube nichts mehr: »Madelons Betragen« [...], was ihr bisher als Beweis der Unschuld und Reinheit gegolten« – so der plötzliche Argwohn – könnte ebensogut »sicheres Merkmal frevelichter Bosheit, studierter Heuchelei« sein; folglich weist sie die Tochter Cardillacs trotz ihrer »Himmelsaugen« aus dem Haus (H III, S. 680). Der nächste Blick auf den von der »Tortur« (H III, S. 682) bedrohten Olivier, den ihr die »Chambre ardente« ins Haus geschafft hat, damit er gestehe, zeitigt eine erneute Kehrtwendung:

> Die Scuderi schaute erblaßt, keines Wortes mächtig, auf ihn [Olivier] herab. Selbst bei den entstellten, ja durch Gram, durch grimmen Schmerz verzerrten Züge strahlte der reine Ausdruck des treuesten Gemüts aus dem Jünglingsantlitz. Je länger die Scuderi ihre Augen auf Brussons Gesicht ruhen ließ, desto lebhafter trat die Erinnerung an irgendeine geliebte Person hervor, auf die sie sich nur nicht deutlich zu besinnen vermochte. (H III, S. 683)

Oliviers Bekenntnis, daß er der Sohn ihrer ehemaligen Pflegetochter sei, hilft der unsicheren Lavater-Schülerin dann endgültig auf die Sprünge. Seine Erzählung erst deckt die Identität des wahren Mörders auf und nicht die physiognomische Kunst der Scuderi, auf deren Beweiskraft diese freilich nicht verzichten will. Deshalb müssen sich Madelon und Olivier, bevor letzterer wieder in den Kerker zurückgebracht wird, noch einmal auf die rechte Weise umarmen:

> Wäre die Scuderi nicht von Oliviers Unschuld schon überzeugt gewesen, der Glaube daran müßte ihr jetzt gekommen sein, da sie die beiden betrachtete, die in der Seligkeit des innigsten Liebesbündnisses die Welt vergaßen und ihr Elend und ihr namenloses Leiden. ›Nein‹, rief sie, ›solch seliger Vergessenheit ist nur ein reines Herz fähig.‹ (H III, S. 698)

1.5 Sylvesters Cardillac- und Hoffmanns Schmolling-Gutachten

Daß weder die Polizei noch die Scuderi den Mörder entlarven, betont, wie erwähnt, die Forschung seit langem. Mit diesem Befund war man zufrieden, weil er die Alewynsche These, daß Hoffmanns Erzählung eine Detektivgeschichte sei, entkräften half. Falls der überflüssige Streit weitergeführt werden sollte, würde ich für Alewyn Partei nehmen. Denn erstens ist vom Reinheitsgebot seiner Kritiker wenig zu halten, daß eine Detektivgeschichte nichts anderes als eine Detektivgeschichte zu sein habe, und zweitens hat Alewyn in seiner Verteidigung mit Recht darauf hingewiesen, daß es in der Kriminalliteratur nicht nur erfolgreiche Detektive gibt.[18] Der Mißerfolg von Cardillacs Verfolgern ist unbestreitbar. Ebenso unbestreitbar scheint mir jedoch, daß Sylvester als Erzähler ein doppeltes Spiel betreibt, das ich so ausführlich geschildert habe, damit seine paradoxe Grundregel klar wird. Er strengt sich einerseits sichtlich an, den Serapions-Brüdern eine vollständige und genaue Beschreibung historischer und moderner Kriminaltechniken zu geben, um deren Wirksamkeit anderseits ebenso gründlich wieder ad absurdum zu führen. Diese Demonstration der Beliebigkeit ist prinzipiell offen für Fortsetzungen. Mit dem Gnadenakt des Königs findet der Erzähler für das Ablegen vergeblicher Möglichkeiten einen rein formalen Abschluß. In der Forschung ist aber gelegentlich vermutet worden, daß das Ende hintergründiger sei, daß Hoffmanns Novelle zuletzt Gerichtstag über die preußische Justizreform halte. Sie sei ein Exempel für das Versagen aufgeklärter Ermittlungsmethoden angesichts eines rational unfaßbaren Tatbestandes sowie ein Plädoyer Hoffmanns für die Entscheidungshoheit des Königs[19] und eine menschliche Rechtsprechung, die sich auch in der zur vorbildlichen Advokatin geläuterten Scuderi verkörpere.[20]

So rund und glatt, wie in dieser Lesart angenommen, geht Hoffmanns Erzählung nicht auf. Wie der rhetorisch brillante Auftritt der Scuderi vor dem König einzuschätzen ist, soll später untersucht werden. Gegen die These vom harmonischen Ausgang der Novelle spricht vor allem, daß Ludwig der XIV. in Sylvesters Charakterisierung, was die Glaubwürdigkeit und Unabhängigkeit seiner Autorität betrifft, ein denkbar schlechter

---

18 Cf. Alewyn, 1974, S. 359f.

19 Cf. u.a. Conrad, Horst, 1974: *Die literarische Angst. Das Schreckliche in Schauerromantik und Detektivgeschichte.* Düsseldorf, S. 109ff. oder Weiss, Hermann F., 1976: *»The Labyrinth of Crime.« A Reinterpretation of E.T.A. Hoffmann's ›Das Fräulein von Scuderi.‹* In: *The Germanic Review* 51, S. 181–189.

20 Cf. u.a. Kanzog in Prang (Hg.), 1976, S. 313.

Stellvertreter des obersten Richters ist. Sein Einsatz für Olivier hängt – nach (!) der Fürbitte der Scuderi – u.a. davon ab, ob die Faszination von Madelons »Lilienbusen« stärker ist als die Eifersucht seiner Mätresse, der Maintenon (cf. H III, S. 605f.).[21]

Auf die Rechtssicherheit des Monarchen ist, so gesehen, wenig Verlaß. Aber das ist m.E. in der Novelle kein vorrangiger Diskussionspunkt. Die Frage der juristischen Urteilsfindung klammert sie gerade aus. Wie verschieden die Problemstellung des Dichters Hoffmann von der des Richters Hoffmann war, zeigt ein Vergleich. Der fiktive ›Fall‹ Cardillac hat bekanntlich eine historische Parallele: den Fall Schmolling. Das tertium comparationis ist, daß Hoffmann zweimal die Straftat eines wahnsinnigen Verbrechers abhandelt. Die Novelle stellte er Mitte Oktober 1818 fertig, das Gutachten über den im September 1817 verübten Mord des Berliner Tabakspinners Schmolling an seiner Geliebten nur zwei Monate später, um die Jahreswende 1818/19.

Die juristischen Aspekte des Schmolling-Gutachtens sind in der Forschung bereits eingehend gewürdigt worden.[22] Die Akte ist für Diskursanalytiker eine ideale Fundgrube, ähnelt sie doch in ihrem Aufbau dem ›klassischen‹ Paradigma für das Studium der Beziehungen zwischen Psychiatrie und Rechtsprechung im 19. Jahrhundert, dem von Michel Foucault veröffentlichten Dossier über den Fall des Bauern Rivière, der 1835 in einem Dorf in der Normandie seine Mutter und seine Geschwister ermordete.[23] Hoffmann hat die Aussagen des Täters vor sich, vergleicht sie mit den Kommentaren des Leiters der juristischen Untersuchung und des medizinischen Sachverständigen und zitiert für seine eigene Stellungnahme die anthropologische bzw. psychiatrische Fachliteratur. Der Fall Schmolling ist deshalb so kompliziert, weil sich kein »offenbares Motiv zur That« (H VI, S. 86) erkennen läßt. Der »Inquisit« hatte lediglich angeben können, daß ihm der Gedanke, seine Geliebte umzubringen, zu seinem eigenen Erstau-

---

21 Zum Wankelmut des Monarchen vgl. Feldges/Stadler, 1986, S. 163.

22 Vgl. Segebrecht, Wulf, 1967b: *E.T.A. Hoffmanns Auffassung vom Richteramt und vom Dichterberuf. Mit unbekannten Zeugnissen aus Hoffmanns juristischer Tätigkeit.* In: *Jahrbuch der deutschen Schillergesellschaft* 11, S. 62–138, hier S. 97ff.; Safranski, Rüdiger, 1984: *E.T.A. Hoffmann. Das Leben eines skeptischen Phantasten.* München, hier S. 425–435; sowie Kolkenbrock-Netz, Jutta, 1985: *Wahnsinn der Vernunft – juristische Institution – literarische Praxis. Das Gutachten zum Fall Schmolling und die Erzählung »Der Einsiedler Serapion« von E.T.A. Hoffmann.* In: *Wege der Literaturwissenschaft.* Hg. von J.K.-N., Gerhard Plumpe, Hans Joachim Schrimpf. Bonn, S. 122–144.

23 Cf. Foucault, Michel (Hg.), 1975 (franz. 1973): *Der Fall Rivière. Materialien zum Verhältnis von Psychiatrie und Strafjustiz (Moi, Pierre Rivière, ayant égorgé ma mère, ma sœur et ma frère ...).* Frankfurt/M.

nen »plötzlich« eingefallen sei: woher ihm »dieser Gedanken in den Kopf gekommen sey«, wüßte er nicht zu sagen, es müsse wohl »Gottes Wille gewesen seyn, daß er die Lehne getödtet« (H VI, S. 109 bzw. S. 118). Der ärztliche Beobachter schließt deshalb auf einen plötzlichen Anfall von Wahnsinn und liefert damit dem Verteidiger Schmollings die Begründung, auf Unzurechnungsfähigkeit des Angeklagten zu plädieren. Es ist spannend zu lesen, wie Hoffmann in seinem Gutachten die Argumentationskette des Mediziners in ihre Glieder auflöst. Er nimmt es bei seiner Destruktionsarbeit allerdings weniger genau als der Erzähler des Cardillac-Falls. Während Sylvester mit der Physiognomikerin Scuderi sein Spiel treiben darf und die Sinnlosigkeit der Suche nach dem Kainsmal auf der Stirn des Verbrechers entlarvt, setzt Hoffmann die Lavatersche Charakterologie – nur kurzzeitig, wie wir sehen werden – wieder ins Recht. Das hat in der Konkurrenz des juristischen mit dem medizinischen Diskurs rein taktische Gründe. Der Arzt hat Schmollings Blick als den eines Wahnsinnigen identifiziert, der Inquirent hat dieser Deutung widersprochen. Mit einigen Winkelzügen streitet Hoffmann dem medizinischen Sachverständigen die psychologische Kompetenz ab und weist dann den juristischen Untersuchungsleiter als besseren Physiognomiker aus:

›Der Blick des Schmolling‹ –, heißt es in dem dem Collegio [also Hoffmann vom Inquirenten] erstatteten Bericht – ›ist durchaus nicht der schwermüthige, licht- und menschenscheue Blick des tiefsinnigen Melancholicus, auch nicht der wilde und zuckende, wie man ihn an entarteten Verbrechern wahrnimmt, und eben so wenig der bald blitzende, bald starrende, bald unstäte, und ich möchte sagen, schweifende Blick, der den Gemüths- und Verstandeskranken eigenthümlich zu seyn pflegt. [...]‹. Dies Urtheil verdient der flüchtigen Bemerkung des Merzdorff [des medizinischen Sachverständigen] bei weitem vorgezogen zu werden. [...] Es steht also hiernach ferner fest: daß auch in dem Aeußern, in den Gesichtszügen des Inquisiten, kein Symptom des innern Wahnsinns wahrzunehmen ist. (H VI, S. 94f.)

Es irritiert vielleicht, daß auch der Erzähler der Novelle diesem nosographischen Katalog getreulich folgt und Cardillac mit dem Antlitz des wahnsinnigen und entarteten Verbrechers ausstattet (cf. H III, S. 664 oder S. 689). Auf Sylvesters Ironie kann man sich jedoch verlassen. Er läßt zu unserer Verwirrung auch die Augen des unschuldigen Olivier wild blitzen und funkeln (cf. H III, S. 650). Der Kammergerichtsrat Hoffmann ist in der Ablehnung solcher Introspektionsmethoden mit seinem Novellenerzähler prinzipiell einer Meinung. Davon zeugt trotz mancher Ungereimtheit auch die Schmolling-Expertise, deren Kern der folgende Satz ist:

Dem im irdischen Leben befangenen Menschen ist es nicht vergönnt, die Tiefe seiner eignen Natur zu ergründen, und wenn der Philosoph sich über diese dunkle Materie in Spekulationen verliert, so darf der Richter sich nur *daran* halten, was die unzweideutigste Erfahrung festgehalten hat. (H VI, S. 99)

Die Fälle Cardillac und Schmolling sind also komplementär zu lesen. Der Hauptgedanke des richterlichen Gutachtens lautet: Wo kein Motiv bekannt ist und die Empirie versagt, darf auch nicht spekuliert werden. Man weiß nicht, warum der Angeklagte sein Verbrechen begangen hat, man weiß aber, was er getan hat und welche Strafe das Gesetz dafür vorsieht. Und danach ist Schmolling zum Tode zu verurteilen. Anders verhält es sich im Fall Cardillac. Die Urteilsfindung ist hier kein Problem. Die Frage ist zuallererst, ob mit Olivier der richtige Täter verhaftet wurde. Im Gegensatz zu Schmolling leugnet er das ihm vorgeworfene Verbrechen. Zu seiner Belastung oder Verteidigung muß also überlegt werden, warum er oder ein anderer zum Mörder geworden sein könnte. Die Parallele zum Fall Schmolling ist, daß es den Detektiven der Novelle nicht gelingt, den wahren Beweggrund zu entdecken. Was ihm in der Realität verwehrt bleibt, erlaubt sich Hoffmann in der Fiktion. Er wechselt zur Lösung des Rätsels die Perspektive und läßt seinen Erzähler die Genese des Verbrechens aus der Sicht Cardillacs, also aus der Sicht des internen Beobachters, schildern.

1.6 Verbrechen und künstlerisches Schöpfertum – von innen betrachtet

Cardillacs Geständnis, das von Olivier an die Scuderi überliefert wird und den wahren Schuldigen schließlich enthüllen hilft, kommt bei den Hoffmann-Interpreten zumeist schlecht weg. Gattungstheoretiker hören an diesem Punkt auf, die Novelle als Detektivgeschichte zu lesen, weil sie enttäuscht darüber sind, daß die Aufklärung der Morde schon in der Mitte der Erzählung erfolgt und sie so um ihre Spannung betrogen werden.[24] Und wer sich wie John M. Ellis mit dem Sinn von Cardillacs Erklärung selbst befaßt, zweifelt bald an der Glaubwürdigkeit dieser »fourth-hand-version« des verbrecherischen Geschehens und stellt die rhetorische Frage: »is a madman likely to be a completely accurate source of information on the causes and nature of his own mania?«[25] Die Konsequenz daraus ist, daß man als psychoanalytischer supervisor wieder den ganzen Text in den Blick nimmt, um die Selbstdeutung des Mörders korrigieren zu können.[26] Die

---

24 Cf. Naumann, 1968, S. 238ff.

25 Cf. Ellis, John M., 1969: *E.T.A. Hoffmann's ›Das Fräulein von Scuderi‹*. In: *The Modern Language Review* 64, S. 340–350, hier S. 343.

26 Vgl. z.B. Schneider, 1980, S. 35ff.

Forschung hält des Goldschmieds Offenbarungen heute überwiegend für dysfunktional und marginal.[27]

Hoffmann hat die Erzählung Cardillacs aber nicht umsonst ins Zentrum der Novelle placiert. Merkwürdigerweise ist bisher niemandem aufgefallen, daß der Autor hier sein von Peter von Matt als Teraphim-Modell bezeichnetes poetologisches Standardverfahren[28] einfach umkehrt: Die Teraphim-Figuren der Scuderi, Cardillac und Olivier, fangen selbst zu sprechen an und zeigen das Geschehen aus ihrer Perspektive. Zuvor hat Sylvster in der uns aus *Der Sandmann* und anderen Hoffmannschen Erzählungen vertrauten Art demonstriert, daß der physiognomische Blick auf die von der Dichterin Beobachteten nicht diese, sondern nur die Beobachterin selbst widerspiegelt. Die Scuderi verkennt die wahre Natur des »wackeren Meister René«. Sie hält ihn gewissermaßen für einen überdurchschnittlich begabten Handwerkskünstler, der »gut« und »fromm« (H III, S. 670) ist, der die Kunst ethisch wie ästhetisch geregelten Schöpfertums und die Kunst galanter Verehrung ebenso beherrscht wie sie. Auf der Fläche seines Gesichtes sieht die Dichterin nur, was sie dorthin an Bildern aus der eigenen Erfahrung projiziert hat. Cardillac oder Olivier und Madelon sind so, wie sie ihr erscheinen, die Produkte ihrer Einbildungskraft. Daß ihr das überhaupt klar wird, verdankt sie nicht der Selbstreflexion, sondern der Gegenrede ihrer Teraphim-Figuren, den Geständnissen Oliviers bzw. Cardillacs. Der Perspektivenwechsel in der Zentrumserzählung ist damit ein Stilmittel romantischer Ironie. Desillusionierung heißt seine erste Funktion, Annäherung an den wahren Sachverhalt seine zweite.

Die zweite Funktion wird im Text explizit genannt: Olivier verspricht der Scuderi von Cardillacs Bekenntnis die »Aufklärung« über das »Motiv« der Untaten, die Lösung des bisher ungelösten »Rätsels« (H III, S. 691), das Ende aller hilflosen Spekulationen über den Ursprung des verbrecherischen Geschehens. Ob er sein Versprechen erfüllen kann, wird sich zeigen. Der Mittelteil der Novelle ist, dessen ungeachtet, kein redundantes Stückwerk, er ist vielmehr aufs Genaueste mit dem Kontext verfugt. Cardillac denkt am Beginn seiner Konfession über die Frage nach, warum den Detektiven seine wahre Identität verborgen bleiben mußte, Olivier ihn aber auf frischer Tat ertappen konnte:

Was der feinsten Schlauigkeit Desgrais' und seiner Spießgesellen nicht gelang zu entdecken, das spielte dir der Zufall in die Hände. Du hast mich geschaut in der nächtlichen Arbeit, zu der mich mein böser Stern treibt, kein Widerstand ist

27 Cf. Feldges/Stadler, 1986, S. 160f.: Auf »diese kausalgenetische Konstruktion [...] kommt es letztlich gar nicht an.«

28 Cf. von Matt, 1971, S. 76ff.

möglich. – Auch dein böser Stern war es, der dich mir folgen ließ, der dich in undurchdringliche Schleier hüllte, der deinem Fußtritt die Leichtigkeit gab, daß du unhörbar wandeltest wie das kleinste Tier, so daß ich, der ich in der tiefsten Nacht klar schaue wie der Tiger, der ich Straßen weit das kleinste Geräusch, das Sumsen der Mücke vernehme, dich nicht bemerkte. Dein böser Stern hat dich, meinen Gefährten, mir zugeführt. An Verrat ist, so wie du jetzt stehst, nicht mehr zu denken. Darum magst du alles wissen. (H III, S. 691)

Cardillacs blumiger Stil ist ein Gemisch aus Ratlosigkeit und Kalkulation. Seine Verbrechen geschehen angeblich unbewußt, demgemäß liefert er seine Rede nicht in diskursiver Form ab. Die Bilder, die er statt dessen wählt, entschuldigen seine Häscher und ihn selbst. Ein Tier, das instinktsicher und reflexionslos tötet, ist für seine Taten nicht verantwortlich zu machen und entzieht sich jeder rationalen Kontrolle einer ›inneren‹ oder ›äußeren‹ Polizei. Die Entdeckung Cardillacs resultiert deshalb notwendig aus einem »Zufall«. Den Mörder findet gerade der, der ihn nicht gesucht hat.

Vielschichtiger als die Tiermetaphorik ist das Bild vom »bösen Stern«, der den Goldschmied leitet – wie, zu unserem Erstaunen, auch seinen Gesellen – und der laut Cardillac beider Wege in der besagten Nacht hat kreuzen lassen. Die Possessivpronomina zeigen, daß hier nicht vom Walten des Zufalls im allgemeinen die Rede ist. Jeder hat seinen eigenen Stern, der sein persönliches Geschick bestimmt.[29] Die lateinische Übersetzung von »böser Stern« (in dieser Bedeutung) heißt ›genius malus‹.[30] Sie führt uns auf den komplexen Sinn des Bildes. Der Stern ist *Dämon, Muse* und *Unterscheidungszeichen* Cardillacs. Seine Erzählung entfaltet diese drei Bedeutungen. Das ist, unabhängig vom inhaltlichen Wert der psychologischen Ursprungs-

---

29 Zu Oliviers Geschick, weil es hier nicht die Hauptsache ist, nur eine Randbemerkung: Worauf Cardillacs Wort vom »Gefährten« anspielt, ist die Vorstellung von der ›Sternfreundschaft‹, ein in Hoffmanns Zeit gebräuchliches Bild für die geheimnisvolle Verbundenheit zweier Menschen (Belege hierzu finden sich in Grimm, 1984, Bd. 18, Sp. 2470). Cardillac expliziert nicht, was die beiden zusammenhält. Eine Antwort wäre, daß Olivier für ihn auch nur ein Teraphim ist. Der Meister hätte Anlaß zu glauben, daß sich in dem Gesellen die verhängnisvolle Konstellation von Gold- und Sexualgier wiederholt, die seine eigene Passion verschuldet hat: Olivier ist der Goldschmiedekunst leidenschaftlich verfallen und begehrt Madelon. Das Verlangen nach ihr ist der »böse Stern«, der ihn nächtlich vor Cardillacs Haus treibt, ihn unbeabsichtigt zum Zeugen eines Mordes und schließlich zum »Mordgehülfen« werden läßt. Er setzt den Verbrechen kein Ende, sondern deckt Cardillac, um seine Tochter zu schonen. Der »entsetzliche Mensch« soll in ihren Augen weiter der »treue, zärtliche Vater« (H III, S. 690) bleiben. Zum Lohn dafür verspricht ihm Cardillac die Hand Madelons.

30 Cf. Grimm, 1984, Bd. 18, Sp. 2470.

erklärung, ihre Funktion. Cardillac schildert das pränatale Trauma nur, um zu zeigen, was es in ihm angerichtet hat.

Die Goldgier seiner Mutter, so berichtet er zunächst, habe sie, als sie schon verheiratet und mit ihm im ersten Monat schwanger war, in die Arme eines »Kavaliers in spanischer Kleidung« getrieben, der eine »blitzende Juwelenkette um den Hals« trug. Sie habe nach der Kette, der Kavalier »brünstig« nach ihr gegriffen. So umschlungen seien sie darniedergesunken, weil der Liebhaber plötzlich verstarb. »Vergebens war das Mühen meiner Mutter«, so heißt es weiter, »sich den im Todeskampf erstarrten Armen des Leichnams zu entwinden. Die hohlen Augen, deren Sehkraft erloschen, auf sie gerichtet, wälzte der Tote sich mit ihr auf dem Boden« (H III, S. 691f.). Man denkt besser nicht darüber nach, wie ihm das noch hat gelingen können, und erspart sich die sexualkundliche Erläuterung der Szene, zumal Freud in seinem Artikel über *Das Unheimliche*, der das Motiv der »erloschenen Augen« am Beispiel des Ödipus und des Nathanael von Hoffmanns *Der Sandmann* behandelt, schon das Nötige dazu gesagt hat.[31] Verziehen sei mir der inzwischen wohl überflüssige Hinweis darauf, daß Cardillacs Erzählung auch an dieser Stelle wieder das Hoffmannsche Teraphim-Prinzip variiert.[32] Von Interesse ist, wie gesagt, was aus dieser abenteuerlichen Geschichte abgeleitet wird. Ihre Fortsetzung darf deshalb im Zusammenhang zitiert werden:

Aber die Schrecken jenes fürchterlichen Augenblicks hatten *mich* getroffen. Mein böser Stern war aufgegangen und hatte den Funken hinabgeschossen, der in mir eine der seltsamsten und verderblichsten Leidenschaften entzündet. Schon in der frühesten Kindheit gingen mir glänzende Diamanten, goldenes Geschmeide über alles. Man hielt das für gewöhnliche kindische Neigung. Aber es zeigte sich anders, denn als Knabe stahl ich Gold und Juwelen, wo ich sie habhaft werden konnte. Wie der geübteste Kenner unterschied ich aus Instinkt unechtes Geschmeide von echtem. Nur dieses lockte mich, unechtes sowie geprägtes Gold ließ ich unbeachtet liegen. Den grausamsten Züchtigungen des Vaters mußte die angeborne Begierde weichen. Um nur mit Gold und edlen

31 Cf. Freud, Siegmund, 1970: *Psychologische Schriften. Studienausgabe* Bd. IV. Frankfurt/M., hier besonders S. 253–257.

32 Wechselseitige Verkennung ist, in Cardillacs Worten, der Anlaß für die Begegnung der beiden ›Liebenden‹: »Derselbe Kavalier hatte vor mehreren Jahren, als meine Mutter noch nicht verheiratet, ihrer Tugend nachgestellt, war aber mit Abscheu zurückgewiesen worden. Meine Mutter erkannte ihn wieder, aber jetzt war es ihr, als sei er im Glanz der strahlenden Diamanten ein Wesen höherer Art, der Inbegriff aller Schönheit. Der Kavalier bemerkte die sehnsuchtsvollen, feurigen Blicke meiner Mutter. Er glaubte jetzt glücklicher zu sein als vormals« etc. (H III, S. 692).

Steinen hantieren zu können, wandte ich mich zur Goldschmiedsprofession. Ich arbeitete mit Leidenschaft und wurde bald der erste Meister dieser Art. Nun begann eine Periode, in der der angeborne Trieb, so lange niedergedrückt, mit Gewalt empordrang und mit Macht wuchs, alles um sich her wegzehrend. Sowie ich ein Geschmeide gefertigt und abgeliefert, fiel ich in eine Unruhe, in eine Trostlosigkeit, die mir Schlaf, Gesundheit – Lebensmut raubte. – Wie ein Gespenst stand Tag und Nacht die Person, für die ich gearbeitet, mir vor Augen, geschmückt mit meinem Geschmeide, und eine Stimme raunte mir in die Ohren: ›Es ist ja dein – es ist ja dein – nimm es doch – was sollen die Diamanten dem Toten!‹ – Da legt ich mich endlich auf Diebeskünste. Ich hatte Zutritt in den Häusern der Großen, ich nützte schnell jede Gelegenheit, kein Schloß widerstand meinem Geschick und bald war der Schmuck, den ich gearbeitet, wieder in meinen Händen. – Aber nun vertrieb selbst das nicht meine Unruhe. Jene unheimliche Stimme ließ sich dennoch vernehmen und höhnte mich und rief: ›Ho ho, dein Geschmeide trägt ein Toter!‹ – Selbst wußte ich nicht, wie es kam, daß ich einen unaussprechlichen Haß auf die warf, denen ich Schmuck gefertigt. Ja! im tiefsten Innern regte sich eine Mordlust gegen sie, vor der ich selbst erbebte. (H III, S. 692f.)

Cardillacs Stern ist ihm, in seiner ersten Bedeutung, der Dämon, der böse Geist, der ihn von »frühester Kindheit« an *ungesehen* begleitet und seinen Lebensweg bestimmt. Er ist außerdem, in seiner zweiten Bedeutung, sowohl der »Instinkt«, der schon den Knaben zum »geübtesten Kenner« echten Geschmeides macht und den Goldschmied zum »ersten Meister dieser Art« werden läßt, wie die »Stimme«, die ihm den Mordbefehl »in die Ohren raunt«. Er ist also der Inspirator, die geheime Muse, der Quellpunkt der künstlerischen *und* der verbrecherischen Begabung. Und er ist drittens das Unterscheidungs-Zeichen, die eigentliche Identität Cardillacs, die sich gegen die »grausamsten Züchtigungen des Vaters« konflikthaft durchsetzt, die aber nur im Ereignis der künstlerischen Schöpfung oder des Mordes aufblitzt. Davon abgeleitet sind die zwei Modi, in denen die Eigentümlichkeit sichtbar werden kann. Der erste Modus ist der der *Serie*: Cardillacs verbrecherischer und künstlerischer Schaffensprozeß bleibt auf die Wiedergabe des ursprünglichen Identitätszeichens fixiert, er ist ein Prozeß der wiederholten Selbsterzeugung und Selbstverteidigung. Der zweite Modus ist der des *Archivs*: Cardillac hortet die von ihm wiedergeholten Schöpfungen in einem »geheimen Gewölbe«, in einem »Juwelenkabinett«, in dem »bei jedem Schmuckstück [...] auf einem kleinen, daran gehängten Zettel genau bemerkt [war], für wen es gearbeitet, wann es durch Diebstahl, Raub oder Mord genommen worden« (H III, S. 694). Was Olivier hier mit Grauen betrachtet, ist nichts anderes als Cardillacs Versuch, seinem inneren Chaos eine äußere Ordnung zu geben, die Daten der entsetzlichen Ereignisse zur Geschichte seines Lebens zu verbinden, das Diskontinuierliche in ein Kontinuum zu überführen.

In seiner Mehrfachbedeutung gebraucht Hoffmann das Sternbild im übrigen auch an anderer Stelle, in dem ein Jahr nach der Scuderi-Novelle entstandenen Märchen *Prinzessin Brambilla*. Am Anfang des vierten Kapitels wendet sich der Erzähler an den Leser:

Vielleicht bist du, o mein Leser, auch so wie ich, des Sinnes, daß der menschliche Geist selbst das allerwunderbarste Märchen ist, das es nur geben kann. – Welch eine herrliche Welt liegt in unserer Brust verschlossen! Kein Sonnenkreis engt sie ein, der ganzen sichtbaren Schöpfung unerforschlichen Reichtums überwiegen ihre Schätze! – Wie so tot, so bettelarm, so maulwurfsblind wär' unser Leben, hätte der Weltgeist uns Söldlinge der Natur nicht ausgestattet mit jener unversieglichen Diamantgrube in unserem Innern, aus der uns in Schimmer und Glanz das wunderbare Reich aufstrahlt, das unser Eigentum geworden! Hochbegabt, die sich dieses Eigentums recht bewußt! Noch hochbegabter und selig zu preisen die, die ihres innern Perus Edelsteine nicht allein zu erschauen, sondern auch heraufzubringen, zu schleifen und ihnen prächtigeres Feuer zu entlocken verstehen. (H IV, S. 260)

Es handelt sich hier gewissermaßen um die Positivfassung des uns aus der Scuderi-Novelle vertrauten Mythologems. Das Bild des Kreativen ist wieder das des Goldschmieds. Der strahlende Edelstein, den er aus seiner Brust hervorholen und bearbeiten soll, ist diesmal nur kein böser, sondern ein guter Stern.

Was an Cardillacs langen Ausführungen besonders auffällt, ist die Unentschiedenheit des Denkens. Sie lassen die präzise Angabe des Ursprungsortes des verbrecherischen Schöpfertums vermissen. Bis zuletzt schwankt er, ob die »Stimme«, die er hört, eine fremde oder nicht doch seine eigene ist, ob er für seine »angeborne Begierde« (H III, S. 692) verantwortlich zeichnet oder der »Stimme des Satans« (H III, S. 694) nachgibt. Die Opposition, die das Stern-Bild festlegt, ist nur die von bewußt und unbewußt. Ob der Ursprungsort des unbewußten Geschehens transpersonal oder personal gedacht werden soll, bleibt dagegen offen. Cardillac legt seine Entstehungstheorie ebenso zweigleisig an wie die um Aufklärung der Verbrechen bemühten Detektive. Der Wechsel von der externen in die interne Perspektive trägt zur Problemlösung wenig bei. Er beendet keinesfalls, wie anfangs von Olivier angekündigt, die Ratlosigkeit über das Motiv Cardillacs. Die Frage ist dann, warum sich Olivier und die Scuderi mit der Geschichte, die Cardillac erzählt, dennoch zufriedengeben.

1.7 ›Stille Post‹: Hoffmanns Beschreibungsfigur des Kreativitätsgeschehens

Der Beweggrund des Cardillacschen Verbrechens ist zugleich der Beweggrund seiner Kreativität. So könnte das knappe Fazit aus der Konfession des Goldschmieds lauten. Es handelt sich dabei um eine Gleichung, die auf beiden Seiten dieselbe Unbekannte hat. Das ist die (nachträgliche) Legitimation dafür, daß ich mich solange mit den Rechenkünsten der Detektive und der Demonstration ihrer Vergeblichkeit aufgehalten habe. Verbrechen und Schöpfertum Cardillacs resultieren aus derselben Quelle und werden in ihrer Geschehensstruktur in der Novelle analog geschildert. Plötzlich, unsichtbar und irrational erfolgt auch das künstlerische Schaffen Cardillacs, den Sylvester »einen der kunstreichsten und zugleich sonderbarsten Menschen seiner Zeit nennt«. Ist seine Begeisterung, sein »Enthusiasmus«, erst einmal auf geheimnisvolle Weise entzündet, so hat er »keine Ruhe« mehr und fertigt »mit brennender Begierde«, »Tag und Nacht« in seiner Werkstatt verschlossen, aus »gemeinem Zeug« ein »reines, unübertreffliches Meisterwerk« (H III, S. 664–666).

Wer das Motiv des Verbrechens aufklärte, wüßte folglich auch die Wahrheit über den Ursprung des Schöpfertums. Der Advokat d'Andilly, dem die Dichterin Cardillacs abenteuerliches Geständnis weitererzählt, bemerkt dazu »lächelnd«: *»Le vrai peut quelque fois n'être pas vraisemblable«* (H III, S. 700). Diese Sentenz ist – was seltsamerweise kein Interpret der Novelle bisher bemerkt hat, obwohl man doch, aus den unterschiedlichsten Gründen, darin übereinstimmte, von Cardillacs Erzählung wenig zu halten – *gegen den Strich zu lesen.* Des Goldschmieds Konfession ist eine Geschichte, die die Wahrheit über den Ursprung von Verbrechen und Schöpfertum nicht enthält, aber wahrscheinlich klingen kann, der »niemand auf Erden widerstehen« wird, wenn man sie mit »Beredsamkeit« (H III, S. 708) vorträgt, wie Cardillac vor Olivier, Olivier vor der Scuderi und diese vor dem König.

Seit Natalie Zemon Davis' kriminalhistorischen Untersuchungen über die Behandlung von Kapitalverbrechen im Frankreich des XVI. Jahrhunderts wissen wir im übrigen, daß diese Umkehrung der von d'Andilly zitierten Sentenz, die die geheime Formel der Erzählpraxis in der Novelle ist, eine rechtsgeschichtliche Basis hat. Davis' Analyse von Gnadengesuchen läßt den angeblich so hehren Auftritt der Scuderi vor dem König, bei dem sie um Oliviers Freilassung bittet, in einem neuen Licht erscheinen. Wer in Frankreich zum Tode verurteilt war, so Davis, hatte die Möglichkeit, sich einen Advokaten zu nehmen, mit dessen Hilfe er noch einmal eine eigene Version des Verbrechens erstellen und vor den König bringen konnte. Je besser die Geschichte erzählt war, desto größer war die Chance des Angeklagten, seinen Kopf noch aus der Schlinge zu retten. Der Erfolg von Gnadengesuchen hing nicht unbedingt von der Präsentation unumstößlicher Fakten ab, sondern vor allem von der Überzeugungskraft der, wie Davis nachweisen kann, häufig mit literarischer Kunstfertigkeit zurechtgeschneiderten Suppliken, die ein Gemisch aus Wahrheit, Lüge und Rhetorik waren.[33]

Zurück zur Scuderi-Novelle: Hoffmann läßt Sylvester eine Geschichte erzählen, in der Desgrais la Regnie die Geschichte seiner Beinahe-Verhaftung Cardillacs erzählt, aus der dann die im Volk populäre Geschichte vom Teufel in Diebsgestalt wird. Cardillac eröffnet sein Geständnis mit den Worten: »Weise Männer sprechen viel von den seltsamen Eindrücken, deren Frauen in guter Hoffnung sind, von dem wunderbaren Einfluß solch lebhaften, willenlosen Eindrucks von außen her auf das Kind. Von meiner Mutter erzählte man mir eine wunderliche Geschichte« (H III, S. 691). Des Goldschmieds Konfession ist demnach zum Großteil ›Sekundärliteratur‹. Er übernimmt die Geschichte, die man von seiner Mutter erzählt, weil sie das, was später mit ihm geschehen ist, erklärbar, d.h. in der Konsequenz wahrscheinlich macht, und erzählt sie Olivier weiter, dieser erzählt sie der Scuderi, die Scuderi erzählt sie dem König, Sylvester erzählt sie den Serapions-Brüdern usf. Ellis hat völlig recht, wenn er Cardillacs Geschichte eine »fourth-hand-version«[34] nennt. Er verschenkt seine Erkenntnis wieder, indem er sie auf die inhaltliche Qualität des Dargestellten bezieht und über die Glaubwürdigkeit von Cardillacs psychologischer Erklärung des Verbrechens spekuliert. Achten wir lieber darauf, was hier erzähltechnisch passiert. Wir entdecken dann die m.E. zentrale Beschreibungsfigur des Kreativitätsgeschehens in der Novelle. Es handelt sich, bildlich gesprochen, um das Spiel der ›stillen Post‹, um eine Kette von Erzählakten, die sich immer weiter von der Anfangswahrheit entfernen.

Diese Vermutung bestätigt ein Blick auf das Gespräch der Serapions-Brüder, das die Erzählung einleitet. Lothar gibt hier ein »Anekdötchen« zum besten:

›Schon viel zu viel‹, nahm Lothar das Wort, ›haben wir überdem über ein und dasselbe geschwatzt und zum Schluß will ich nur noch bemerken, daß mir das Anekdötchen von Voltaire sehr wohl gefällt, der einmal als ein Trauerspiel – irr ich nicht, so war es Zaire – gegeben werden sollte, über das Schicksal seines Werks in solch schrecklicher Angst war, daß er es gar nicht wagte, in das

33 Cf. Davis, Natalie Zemon, 1988 (engl. 1987): *Der Kopf in der Schlinge. Gnadengesuche und ihre Erzähler (Fiction in the Archives. Pardon Tales and their Tellers in Sixteenth-Century France)*. Berlin.

34 Cf. Ellis, 1969, S. 343.

Theater zu gehen. Auf dem ganzen Wege von dem Theater bis zu seiner Wohnung waren aber Boten ausgestellt, die von Moment zu Moment ihm telegraphische Nachrichten von dem Gange des Stücks zubringen mußten, so daß er auf seiner Stube im Schlafrock alle Qualen, alle Lust des Autors gemächlich zu empfinden imstande war.‹ (H III, 647f.)

Ein kleines Stück Sylvesters soll demnächst auf die Bühne kommen, und man hat in der Runde allzu lange über die Vor- und Nachteile der Präsenz des Autors bei der Inszenierung seines Werks »geschwatzt«. Lothar beendet die Diskussion durch eine gleichnishafte Anekdote. Nennen wir sie – und an Kafka darf dabei von ferne gedacht werden – die ›Botenparabel‹. Beschrieben wird eine Erzählstafette, die die Distanz zwischen dem Ort der Interpreten, der Schauspieler, und dem Ort des Autors überbrücken soll. Voltaire, der Schöpfer des Stücks, ist bei dessen Aufführung abwesend. Er bleibt ihr aus »schrecklicher Angst über das Schicksal seines Werks« fern. Den Grund dafür kennen wir aus dem Vorgespräch der Serapions-Brüder, in dem Sylvester es für »unmöglich« hält, »daß ein anderer [d. h. ein Schauspieler] sich jenen innersten Gedanken« des Autors »so aneigne oder vielmehr so ganz in sich aufnehme, um ihn rein und unverstört zum regen Leben herauszufördern« (H III, S. 644). In der Interpretation ist die Wahrheit des Schöpfungsursprungs nicht mehr enthalten. Diese Erkenntnis spiegelt Lothars Anekdote wider, das Abbild ist seitenverkehrt. Es zeigt den Rückweg vom Interpreten zum Schöpfer und gestaltet ihn nach dem Modell der ›stillen Post‹ in Etappen. Sylvester ist von Lothars Gleichnis so inflammiert, daß er überlegt, ob er daraus nicht ein neues Theaterstück machen könnte. Dann erzählt er (statt dessen) die Scuderi-Novelle.

Sylvesters Geschichte ist ein Glied in einer Kette von Künstler- und anderen Geschichten, die die Serapions-Brüder hintereinander vortragen. Das Gesetz ihres Erzählens ist das der Serie. An deren Beginn steht eine Geschichte, die sich mit der Frage des Quellpunkts von Kreativität befaßt. Cyprian, der erste ›Bote‹, hat allerdings schon keine eindeutige Wahrheit mehr parat. Er schildert, am Beispiel des Einsiedlers Serapion, einen sprunghaften Identitätswechsel, dessen Ursache ein Rätsel ist. Serapion war einmal ein erfolgreicher Diplomat, der außerdem ein »ausgezeichnetes Dichtertalent« besaß; »alles, was er schrieb, war von einer feurigen Fantasie, von einem besondern Geiste, der in die tiefste Tiefe schaute, beseelt«; dann jedoch verschwand er »auf unbegreifliche Weise«. Durch »Zufall« (H III, S. 19) findet man ihn wieder – als wahnsinnigen Anachoreten, der, als Cyprian ihn besucht, »eine Novelle, angelegt, durchgeführt, wie sie nur der geistreichste, mit der feurigsten Fantasie begabte Dichter anlegen, durchführen kann«, erzählt, und »dieser Novelle folgte eine andere und wieder eine andere« ... (H III, S. 27). Es gibt demnach ein Beständiges im Wandel:

die »feurige Fantasie«, ein ingenium, das Serapions Schicksal bestimmt, wie der »böse Stern« das Schicksal Cardillacs. Über die Entstehung von Serapions Begabung existieren abermals zwei Theorien. Serapion selbst hält sich für einen Heiligen, einen von Gott Inspirierten. Cyprian ist sich dagegen sicher, daß Serapions Wahn nicht transpersonalen, sondern personalen Ursprungs ist, daß der Herkunftsort in seiner kranken Psyche zu entdecken ist. Serapion ›gewinnt‹ in dem Streit nur, weil er seine Geschichte mit großer Überzeugungskraft vortragen kann. Die Frage, wer für seine phantastischen Schöpfungen eigentlich verantwortlich ist, bleibt offen. Daß Serapions Bild der Wirklichkeit keinen Konsens findet, steht dagegen nicht zur Diskussion – möchte man denken. Die Hoffmann-Forschung lehrt das Gegenteil. Die Untersuchungen zum serapiontischen Prinzip zeigen, daß man sich mit Vorliebe um das Problem der Zusammenfügung von phantastischer Innenwelt und alltäglicher Außenwelt bemüht hat[35], also um das Problem der epistemologischen Autorität des kreativen Subjekts, das gegenüber dem Problem seiner genealogischen Autorität doch nur ein untergeordnetes ist – in der logischen Reihenfolge wie in der Liste der Prioritäten.

1.8 Neue Erklärungs- und alte Darstellungsmuster? – Zur historischen Einordnung von Hoffmanns Kreativitätsbeschreibungen

Wo Hoffmanns Schwierigkeiten in der Darstellung künstlerischen Schöpfertums liegen, erfahren wir am besten von seinen zeitgenössischen Kritikern. Über den Charakter seiner Figuren schreibt Hegel in den *Vorlesungen über die Ästhetik*:

In einer anderen Art ist dieser Mangel an innerer substantieller Gediegenheit des Charakters auch dahin ausgebildet, daß jene sonderbaren höheren Herrlichkeiten des Gemüts auf eine verkehrte Weise sind hypostasiert und als selbständige Mächte aufgefaßt worden. Hierher gehört das Magische, Magnetische, Dämonische, die vornehme Gespenstigkeit des Hellsehens, die Krankheit des Schlafwanderns usf. Das lebendig seinsollende Individuum wird in Rücksicht auf diese dunklen Mächte in Verhältnis zu etwas gesetzt, das einerseits in ihm selber, andererseits seinem Innern ein fremdartiges Jenseits ist, von welchem es bestimmt und regiert wird. In diesen unbekannten Gewalten soll eine unentzifferbare Wahrheit des Schauerlichen liegen, das sich nicht greifen und fassen lasse. Aus dem Bereiche der Kunst aber sind die dunklen Mächte gerade zu verbannen, denn in ihr ist nichts dunkel, sondern alles klar und durchsichtig, und mit jenen Übersichtigkeiten ist nichts als der Krankheit des Geistes das

35 Cf. den Forschungsüberblick bei Feldges/Stadler, 1986, S. 54ff.

Wort geredet und die Poesie in das Nebulose, Eitle und Leere hinübergespielt, wovon Hoffmann und Heinrich von Kleist in seinem *Prinzen von Homburg* Beispiele liefern. Der wahrhaft ideale Charakter hat nichts Jenseitiges und Gespensterhaftes, sondern wirkliche Interessen, in welchen er bei sich selbst ist, zu seinem Gehalte und Pathos.[36]

Ergänzend dazu eine zweite Hoffmann-Schelte. Sie stammt aus Eichendorffs *Geschichte der Poetischen Literatur*:

So war er –, da er den Zauberkreis, den Religion und Sitte um uns ziehen, freventlich überschritten hatte –, den unheimlichen Gewalten jenseits dieses ewigen Kreises verfallen, und Revenants, Kobolde und allerhand ordinärer Spuk, mit dem er zu spielen sich vermaß, übte schadenfroh offene Macht über ihn, weil er wie Goethes Zauberlehrling, das heilige Bannwort vergessen.[37]

Eichendorff hätte statt Goethes Zauberlehrling auch ein von ihm selbst verfertigtes Lehrstück zitieren können, die Künstlernovelle *Das Marmorbild.* Der Gespenster-Hoffmann ist recht eigentlich ein Florio ohne Fortunato, der ihm beibringt, wie ein redlicher Dichter sich vor den Anfechtungen der wilden Erdengeister schützen kann.

Hegels und Eichendorffs Urteile erleichtern mir die grammatographische Interpretation des Hoffmannschen Künstlerbildes. Beide ärgert, daß Hoffmann keinen systematischen Versuch unternommen hat, das Irrationale und Unbewußte der schöpferischen Einbildungskraft nach dem Muster der beiden nachkantianischen Integrationskonzepte (cf. Kap. I.3.2.3) zu bändigen. Statt dessen stelle er nur verwirrende Blendwerke her. Das ist zweifellos richtig. Hoffmanns Künstlerfiguren irrlichtern zwischen allen idealistischen Genieplätzen und finden keinen festen Ort mehr. Cardillac, Kreisler, Krespel u.a. sind Feuerköpfe, die man für Sturm-und-Drang-Genies ansehen könnte, entdeckte man in ihrem Bild nicht zwei Störfaktoren. Ungewiß ist, ob ihr Schaffen personalen Ursprungs ist, gewiß aber, daß sie keinerlei Autonomie besitzen. Weil Hoffmann nicht weiß, wer der eigentliche Herr der schöpferischen Rede ist, läßt er seine Künstler von »unbekannten Gewalten« beherrschen.

Die Forschung hat über dieses Unbekannte, das – so Hegel – »im Innern« selbst und da »ein fremdartiges Jenseits« ist, zwei Vermutungen. Einig ist man sich mit Eichendorff darin, daß Hoffmann das in der christlichen Spätromantik übliche Mittel der religiösen Einbindung des Wunder-

---

36 Cf. Hegel, 1970, Bd. 13, S. 314f.

37 Cf. Eichendorff, Joseph, 1957f.: *Geschichte der Poetischen Literatur Deutschlands.* In: *Neue Gesamtausgabe der Werke und Schriften in vier Bänden.* Hg. von Gerhart Baumann, Stuttgart, Bd. 4, S. 11–420, hier S. 389.

baren nicht zur Verfügung steht.[38] Dankbar hat man jedoch registriert, daß er sich in seinen Erzählungen und Briefen des öfteren der Formel vom »versteckten Poeten« bediente, die er aus Gotthilf Heinrich Schuberts 1814 veröffentlichter *Symbolik des Traums* entlieh. Nach Schuberts Ansicht hat der Mensch im Traum, in der prophetischen und in der poetischen Begeisterung, also in den Formen unwillentlicher Bilderrede, noch Zugang zur paradiesischen Ursprache, zur Sprache der Natur als Symbolsprache Gottes. Meiner Meinung nach läßt sich nur eine Stelle finden – nämlich *Johannes Kreislers Lehrbrief* (cf. H I, S. 321 ff.) –, in der Hoffmann die Rede vom »versteckten Poeten« als geheimer Offenbarungsinstanz wirklich in diesem naturphilosophischen Sinne konsequent gebraucht.[39] Ansonsten löst er die Formel aus der Schubertschen Gesamtkonzeption heraus und geht mit ihr von Beginn an reichlich lax um. So schreibt er z. B. am 2. September 1814 an Hitzig, daß »mein innerer Poet ordentlich in allerley besonde[rn] Tönen und Melodien Cantatenmäßig absingt«, daß »all mein Lebensglük so wie auch mein rechter Verstand erst nach meinem vierzigsten Jahre anheben!« (H Br I, S. 483) Und in einem Brief vom 30. August 1816 an Hippel heißt es über das gerade Geschriebene entschuldigend: »Verzeih, mein theuerster Freund! – das tolle Zeug – Du weißt ja aber schon, welch ein besonderes Affengesicht als *versteckter Poet* mich kitzelt!« (H Br II, S. 100) Daß Hoffmann, wie die Forschung gelegentlich hofft, die Schubertsche »Redeweise vom ›versteckten Poeten‹ sich ganz zu eigen gemacht« habe[40], wird man nach der Lektüre dieser Zitate schwerlich behaupten können. Er spielt hier mit dem Bild, weil es so anschaulich das Unsichtbare bezeichnet, für das er keine eindeutige Erklärung hat: den Ursprung seiner schöpferischen Eigentümlichkeit.[41]

Die neuere Forschung betont auch, daß Hoffmann Schuberts »jenseits-

38 Cf. Kaiser, 1988, S. 134.

39 Die Lehre von der »Stimme des in Deinem Innern versteckten Poeten (um mit Schubert zu reden)« (H I, S. 322) demonstriert zunächst ein Exempel, die wunderbare Geschichte des Musikers Chrysostomus, danach folgt das Fazit: »Der Ton wohnt überall, die Töne, das heißt die Melodien, welche die höhere Sprache des Geisterreichs reden, ruhen nur in der Brust des Menschen. – Aber geht denn nicht, so wie der Geist des Tons, auch der Geist der Musik durch die ganze Natur?« (H I, S. 325)

40 Cf. Feldges/Stadler, 1986, S. 27.

41 Schubert spricht zwar vom »versteckten Poeten« auch einmal als »gutem und bösem Dämon, welcher den Menschen durchs Leben begleitet«, er versteht darunter aber nicht den Ursprung oder das Abbild seiner Eigentümlichkeit, sondern die überindividuelle Instanz des Gewissens als Sitz der »göttlichen« oder der ihr »entgegengesetzten Stimme« – vgl. Schubert, Gotthilf Heinrich von, [4]1862: *Die Symbolik des Traumes*. Leipzig, S. 79–81.

bezogener Psychologie« zwar »weitgehend zu folgen« scheine, »genau besehen« seien aber »gerade die Abweichungen signifikant«. Es existieren »manche Stellen in Hoffmanns Werk, wo sich die zunächst schwärmerische Seelenlehre und Inspirationstopik am Ende zu erkennen gibt als jene recht nüchterne Kausalanalyse von psychischen Syndromen«.[42] Die Konsequenz daraus ist, daß man Hoffmanns Beschreibungen des Unbewußten nicht mehr aus der Perspektive Schubertscher Psychologie, sondern aus der Perspektive moderner Psychoanalyse betrachtet. Dieser Neuansatz der Hoffmann-Forschung hat im letzten Jahrzehnt zu scharfsinnigen und detailgenauen Textuntersuchungen geführt, die den Autor als Vorläufer Freuds und Lacans erscheinen lassen.[43] Das Fazit der Interpreten ist zweiteilig: Die Phantasien der Hoffmannschen Künstlerfiguren seien Ausgeburten psychischer Not und sozialer Zwänge und desavouierten die Freiheits- und Autonomiepostulate idealistischer Ästhetik; die neuen psychopathologischen Erklärungsmuster des Kreativitätsgeschehens würden jedoch durch alte Darstellungsmuster häufig verdeckt.

Gegen die Abgrenzung Hoffmanns vom Idealismus ist wenig einzuwenden. Es trifft außerdem zu, daß er Topoi der Inspirationsmetaphysik sowohl zur Bezeichnung des personalen wie des transpersonalen Ursprungs des künstlerischen Enthusiasmus gebraucht. Erinnert sei an Cardillacs Stern-Bild. Das beste Beispiel dafür liefern die Serapions-Brüder, deren »serapiontisches Prinzip« die mythologische Vorstellung vom Dichter als »verzückten Seher« mit der Forderung individueller Originalität und authentischer Darstellungsweise kontaminiert (cf. H III, S. 54ff.). Für verfänglich halte ich es jedoch, Hoffmanns Texten die Erklärungsmodelle der Psychoanalyse zu supponieren. Daß Hoffmann gute Kenntnisse der zeitgenössischen Psychologie hatte und aus diesem Wissen für seine Prosa Kapital schlug, weiß man.[44] Sie blieb für ihn allerdings ein zwiespältiges Faszino-

---

42 Cf. Pfotenhauer, 1982, S. 137.

43 Vgl. u.a. Kittler, Friedrich A., 1977: *»Das Phantom unseres Ichs« und die Literaturpsychologie: E.T.A. Hoffmann – Freud – Lacan.* In: Kittler/Turk (Hg.), 1977, S. 139–166; Lehmann, Hans-Thies, 1979: *Exkurs über E.T.A. Hoffmanns ›Sandmann‹. Eine texttheoretische Lektüre.* In: *Romantische Utopie – Utopische Romantik.* Hg. von Gisela Dischner und Richard Faber. Hildesheim, S. 301–323; sowie Harnischfeger, Johannes, 1988: *Die Hieroglyphen der inneren Welt. Romantikkritik bei E.T.A. Hoffmann.* Opladen.

44 Vgl. hierzu Obermeit, Werner, 1980: *»Das unsichtbare Ding, das Seele heißt.« Die Entdeckung der Psyche im bürgerlichen Zeitalter.* Frankfurt/M.; Auhuber, Friedhelm, 1986: *In einem fernen dunklen Spiegel. E.T.A. Hoffmanns Poetisierung der Medizin.* Opladen; sowie Reuchlein, Georg, 1986: *Bürgerliche Gesellschaft, Psychiatrie und Literatur. Zur Entwicklung der Wahnsinnsthematik in der deutschen Literatur des späten 18. und frühen 19. Jahrhunderts.* München.

sum. Das zeigen die ›Fallbeispiele‹ Cardillac, Serapion und Schmolling. Cardillac ist vom Erklärungswert des pränatalen Traumas nicht gänzlich überzeugt, sonst brächte er zu seiner zusätzlichen Entschuldigung nicht wieder den Teufel ins Spiel. Cyprian macht sich bei dem Versuch lächerlich, Serapion seine fixe Idee mit den neuesten psychologischen Methoden auszutreiben. Und Hoffmann widerlegt genüßlich die Theorien des medizinischen Sachverständigen über den angeblichen Wahnsinn Schmollings. Das große Verdienst der Psychiatrie des 19. Jahrhunderts war die phänomenologische Differenzierung der Geisteskrankheiten. Die alte Humoralpathologie wurde endgültig aufgegeben, über eine neue Ursachenlehre zur Ableitung der verschiedenen Krankheitsbilder verfügte man vor Freud jedoch nicht.[45] Diese Unzulänglichkeit war Hoffmann offensichtlich bewußt. Er blieb aber auf die psychologischen Modelle seiner Zeitgenossen (ex negativo) fixiert, d.h. er teilte ihre Ratlosigkeit über den Ursprung unbewußter Phänomene. Das sollte bei einer psychoanalytischen Deutung seiner Texte nicht verschleiert werden.

Hoffmanns eigentliche ›historische‹ Leistung scheint mir, daß er diese Ratlosigkeit ohne Ausflüchte stets aufs Neue sichtbar gemacht hat. Eines seiner Paradigmata dafür ist die Darstellung des Kreativitätsgeschehens. Daß so viele schaffende Künstler in seiner Prosa auftauchen, hat folglich einen guten Grund. Das ungelöste Ursprungsproblem ist ein Katalysator seiner dichterischen Produktivität, ein Motiv für das Erzählen neuer Geschichten, in denen die Frage, wer der Herr der schöpferischen Rede ist, zweideutig oder eindeutig immer wieder anders beantwortet wird, in denen alte wie neue Entstehungstheorien in ihrem Ungenügen entlarvt werden.

Die Erkenntnis der Unberechenbarkeit des Kreativitätsgeschehens ist der kleinste gemeinsame Nenner aller Erzählungen. Man kann sich in philiströser Sicherheit wiegen, wie der Kater Murr, der sich eine geschlossene Künstlerbiographie zusammenschreibt. Die Lebensgeschichte der wahren Künstler ist diskontinuierlich; Kreislers Biographie ist »fragmentarisch« und in »zufälligen Makulaturblättern« überliefert und bleibt geheimnisvoll. Wer den Schaffensprozeß für rational vollständig kontrollierbar hält, wie Leander, der sich »verständig, geistreich, witzig« und »von gesunder Kritik, scharfsinnigem Urteil« zeigt (quasi als Inkarnation vorgeniezeitlicher Regelpoetik), hat im Kreise der Serapions-Brüder nichts zu suchen – das ist Ottmars Meinung:

45 Vgl. hierzu Starobinski, Jean, 1960: *Geschichte der Melancholiebehandlung von den Anfängen bis 1900.* Basel, u.a. S. 9f. und S. 55ff.

Fürs erste, denk ich, kann niemanden weniger unser serapiontisches Prinzip inwohnen als eben unserm Leander. Alles was er schafft, hat er gedacht, reiflich überlegt, erwogen, aber nicht wirklich geschaut. Der Verstand beherrscht nicht die Fantasie, sondern drängt sich an ihre Stelle. (H III, S. 101)

Ottmar scheint allerdings eine harmonische Verbindung von unbewußten und bewußten Schaffensanteilen im Sinne des Kantschen oder Hegelschen Integrationskonzepts für möglich zu halten. Dieser Eindruck verstärkt sich noch, wenn man seinen Schlußdialog mit Lothar am letzten Serapions-Abend hört:

›Nun‹, nahm Lothar das Wort, ›an keinem Serapions-Abend ist wohl unsere Unterhaltung krauser und bunter gewesen, als eben heute. Gut ist es aber, daß wir aus dem graulichen Dunkel in das wir, selbst weiß ich nicht wie hineingerieten, uns wieder hinausgerettet haben, in den klaren heitern Tag, wiewohl uns ein etwas zu ernster, zu vorsichtiger Mann mit Recht den Vorwurf machen würde, daß all das von uns hintereinander fortgearbeitete fantastische Zeug den Sinn verwirren, ja wohl gar Kopfschmerz und Fieberanfälle erregen könne.‹

›Mag‹, sprach Ottmar, ›mag jeder tragen was er kann, jedoch nur nicht das Maß *seiner* Kraft für die Norm dessen halten, was dem menschlichen Geist überhaupt geboten werden darf. Es gibt aber sonst ganz wackre Leute, die so schwerfälliger Natur sind, daß sie den raschen Flug der erregten Einbildungskraft irgendeinem krankhaften Seelenzustande zuschreiben zu müssen glauben und daher kommt es, daß man von diesem, von jenem Dichter bald sagt, er schriebe nie anders, als berauschende Getränke genießend, bald seine fantastische Werke auf Rechnung überreizter Nerven und daher entstandenen Fiebers setzt. Wer weiß es denn aber nicht, daß jeder auf diese jene Weise erregter Seelenzustand zwar einen glücklichen genialen Gedanken, nie aber ein in sich gehaltenes gegründetes Werk erzeugen kann, das eben die größte Besonnenheit erfordert.‹ (H III, S. 994f.)

Daß die Runde wohl auch Theodors rheinischer Wein aus dem »graulichen Dunkel« gerettet hat, verrät Ottmars ein wenig schiefe Grammatik. Ein »ernster« und »vorsichtiger Mann« (wie Hegel, vgl. sein bereits zitiertes Urteil über Hoffmann) wird den Serapions-Brüdern weiter »mit Recht den Vorwurf machen« können, daß das, was sie als »Besonnenheit« begreifen, mit verstandesmäßiger Sinngebung nichts zu tun hat. Ihre Rationalität ist eine rein artistische. Der Herkunftsort des »fantastischen Zeugs« bleibt unaufgeklärt, und das Kunstwerk, das daraus entsteht, ist kein organisches Ganzes mehr, sondern hat »eine kaleidoskopische Natur [...], nach welcher die heterogensten Stoffe willkürlich durcheinandergeschüttelt, doch zuletzt artige Figuren bilden (H III, S. 599). Die Hoffmannsche Erzählkunst verbirgt nicht, daß die »Knabenmorgen-Blütenträume« der Geniezeit verloren sind. Erträglich ist dieser Verlust nur, wie die Serapions-Brüder demonstrieren, in der Form geselliger Unterhaltung, die freilich ein melancholisches Divertissement ist.[46] Um die Lücken zu füllen, wird in Serie erzählt. Die Ausgangswahrheit dieses Spiels der ›Stillen Post‹ bleibt unbekannt. Trotz aller Beredsamkeit heißt es am Ende doch stets: ingenium est ineffabile.

46 Zum Unterhaltungscharakter der Hoffmannschen Erzählspiele und dessen poetologische und historische Dimensionen vgl. die an Bachtins Untersuchungen von Romantheorie und Lachkultur orientierte Studie von Feldt, Michael, 1982: *Ästhetik und Artistik am Ende der Kunstperiode. Textanalytische, kunstphilosophische und zivilisationsgeschichtliche Untersuchungen zur Prosa von Goethe, E.T.A. Hoffmann, Heine und Büchner*. Heidelberg, hier bes. S. 180ff.

2.
»Wer hat den bunten Schwarm von Bildern und Gedanken/Zur Pforte meines Herzens hergeladen . . .?«
Eduard Mörikes Darstellung des Inspirationsgeschehens in der Novelle *Mozart auf der Reise nach Prag*

2.1 Mörike – eine Reinkarnation Mozarts?

Die ältere Mörike-Forschung hat im Zuge ihres biographisch-psychologischen Interesses den Inspirationsbeschreibungen Mörikes gelegentlich Aufmerksamkeit geschenkt.[1] Eine präzise Untersuchung der Mozart-Novelle unter diesem Aspekt fehlt bis heute. Die Deutungen schwanken hier zwischen Tiefen- und Parapsychologie. Die Interpreten der Mozart-Novelle nennen vor allem zwei Gründe für Mörikes Stoffwahl. Zum einen habe er sein Leben lang Mozartsche Musik, besonders die des *Don Giovanni* mit traumatischen Erinnerungen verbunden: an seinen kurz nach einer Aufführung der Oper rätselhaft verstorbenen Lieblingsbruder August, an Maria Meyer, in deren Liebe Mörike eine Don Juansche Gefühlsmischung aus Lust und Sünde empfunden habe, und an seine ebenfalls frühverstorbene Schwester Luise, deren letzte Lebensjahre von Sorge um den in schuldhafter Liebe verstrickten und unter Glaubensschwäche leidenden Bruder bestimmt gewesen seien. Die Novelle erfülle insbesondere einen therapeutischen Zweck, sie stelle den geglückten Versuch einer Selbstbefreiung dar.[2] Zum anderen aber sei Mozart eine zentrale Identifikationsfigur Mörikes, die Erzählung demonstriere die Verwandtschaft der beiden. »Mörikes Da-

---

1 Vgl. u.a. Colleville, Maurice, 1949: *La conception de la poésie et du poète chez Mörike.* In: *les langues modernes* 43, S. 265–281; Dieckmann, Liselotte, 1954: *Mörike's Presentation of the Creative Process.* In: *Journal of English and Germanic Philology* 53, S. 291–305; Immerwahr, Raymond, 1955: *Apocalyptic Trumpets: The Inception of ›Mozart auf der Reise nach Prag‹.* In: *Publications of the Modern Language Association* 70, S. 390–407; Slessarev, Helga, 1961: *Der Abgrund der Betrachtung. Über den schöpferischen Vorgang bei Mörike.* In: *German Quarterly* 34, S. 41–49. – Neben der Mozart-Novelle sind noch folgende Texte zu nennen: das Gedicht »An einem Wintermorgen, vor Sonnenaufgang«, aus dem der Kapiteltitel entliehen ist, das »Spillner-Fragment«, Noltens Inspirationsbeschreibung am Anfang des zweiten Romanteils, Mörikes Briefe vom Sommer 1830 (an Luise Rau) oder vom 18. Juli 1868 (an Moritz von Schwind über die Entstehung der Rohtraut-Ballade).

2 So vor allem Immerwahr, 1955.

sein« sei, so Benno von Wiese, »wie eine geheimnisvolle Wiederkehr Mozarts als Dichter«.[3]

Die erste Spekulation klingt plausibel, kann sich im wesentlichen aber nur auf Mörikes Brief an Hartlaub vom 20. 3. 1843 stützen.[4] Der Schreibimpuls wird zudem mit Ereignissen begründet, die zur Zeit der Abfassung der Novelle fast drei Jahrzehnte zurückliegen, in den Krisenjahren selbst dagegen war Mozart für Mörike seltsamerweise kein Thema. Das wurde er erst, so darf man gleichermaßen spekulieren, als es um eine Auftragsarbeit zur Feier von Mozarts hundertsten Geburtstag ging, die einige Aussicht auf eine gute Honorierung für den chronisch in Geldnöten befindlichen Mörike versprach. Benno von Wieses Vermutung nun über die mögliche Verwandtschaft der Kreativität Mörikes und Mozarts verzichtet gänzlich auf Argumente und fördert damit das, was Mörike in seiner Mozart-Darstellung zu vermeiden wußte: die übliche Legendenbildung im Falle künstlerischen Schöpfertums.[5] Ein Vergleich zwischen dem geselligen Wiener Tausendsassa, der angeblich im Kopf schon ein neues Musikstück komponierte, wenn er ein fertiges notierte, und dem schwäbischen Einsiedler, der fast ein Jahrzehnt an der 1855 in Cottas *Morgenblatt für gebildete*

3 Cf. Wiese, Benno von, 1950: *Eduard Mörike*. Tübingen, Stuttgart, S. 272.

4 Mörike berichtet hier bekanntlich von einem Hauskonzert bei David Friedrich Strauß, in dem auch Partien aus dem Finale des »Don Giovianni« zu Gehör gebracht werden: »Ist gar der Gegenstand von so besonders ergreifender Art, daß man sich vor einer *angekündigten* vollständigen Aufführung fürchtet, wie mir's bei dieser Oper immer geht, weil sie zu viel subjektive Elemente für mich hat und einen Überschwall von altem Dufte, Schmerz und Schönheit (August – meine Schwester Luise – Rudolf Lohbauer u.s.w.) über mich herwälzt, dermaßen, daß ich ohne den Halt an einem sichtbaren gegenwärtigen Freund und Konsorten mich nicht damit einlassen mag, so muß man einem solchen Anlaß, der uns gelegentlich mit fortreißt und zu rechter Zeit auch wieder losläßt, doppelt danken, – wie oft ist mir dies Glück bei Dir geworden! – da man aus lauter Feigheit und Hypochondrie sonst gar zu nichts käme. – Weil hier von einer *Noli me tangere*-Vergangenheit die Rede ist, so muß ich auch noch sagen, daß mir Strauß einen langen Abschnitt in den Denkwürdigkeiten (wenn das der Titel ist) des verstorbenen Hofrats Ernst Münch aufschlug, in welchem er die Geschichte einer jungen Schwärmerin aus der Schweiz und seine dortigen Jünglings-Erlebnisse mit ihr erzählt. Dieselbe soll einerlei mit Maria Meyer sein, vor unserer Zeit.« – Das Zitat findet sich in: *Sämtliche Werke. Briefe. Ausgabe in drei Bänden*. Hg. von Gerhart Baumann in Verbindung mit Siegfried Grosse. Stuttgart 1959, Bd. III, S. 568f. Baumanns Ausgabe wird im folgenden mit der Sigle M, verbunden mit der Bandzahl, zitiert, die Bände I und II im übrigen nach der zweiten, erweiterten Ausgabe 1961.

5 Daß Mozart ein bevorzugter Gegenstand für die Bildung von Künstlerlegenden war, hat Wolfgang Hildesheimers Anti-Biographie gezeigt – cf. Hildesheimer, Wolfgang, 1977: *Mozart*. Frankfurt/M.

Stände erstmals erschienenen Novelle schrieb, wäre auch schwer möglich gewesen.

Benno von Wiese mißachtet, was für jede Künstlernovelle, die ein historisches Vorbild hat, konstitutiv sein kann (cf. I.2): das Spannungsverhältnis zweier Beobachterperspektiven, die Möglichkeit des Autors, sowohl aus der internen Perspektive zu schreiben, im Rekurs auf eigene Schaffenserfahrungen, wie aus der externen Perspektive, im Rekurs auf überlieferte Selbstbeschreibungen des Vorbilds oder Interpretationen seines Schaffensprozesses in Biographien. Daß Mörike beide verwendet, macht nicht Mörike zu Mozart, sondern Mozart gelegentlich zu Mörike, was jenem und damit auch der historischen Glaubwürdigkeit der Erzählung schlecht bekommt. Ein Beispiel dafür ist die Laubenszene im Schloßgarten. Mörikes bevorzugte Schreibklausur wird hier zum Inspirationsort Mozarts, der doch vom Erzähler vorher – getreu den Biographien, die Mörike als Vorlage hatte[6] – als ein typisches Stadtkind beschrieben worden war, das sein Genie durch Geselligkeiten befruchtet. Das ist im Grunde aber Beckmesserei, denn im Zusammenhang meiner Problemstellung ist die Frage wichtiger, ob Mörike die Absicht hatte, ein Modell künstlerischer Inspiration zu entwerfen, das der Auffassung der Rokokozeit entsprach, oder eines, für das er in seiner Zeit Gültigkeit beanspruchen konnte. Letzteres ist der Fall. Mörike arbeitete nicht als Historiker, mit der Angabe von Daten nahm er es nicht allzu genau[7]; allenfalls kann man seine Absicht als Fingierung eines exemplarischen historischen Erzählens begreifen, bei dem die historia magistra vitae ist, an einem geschichtlichen Beispiel nach dem Erkenntnisstand der eigenen Zeit überzeitlich gültige Vorgangsregeln demonstriert werden sollen.[8] Mörikes Ziel war es, »ein kleines Charaktergemälde Mozarts« zu entwerfen, »mit Zugrundelegung frei erfundener

6 Zu den historischen Quellen, die Mörike benutzte, vgl. Pörnbacher, Karl (Hg.), 1976: *Eduard Mörike: ›Mozart auf der Reise nach Prag‹. Erläuterungen und Dokumente.* Stuttgart, der unter Berufung auf zahlreiche Forschungsarbeiten die wichtigsten Dokumente in Auszügen abdruckt. Mörike kannte u.a. die Mozart-Biographien Franz Niemtscheks von 1798 und Alexander Oulibicheffs von 1847.

7 So reiste Mozart z.B. nicht am 12. September 1787 aus Wien ab, sondern am 1. Oktober. Weitere Korrekturen bei Pörnbacher, 1976.

8 In Anlehnung an Rüsen, Jörn, 1982: *Die vier Typen des historischen Erzählens.* In: *Formen der Geschichtsschreibung.* Hg. von Reinhard Koselleck u.a. München, S. 514–605, der die terminologische Differenzierung von traditionalem, exemplarischem, kritischem und genetischem Erzählen an nonfiktiven Formen historischen Erzählens entwickelt, mit denen sich jeweils unterschiedliche Handlungsorientierungen verbinden. Von Vorgangsregeln statt von Handlungsorientierungen spreche ich deshalb, weil die Mozart-Novelle ja keinen ›Praxisbezug‹ hat und der Begriff ›Vorgang‹ sowohl Tat wie Geschehen meinen kann.

Situationen«[9], »der Mensch« aber sollte »wahr« sein.[10] Erfunden scheint vor allem das Bild von der Pomeranzeninspiration zu sein – jedenfalls hat man bis dato noch keine Quelle entdeckt. Was hier ›Wahrheit‹ heißt, wie dieser Anspruch in der Darstellung von Mozarts Inspiriertheit erfüllt wird, soll untersucht werden.

2.2 Der »Tausendsassa« – Das Genie aus der Sicht des Psychologen

Garant für die ›Wahrheit‹ der Fiktion ist zunächst der Erzähler der Novelle: durch die Kompetenz des Anthropologen, der in seinem ersten Kommentar (M I, S. 867–871) die Physiologie und Psychologie der schöpferischen Tätigkeit skizziert. Mozart wird uns mehrfach als ein Mann der Rastlosigkeit und der Unruhe geschildert, der keine Diätetik kennt, dessen Leben vom Rhythmus der Schaffensmomente bestimmt wird, wobei kein gesunder Wechsel von An- und Entspannung herrscht, sondern einer von manischer Tätigkeit und melancholischer Lähmung. Mörikes Erzähler zitiert hier die seit Aristoteles bekannte Vorstellung von der Ametrie und gesteigerten Sensibilität als Charaktermerkmalen des Genies.[11] Mozart, so heißt es, lebe nicht nach der Ordnung, die »allen Menschen ziemt und frommt« (M I, S. 871), und sei ein »feuriger, für jeden Reiz der Welt und für das Höchste, was dem ahnenden Gemüt erreichbar ist, unglaublich empfänglicher Mensch« (M I, S. 867). Die dritte Genie-Bedingung, die Aristoteles nennt, fehlt Mozart: das Vermögen, die Außerordentlichkeit zu meistern, ohne ins krankhafte Dasein abzugleiten. Mozart bezahlt den Aufschwung zur genialischen Hyperbole stets mit dem Absturz in die melancholische Exallage – »genießend oder schaffend« kenne er, so der Erzähler, »gleichwenig Maß und Ziel« (M I, S. 868), und die »bösen Wirkungen der Lebensweise« zeitigten einen »je und je wiederkehrenden Zustand von Schwermut« (M I, S. 869). In einer barocken Wendung klagt Mozart: »Allmittelst geht und rennt und saust das Leben hin«; und dennoch sucht er, wie der Erzähler erklärt, stets den Umtrieb in der Gesellschaft, weil er »ein stetiges und rein befriedigtes Gefühl seiner selbst doch lebenslang entbehrte« (M I, S. 867).

---

9 So Mörike in einem Brief an seinen Verleger von Cotta am 6. Mai 1855 in M III, S. 738.

10 Vgl. Mörikes Brief vom 21. Mai 1855 an Karl Mayer in: *Unveröffentlichte Briefe*. Hg. von Friedrich Seebaß. Stuttgart 1941, S. 245.

11 Aristoteles, 1962: *Problemata Physica*. Hg. von Helmut Flashar. Berlin (vgl. hier XXX,1).

Die letzte Bemerkung des Erzählers zeigt die Verknüpfung zweier Hauptmotive in einem komplexen Bild der Persönlichkeit Mozarts: das Reise- oder Bewegungsmotiv und das Motiv des Künstlers als Proteus. Das Bewegungsmotiv ist ein konstitutives Element in den Künstlerdarstellungen der Romantik.[12] Mörike erinnert daran, wenn er Mozart zum Scherz den Philister spielen läßt, der auf seinen Wanderungen der Stütze des Spazierstocks bedarf (M I, S. 899f.). Der Stock geht Mozart immer wieder verloren, ein seßhafter Bürger ist er eben nicht, sondern ständig auf Reisen oder unterwegs zu Vergnügungen.[13] Des Erzählers Kommentar korreliert nun äußere und innere Bewegung. Mozarts Ruhelosigkeit gilt ihm als Ausweis vergeblicher Selbstsuche. Das erklärt auch Mozarts proteischen Charakter. Wer sich selbst nicht hat, sucht sich in wechselnden Rollen – folglich zeigt die Novelle Mozart als »Tausendsasa« (M I, S. 884), der zu »tausend Dingen aufgelegt« ist, die »denn auch alle nacheinander an die Reihe kommen sollen«, der alles »an Wunderwerken der Natur, an Wissenschaften, Künsten, und nützlichen Gewerben« (M I, S. 866) studieren will, der sich gern als »Pierrot« (M I, S. 868) verkleidet, der wahlweise »Narr« (M I, S. 879), »Hanswurst« (M I, S. 873) oder »Gimpel« (M I, S. 865) heißt. Mozarts Lust an Kleidertausch und Maskenspiel bezeugt besonders seine Begegnung mit dem Gärtner, dessen Vorwürfe wegen des Orangenfrevels er auf dreifache Weise zu entkräften sucht: Erst mimt er das unschuldig-trotzige Kind, dann beruft er sich auf seinen berühmten Namen, zuletzt schreibt er sich in die Rolle des Adam beim Sündenfall (M I, S. 877f.). Mozart ist ein Verwandlungskünstler wie Wispel im *Maler Nolten* mit einem Unterschied: Das reproduktive Vermögen wird bei ihm zur Voraussetzung des produktiven. Seine geselligen Vergnügungen haben, so der Erzähler, die Funktion:

---

12 Vgl. u.a. Pikulik, 1979.

13 Die Novelle stellt Mozart schon im Titel und in den einleitenden Abschnitten als einen Mann in Bewegung vor: Er ist auf der Reise nach Prag. Daß Mozart häufig auf Reisen und dies keine Charakterfrage allein war, wissen wir. Mörike vergißt auch nicht, in seiner Erzählung immer wieder auf die unsichere ökonomische Lage Mozarts hinzuweisen, welche die Mobilität erzwang. Die Bedeutung des Bewegungsmotivs ist damit aber nicht erschöpft. Für die Erzählung hat es in der Folge die Funktion eines Leitmotivs: Die Kutschenfahrt von Wien nach Prag unterbricht Mozart für einen Waldspaziergang, kaum im Dorf des Grafen Schinzberg angekommen, macht er eine Exkursion in den Schloßgarten und erinnert sich dort an eine Italienreise, über die nächtlichen Streifzüge des »ausgemachten Tänzers« (M I, S. 868) klagt Konstanze, der Erzähler folgt dem Weg des reuigen Sünders in die Wiener Vorstadt, am Ende bekommt Mozart vom Grafen einen Reisewagen geschenkt etc.

dem lang gespannten Geist nach ungeheurem Kraftaufwand die nötige Rast zu gewähren; auch verfehlen sie nicht, demselben nebenher auf den geheimnisvollen Wegen, auf welchen das Genie sein Spiel bewußtlos treibt, die feinen, flüchtigen Eindrücke mitzuteilen, wodurch es sich gelegentlich befruchtet. (M I, S. 868)

»Leute von sehr ungleichem Wert« holt sich Mozart »von der Straße weg ins Haus« (M I, S. 868); und in den Vorstadtkneipen ist er ebenso unter seinesgleichen wie in den Tischgesellschaften des Adels. Die Kopie dieses Personals, ob Bauer, Diener oder Graf – so mag es der Leser ergänzen –, findet sich dann in seinen Opern wieder. Mozarts Sprache in der Novelle ist eine Collage aus Wiener Volksdialekt und höfischem Rokokoton – und die sprachliche Vielstimmigkeit spiegelt die musikalische wider: Die in Neapel gehörten italienischen Volkslieder kommen Mozart ins Ohr, »ein ganzer Rosenkranz von fröhlichen Melodien«, »fremdes und eigenes, Krethi und Plethi, eines immer das andre ablösend«, und daraus entsteht das »Tanzliedchen« (M I, S. 889) von Masetto und Zerlina.

Die ersten Erzählerkommentare über die Natur von Mozarts kreativer Persönlichkeit desillusionieren die Vorstellung vom erhabenen Genie. Nicht die Stimme Gottes scheint aus der Musik des »kleinen rasierten Schweinsrüsselchens« (M I, S. 901) zu sprechen, sondern die Stimme der Menschen, die Gott hört.[14] Die anthropologische Herabstimmung des Mozartschen Genius ist für Mörikes Erzähler aber nur die halbe Wahrheit. Unvermittelt hebt er, als es um die Nachtseiten von Mozarts Lebensführung geht, die Perspektive des Psychologen auf:

Genug, es wirkte eben alles, Schicksal und Naturell und eigene Schuld, zusammen, den einzigen Mann nicht gedeihen zu lassen. (M I, S. 870)

Konstitutionelle und soziale Gründe also sind es nicht allein, daß Mozart niemals Herr seiner selbst wird. Der Zwang zur Kreativität, der ihn be-

---

14 Peter Shaffer, dessen Stück der Mörikeschen Novelle viele Motive verdankt, macht aus Mozarts geselliger Verwandlungskunst eine Kunstauffassung; er konfrontiert den ›Idealisten‹ Salieri mit dem ›Realisten‹ Mozart. Salieris erhabene Kompositionskunst soll monologisch sein und die Stimme Gottes wiedergeben. Mozart formuliert dazu seine Gegenposition: »Ich sage Ihnen, ich möchte ein Finale schreiben, das eine halbe Stunde dauert! Aus dem Quartett wird ein Quintett, ein Sextett –und weiter und weiter, umfassender und umfassender – die Töne multiplizieren sich und wachsen – und es entsteht ein Klang, der völlig neu ist!... Ich möchte wetten, so hört Gott die Welt! Millionen Töne steigen gleichzeitig empor und vereinen sich in Seinem Ohr zu einer nie endenden Musik, die für uns ganz unvorstellbar ist. *Zu* SALIERI Das ist unser Beruf. Dazu sind wir Komponisten: Seine und seine und seine und ihre und ihre innere Stimme zu vereinen – die Gedanken von Kammerzofen und Hofkompositeuren – und das Publikum zu Gott zu machen.« – cf. Shaffer, Peter, 1982 (engl. 1980): *Amadeus*. Frankfurt/M., S. 81.

herrscht und seine physischen Kräfte aufzehrt, ist auch »Schicksal«. Ob Mörike, anders als E.T.A. Hoffmann, den Ursprungsort dieses zugleich guten wie bösen Sterns zu benennen weiß, wird die Analyse der Inspirationsszenen in der Novelle zeigen.

Vorab sei ein kleiner Sprung von der Motivbeschreibung zur grammatographischen Interpretation gestattet. Die Charakterskizze, die Mörikes Erzähler von Mozart entwirft, ist – so meine Vermutung – eine Kontamination zweier historisch unterschiedlicher Geniebilder: Zum einen erscheint Mozart als ein rastloser Stürmer und Dränger, als ein Genie, das in seiner Naturhaftigkeit und Vielstimmigkeit von shakespeare'schem Zuschnitt ist, zum anderen hat er die Schwermut und Zerrissenheit des jungen Mörike und seiner Generationsgenossen Waiblinger, Grabbe, Lenau und Raimund. Letzteres legt ein früher Brief Mörikes vom Februar 1822 an Waiblinger nahe, in dem er sich selbst als Proteus beschreibt:

> Du hast mir in Deinem Brief gezeigt, daß Du mich *jetzt* wieder aus der Gestalt herausfinden könntest, in der ich Dir damals erschienen bin. Das ist ein wunderlicher, aber schon tausendmal von mir verfluchter Zug, *daß ich* aus einer *dunkeln* Besorgnis, ich möchte dem Freund oder Bekannten [...] in einem ungünstigen Licht erscheinen, *blitzschnell aus meinem eigentlichen Wesen heraustrete.* Das ist schon so eingewurzelt bei mir, daß ich diese Maske fast bewußtlos annehme und so den Freund abhalte, mir frei, mit warmen Zutrauen entgegenzukommen [...]: da möcht' ich ihm gerne mit Tränen mein Inneres aufschließen, das von Wunden blutet – aber ich kann nicht mehr aus dem Schleier herausspringen [...]. Aber genug! Laß Dich jedoch nicht reuen, diesen psychologischen Exkurs gelesen zu haben, aber schließe nichts weiteres aus ihm! Du könntest – auf meine Gefahr – leicht fehlgehen! (M III, S. 16)

Die Psychologie liefert zwar eine Deskription, aber keine hinreichende Erklärung des Geschehens. Zur Ergänzung noch eine zweite Briefstelle. Im August 1824 schreibt Mörike, wiederum an Waiblinger:

> Was soll ich weiter so fortfahren, wo Du doch nicht bei mir bist und, was mit Schrift geschrieben ist, doch nur aussieht wie stumpfes Bilderwerk, während die Gegenwart zweier es zur lebendigen Warheit erheben kann? (M III, S. 39)

Von Waiblinger, dem Freund, erwartet Mörike, wozu er selbst nicht in der Lage scheint: sein wahres Selbst hinter den Masken zu entlarven. In der mündlichen Rede ist es ihm unmöglich, und der Versuch der schriftlichen Selbstbeglaubigung kann ebenfalls »fehlgehen«, da sein Resultat wieder nur »stumpfes Bilderwerk« ist. Hier zeigt sich jedoch auch der Doppelcharakter der Verstellungskunst: Die Fähigkeit zur Nachbildung verschiedener Rollen ist zugleich Ausdruck und Ergebnis vergeblicher Selbstsuche wie die Voraussetzung des Schreibens. Heiteres Spiel, im Leben wie in der Kunst, vermag sie nur dann zu werden, wenn man sich selbst bzw. eine Lebensrolle gefunden hat.[15] Das scheint in den dreißiger Jahren bei Mörike der Fall gewesen zu sein. Seinen Verzicht aufs Berufsschriftstellertum und seinen Rückzug ins Pfarramt wertet Friedrich Sengle nicht als »Faulheit« oder als »Rückzug in die Idylle«, sondern als Beginn eines »Gesundungs- und Naivitätsprogramms«. Er urteilt weiter: »An die Stelle einer ›verschwenderischen‹, zwischen Lebensgier und Todestrunkenheit unklar schwankenden Einstellung tritt nun die ›Ökonomie‹, die ›Diät‹.«[16]

Mörikes diätetische Lebensführung mag die Menge der Impressionen und ideellen Einflüsse sowie den Umfang seiner literarischen Produktion reduziert haben. In der Trias »Schicksal, Naturell, eigene Schuld« hat er für sich den Akzent entschieden anders gesetzt als der Held seiner Novelle. Der psychologische Kommentar des Erzählers läßt den Abstand des späten Mörike von Mozart ermessen. Mozart, immer in Bewegung, in allen Geselligkeiten stets auf Anerkennung bedacht, im Schaffen alle seine Kräfte verschwendend, ist das *Gegenbild* des Biedermeierdichters.

2.3 Die vier Phasen von Mozarts Kreativitätsprozeß

An zwei Beispielen zeigt Mörike, wie Mozarts musikalische Phantasie sich entzündet, und hält in seiner Erzählkomposition dabei die Balance: Die Invention des leichtgewichtigen Hochzeitsliedes schildert er nuanciert und ausführlich, die des ernsten Finales des *Don Giovanni* skizziert er in wenigen Abschnitten. Das Bild der ›Pomeranzeninspiration‹ im Schloßgarten erhält dabei einen Deutungsrahmen, der geformt wird aus dem Erzählerkommentar über die Herkunft und den ambivalenten Charakter von Mozarts Schaffenslust, aus des Künstlers Bericht über seine Neapel-Erinnerung und deren Folgen, der die Innenseite des Inspirationsgeschehens offenlegt, sowie aus den Beiträgen der Schloßgesellschaft: der Erzählung über die Geschichte des Orangenbaums, Maxens Musengedicht und der Interpretation des englischen Kupferstichs, der den Musagetes Apoll über den kastalischen Quell gebeugt zeigt.

Wie die Darstellung der Genese des Hochzeitsliedes beweist, läßt sich der Kreativitätsprozeß in vier Stadien gliedern. Die erste Phase kennzeich-

15 Zum Charakter von Mörikes Wispeliaden in Dichtung und Leben vgl. Liede, Alfred, 1963: *Dichtung als Spiel: Studien zur Unsinnspoesie an den Grenzen der Sprache*. Berlin, Bd. I, hier vor allem S. 27–72.

16 Cf. Sengle, Friedrich, 1980: *Biedermeierzeit. Deutsche Literatur im Spannungsfeld zwischen Restauration und Revolution 1815–1848*. Bd. III: *Die Dichter*. Stuttgart, S. 706 und S. 703 (ohne Sengles Hervorhebung des Satzes).

net eine erhöhte Prädisposition Mozarts für die Inspiration, eine schöpferische Unruhe, die ihn zu dem Spaziergang in den Schloßgarten treibt, während Konstanze sich zu Bett begibt. Die äußere Bewegung korrespondiert der inneren, die den im Unterbewußtsein sich vorbereitenden Schaffensvorgang begleitet und ihren Gipfel im Inspirationsdurchbruch hat. Wie Mozart später berichtet, war ihm schon bei der Einfahrt ins Dorf »ganz flüchtig« der Text zu der noch unerledigten »kleinen leichten Nummer« in den Sinn gekommen, aber

da spann sich denn weiter nichts an, zum wenigsten nicht daß ich's wüßte. Genug, ein Stündchen später, in der Laube beim Brunnen, erwisch ich ein Motiv (M I, S. 889f.).

Die nächste, zweite Phase ist eine der Einstimmung in die künstlich geschaffene südländische Atmosphäre des Schlosses, das von »italienischer Bauart« (M I, S. 876) ist und dessen Garten Pinien-, Lorbeer-, Oleander- und Orangenbäume hat. Mozart geht scheinbar ziellos umher, berührt »ein paar schöne dunkle Piniengruppen« und nähert sich dann »auf vielfach gewundenen Pfaden [...] allmählich den lichteren Partien wieder« (M I, S. 876). Die Gradation von dunkel und hell versinnbildlicht, daß – nach und nach bewußter – Wahrnehmungs- und Empfindungs- bzw. Erinnerungswelt einander stimmig gemacht werden. So verbindet sich, wie der Leser nach der Lektüre der Neapel-Reminiszenz rekonstruieren kann, das »Rauschen des Springbrunnens« (M I, S. 876) mit dem des Meeres, werden die Pomeranzen mit den gelben Bällen der italienischen Artisten assoziiert.

Die Kongruenz von Neapel- und Schloßgartenszene, Erinnerungs- und Inspirationsort, bezeugt auch die Topographie. Dem Halbrund des Golfes von Neapel folgen zwei Strandlinien: Mozart sitzt »auf einer langen Reihe von Bänken im Schatten einer zeltartig bedeckten, niedern Galerie« in einem »königlichen Garten«, dessen Grenze zur Außenwelt eine »prachtvolle Straße« ist (M I, S. 885). Konzentrisch aufgebaut ist auch die Gartenlandschaft des Schlosses: In der Mitte steht der Brunnen, der »rings von einer sorgfältig gehaltenen Orangerie in Kübeln« umstellt ist, »rund umher« läuft ein »weicher Sandweg, gegen den sich eine schmale Gitterlaube öffnet« (M I, S. 876), an deren Eingang sich Mozart niederläßt. Der Inspirationsort erscheint als ein typisches Idyll, von der Außenwelt durch eine zweifache Umschließung abgegrenzt und mit einer Laube am Rande, an deren Schwelle, d.h. an der Trennlinie von Licht und Schatten, Mozart innehält. Dazu paßt die Tageszeit: Die Mittagsstunde, in deren trügerische Stille Pans Schrecken einzubrechen drohten, galt in der Antike als Stunde für den Rückzug ins Idyll, zu Apoll, dem Garanten der sittlichen Ordnung, Führer der Musen und Sonnengott, dessen Strahlen Licht und Schatten bilden. Das Apoll-Zitat geschieht hier indirekt; in der Interpretation des englischen Kupferstichs wird die Analogie dann offenbar: Die Landschaft des Bildes wird mit der des Schlosses gleichgesetzt, und der Musenführer tritt an die Stelle Mozarts, dessen Erinnerung an die neapolitanischen Melodien der Apolls an »ein lange vergessenes arkadisches Tänzchen« (M I, S. 895) entspricht.

Mörikes spielerischer Umgang mit Mythologemen beweist auch die Ausstattung des Idylls als Inspirationsort mit Pinien-, Oleander-, Lorbeer- und Orangenbäumen, die nicht allein dazu dient, die Kulisse einer südlichen Landschaft aufzubauen. Die Pinie galt bei den Griechen als Fruchtbarkeitssymbol, vermutlich wegen der unablässigen Produktion neuer Zapfen – der Thyrsosstab wurde deshalb auch aus Pinienzweigen gebildet. Der Pomeranzenbaum, der auf wunderbare Weise erneut Früchte getragen hat – »drei mal drei, nach der Zahl der neun Schwestern«, der Musen, wird in Maxens Gedicht als »Nachkömmling des vielgepriesenen Baums der Hesperiden« interpretiert, »welchen die drei melodischen Nymphen bewachten« (M I, S. 895). Der Wechsel von Oleander, dem Duftspender, und Lorbeer, Attribut des Apoll, Sinnbild erreichten Dichterruhms wie der musischen Begeisterung, verweist schließlich auf den Wechsel von Sinnesreiz und Inspiration, den Mozart im Schloßgarten erfährt.

In dieser »Anschauung des Südens« (M I, S. 876), die ohne jede Reflexion bzw. Selbstreflexion erfolgt, werden alle Sinne gleichermaßen angesprochen, und Mozart wird in der dritten Phase des Kreativitätsprozesses »alsbald auf eine liebliche Erinnerung aus seiner Knabenzeit geführt«, in deren Zusammenhang »eine langst verwischte musikalische Reminiszenz« steht, »auf deren unbestimmter Spur er sich ein Weilchen träumerisch« (M I, S. 876f.) ergeht. Eine ›memoire involontaire‹ beschreibt Mörike hier[17], die Evokation eines integralen Erinnerungsbildes: »So lebhaft aber wie heut' in Ihrem Garten war mir der letzte schöne Abend am Golf kaum jemals wieder aufgegangen« (M I, S. 889), wird Mozart später der Schloßgesellschaft erklären.

Seit Poincarés Selbstbeschreibung unterscheidet die moderne Kreativitätspyschologie die unbewußte Arbeit der Inkubation, der die hier geschilderten Phasen eins bis drei entsprechen, von dem Moment des Durchbruchs zur bewußten schöpferischen Tätigkeit (cf. I. 1, Anm. 21). Die Inspiration wird in der vierten Phase dargestellt. Mörike verzichtet in der Novelle im übrigen fast gänzlich auf die Beschreibung des rein Handwerk-

17 Dieckmann, 1954, hält das fälschlich für einen Beweis von Mörikes Modernität; zur Literaturgeschichte dieses Motivs *vor* Proust vgl. O'Brien, Justin, 1939: *La mémoire involontaire avant Marcel Proust*. In: *Revue de littérature comparée* 1, S. 19–36.

lichen, klammert also aus dem Kreativitätsprozeß die Phasen der Präparation (Mozarts Vorstudien zu *Don Giovanni*) und Elaboration (Kompositionstechnik, Ausgestaltung der in der Inspiration gefundenen musikalischen Motive) aus; er konzentriert sich auf das, was innerhalb des Kreativitätsprozesses Geschehenscharakter hat: Inkubation und Inspiration.

Sein Kunstgriff ist dabei, daß er Mozarts innere Bewegung während der Inspiration im Spiel seiner Mimik und Gestik bzw. in der Handhabung der Pomeranze abbildet. Er zeigt die Phantasiebilder nicht als statische, sondern als ideomotorische Gebilde[18]; Mörikes Erzähler addiert in seiner Beobachtung des Inspirationsvorgangs geradezu Verben und Adverbien, in denen sich die Motorik des Unbewußten offenbart. Er wiederholt zunächst das Motiv der nicht zielgerichteten, labyrinthischen Ambulatorik; »auf vielfach gewundenen Pfaden« wanderte Mozart vorher im Garten, jetzt »irren« seine Blicke umher. Die Modalität des Inspirationsgeschehens bestimmt er als eine doppelte, der Künstler erlebt es passiv und aktiv: »er ist von einem Gedanken ergriffen, den er sogleich eifrig verfolgt«. Mozarts Operationen an der Pomeranze geschehen zuerst unkontrolliert. Was er tut, »sieht« er »und sieht es nicht«, in »künstlerischer Geistabwesenheit« wirbelt er die Frucht umher. In Analogie dazu ist auch Mozarts lautloser Gesang noch ohne Ordnung, denn er bewegt »bald den Anfang, bald die Mitte einer Weise unhörbar zwischen den Lippen«. Dem Zustand kreativer Zerstreutheit folgen dann, immer noch halbbewußt, »instinktmäßig«, analytische und synthetische Leistungen: das Durchschneiden und Wiederzusammensetzen der Pomeranze. Auffällig ist dabei der Wechsel in der Zeitqualität. Der Zustand der schöpferischen Unruhe dauert nur »ein Weilchen«, die einzelnen Aktionen geschehen in rascher Folge, dann aber kehrt Ruhe ein: Die Pomeranze wird »langsam« in zwei Hälften geteilt, Mozart »starrt minutenlang die beiden innern Flächen an«, trennt und vereinigt sie »ganz sachte« mehrmals (alle Zitate M I, S. 876f.). Statt Zerstreutheit herrscht jetzt Konzentration. Es liegt nahe, in diesem Vorgang der Segmentierung und Integrierung der Versatzstücke zu einem geschlossenen runden Ganzen den Prozeß des Komponierens gespiegelt zu sehen, in dem die einzelnen musikalischen Elemente so zusammengefügt werden, daß ihre Ordnung den Schein einer organischen Totalität gewinnt.

18 Zur Motorik der künstlerischen Phantasie vgl. vor allem Lehmann, 1966, hier besonders S. 215–251.

2.4 Schwellenkunde: Mörikes Inspirationsmetaphorik

Den Charakter der Inspiration als überraschendes Geschehen, als spontanes Bewußtwerden von vormals Unbewußtem, veranschaulicht Mörike mit Hilfe eines zentralen Bildfeldes: der Schwellenmetaphorik.[19] Sie dominiert in der ersten wie in der zweiten Inspirationsszene. Das Exempel soll diesmal die Invention des Opernfinales sein. So gibt Mozart u.a. an, die Kirchhofszene »in *einer* Hitze fort, beim offenen Fenster, zu Ende geschrieben« (M I, S. 914) zu haben. Das Fenster ist Grenz- und Bindeglied zweier Bereiche: des von Kerzen erleuchteten Arbeitszimmers und der Dunkelheit der Nacht. Mörike verwendet hier den Topos des einsamen, in nächtlicher Klausur seine Begabung empfangenden Künstlers. In der Malerei ist Mitte des 19. Jahrhunderts, das wissen wir bereits von Cézannes *Le Baiser de la Muse*, ein Ausschnitt sternerhellten Himmels das Versatzstück, um auf den göttlichen ›Hintergrund‹ künstlerischer Inspiration zu verweisen. Das Bild der äußeren Nacht könnte jedoch auch metaphorisch für das der traumhaften inneren Welt stehen – in Analogie zur Pomeranzeninspiration, in der sich der musikalische Einfall einem Tagtraum verdankt. Mörike überläßt es dem Leser, ob er Mozarts Inspiration als transsubjektive erkennen will oder nicht. Nur vergleichsweise wird davon gesprochen, daß die Töne des Chorals »wie von entlegenen Sternenkreisen [...] herunter durch die blaue Nacht« (M I, S. 913) fallen, und am Ende verfügt Mozart über das Geschaffene wie über seinen eigenen Besitz, gekennzeichnet durch seinen »Stempel« (M I, S. 914).

Im nächsten Zitat wird das Bild der Schwelle nicht mehr auf ein konkretes Element der dargestellten Wirklichkeit bezogen:

> Ich griff einen Akkord und fühlte, ich hatte an der rechten Pforte angeklopft, dahinter schon die ganze Legion von Schrecken beieinander liege, die im Finale loszulassen sind. (M I, S. 912)

Das Bild des Künstlers an der Schwelle zeigt ihn hier scheinbar aktiv, nicht passiv. Mozart greift nach einem Akkord und klopft an die Pforte. Andererseits bekennt er wenig vorher, daß ihm die Kirchhofszene »bereits in die Krone gefahren« (M I, S. 912) war, was hier heißen soll: in den Kopf gestiegen – eine Wendung, die so für Betrunkene, Irre, von plötzlichem Verdruß Befallene gebraucht wird.[20] Von rationaler Kontrolle des Inspira-

19 Den Abschnittstitel habe ich entliehen aus Menninghaus, Winfried, 1986: *Schwellenkunde. Walter Benjamins Passage des Mythos.* Frankfurt/M. Ideen zu den Kap. 2.3/4 verdanke ich außerdem den Teilnehmern eines Mörike-Seminars, das ich im WS 1986/87 gehalten habe, vor allem Margot Scheffold (Bamberg).

20 Cf. Grimm, 1984, Bd. 11, S. 2378.

tionsgeschehens ist also nicht die Rede. Das Greifen nach dem Akkord ist auch ein recht unsicheres, Mozart »fühlte« bloß, »an der rechten Pforte« angeklopft zu haben. Weder eigenmächtig noch frei handelt er offensichtlich in der Folge, sondern unter Zwang: Eine »ganze Legion von Schrekken« liegt hinter der Pforte, die im Finale lediglich »loszulassen« sind. Die Kirchhofszene scheint fertig aus dem Musiker hervorzukommen, ohne daß er diesen Prozeß willentlich steuerte. Dafür sprechen Formulierungen wie: »so kam fürs erste ein Adagio heraus« ebenso wie Mozarts anfängliche paradoxe Äußerung, daß »das Stück Arbeit [...] in der Nacht [...] zur Welt geboren« worden sei (alle Zitate M I, S. 912). Die Geburtsmetapher ist ein in Inspirationszeugnissen häufig gebrauchtes Bild für die Werkgenese: Was unbewußt in innerer Arbeit gereift ist, tritt plötzlich als organisches Ganzes ans Licht des Bewußtseins.[21]

Den entstehungsgeschichtlichen Zusammenhang von Kirchhhofszene und Finale schildert Mozart seinen Zuhörern wie folgt:

> Jetzt gab es für mich begreiflicherweise kein Aufhören mehr. Wenn erst das Eis einmal an *einer* Uferstelle bricht, gleich kracht der ganze See und klingt bis an den entferntesten Winkel hinunter. (M I, S. 913)

Hier ist weder ein Bezug zur konkret vorhandenen Wirklichkeit erkennbar noch so offensichtlich wie im Bild von der Pforte von einer Schwelle die Rede. Geschieden werden aber wiederum zwei Bereiche bzw. Zustände voneinander: die feste Oberfläche von Land und Eis von der durch das Eis verborgenen Tiefe des Sees, die flüssig, beweglich ist. Genialer kann man den Übergang vom Unbewußten ins Bewußte beim Inspirationsgeschehen nicht ins Bild setzen. An der Schwelle, am Ufer, an dem die Eisschicht am dünnsten ist, bricht das bisher Verborgene auf, »gleich kracht der ganze See und klingt bis an den entferntesten Winkel hinunter« – »heraus« kommt: das Klingen einer Tonfolge. Die Naturgesetzen zuwiderlaufende Plötzlichkeit des Vorgangs unterstreicht die Uneigentlichkeit der Rede. Das Eis, das Erstarrte bricht auf – das impliziert, das Inspirationsgeschehen entspreche einem ungehinderten Strömen. Es handelt sich dabei wieder um die Variation eines mythologischen Bildes. Die Zusammengehörigkeit von Inspirations- und Wassermetaphorik, die auf den antiken Topos von den Musen als Quellgottheiten zurückgeht, demonstriert Mörikes Novelle allenthalben. Vom Ursprung der Mozartschen Kreativität spricht der Erzähler z.B. als von

---

21 Vgl. z.B. Kafkas Tagebucheintrag vom 11. 12. 1913 über die Entstehung von *Das Urteil*: »die Geschichte ist wie eine regelrechte Geburt mit Schmutz und Schleim bedeckt aus mir herausgekommen«; zu finden in Kafka, Franz, 1954: *Tagebücher 1910–1023*. Hg. von Max Brod. New York, Frankfurt/M., S. 296.

jenem tiefen Quell [...], der, aus hundert goldenen Röhren springend, im Wechsel seiner Melodien unerschöpflich, alle Qual und alle Seligkeit der Menschenbrust ausströmte. (M I, S. 869)

Sehr präzise wird damit der Herkunftsort des Inspirationsgeschehens nicht benannt. Im Gegenteil – das sollte die Detailanalyse zeigen –: In den Gesprächen der Rokokogesellschaft wie im Kommentar des Erzählers wird mit den mythologischen Darstellungs- und Deutungsmustern, die auf den transsubjektiven, metaphysischen Ursprung der Inspiration einmal verwiesen haben, ebenso gespielt wie mit den psychologischen. Das Problem der genealogischen Autorität des schöpferischen Subjekts bleibt ungelöst. Das scheint in der Novelle jedoch niemanden zu beunruhigen. Die Frage ist, wie der Gesprächsrunde im Schinzbergschen Schloß gelingen kann, was den Serapions-Brüdern nicht so recht gelingen will: dem Rätsel des Kreativitätsgeschehens das Bedrohliche zu nehmen. Die Antwort darauf soll die grammatographische Interpretation von Mörikes Inspirationsdarstellung geben.

2.5 »Lebendes Symbol«: Mörikes Beschreibungsfigur des Unbewußten

Die literaturhistorische Einordnung ihres Autors fällt der Mörike-Forschung ähnlich schwer wie der Hoffmann-Forschung. Ihr kleinster gemeinsamer Nenner ist die Erkenntnis, daß ihr Gegenstand »ungewöhnlich schwer zugänglich« sei, Person und Werk in ihrer Vielgestaltigkeit sich »jeder begrifflichen Festlegung« entzögen.[22] Diese Hilflosigkeit wird nicht selten damit entschuldigt, daß Mörike, wie schon seine Freunde beklagten, zwar ein poetisches Genie, aber leider kein theoretischer Kopf war. Weil ein poetologisches Programm nicht vorhanden war, verfiel die ältere Mörike-Literatur auf den Ausweg der biographisch-psychologischen Interpretation, verstand das Werk als Ausdruck der privaten Konfliktlage Mörikes[23], oder diskutierte die Epochenzugehörigkeit, entwarf also literaturgeschichtliche Folien, auf deren Hintergrund Mörike dann als Goethes Epigone[24] oder Vorfahre Baudelaires[25] erschien. Der Anspruch der Jüngeren war

22 Cf. Sengle, 1980, S. 691.

23 Vgl. z.B. Meyer, Herbert, 1950: *Eduard Mörike*. Stuttgart.

24 Siehe Emil Staigers berühmte Deutung von Mörikes Gedicht *Auf eine Lampe* in: *Die Kunst der Interpretation. Studien zur deutschen Literaturgeschichte*. Zürich 1955, ^{5}1967, S. 9–33.

25 So vor allem bei Höllerer, Walter, 1958: *Zwischen Klassik und Moderne. Lachen und Weinen in der Dichtung einer Übergangszeit*. Stuttgart, hier S. 321–356.

bescheidener: Sie entdeckte den gesellschaftlichen Ort von Mörikes Erzählungen und Gelegenheitsgedichten[26] oder arbeitete motiv- bzw. mentalitätsgeschichtlich.[27] Friedrich Sengle schließlich sammelte eine Vielzahl unterschiedlicher Merkmale, um Mörike als Biedermeierliteraten auszuweisen, zeichnete aber nicht die Linie, die die einzelnen Punkte zu einer Konfiguration verbinden könnte.[28]

Der ›Fall‹ Mörike dokumentiert auf exemplarische Weise die Schwierigkeiten der Germanistik, einen Epochenbegriff für die Zeit 1815–1848 zu definieren.[29] Ob diese nun Biedermeierzeit, Restaurationsepoche oder Frührealismus genannt wird, in jedem Fall scheint es sich um eine Hilfskonstruktion zu handeln, eine konventionelle Bezeichnung, weil die zumeist traditions- wie sozialgeschichtlich orientierten Versuche bisher kein einheitliches Epochenbild zu skizzieren vermochten, sondern lediglich ein Spannungsfeld gegensätzlicher philosophischer, poetologischer, politischer und sozialer Richtungen mit Polen wie Idealismus vs. Realismus, goethezeitliche Epigonalität vs. Modernität, konservatives Biedermeier vs. Jungdeutschland bzw. Vormärz, Dichtung der großen Einzelgänger vs. niedere Unterhaltungsliteratur etc.

Es lohnt deshalb, an den 1966 erschienenen Synthese-Versuch Ulrich

---

26 Vgl. Steinmetz, Horst, 1969: *Eduard Mörikes Erzählungen*. Stuttgart; sowie Heydebrandt, Renate von, 1972: *Eduard Mörikes Gedichtwerk. Beschreibung und Deutung der Formenvielfalt und ihrer Entwicklung*. Stuttgart.

27 Vgl. Graevenitz, Gerhart von, 1978: *Eduard Mörike: Die Kunst der Sünde. Zur Geschichte des literarischen Individuums*. Tübingen.

28 Daß Mörikes Rückzug ins Pfarramt zugleich den Abschied von der Lebensform des romantisch-zerrissenen Künstlers bedeutet, ist (s. o.) unbestreitbar. Etwas gewaltsam erscheint mir jedoch Sengles These, daß diese private Entscheidung der Beginn eines »Gesundungs- und Naivitäts*programms*« (Hervorhebung von mir) sei, aus dem sich dann folgerichtig alle biedermeierspezifischen Eigenschaften des Mörikeschen Werkes ableiten ließen wie »die Hinwendung zum Volkstümlichen«, »die Erneuerung der Idylle und des Märchens«, »die Entdämonisierung des Mythischen«, »das starke Hervortreten der Gelegenheitslyrik«, die »Bewahrung des Christentums« u. a. m. – cf. Sengle, 1980, S. 706 und S. 729f.

29 Einen Überblick über die Mörike-Literatur vermittelt der ausgezeichnete Forschungsbericht von Doerksen, Victor G., 1973: *Die Mörike-Literatur seit 1950. Literaturbericht und Bibliographie*. In: *DVjs 47*, Sonderheft, S. 343–397. Zu nennen sind hier außerdem die Aufsatzsammlung von Doerksen, Victor G. (Hg.), 1975: *Eduard Mörike*. Darmstadt, sowie der jüngst veröffentlichte Realienband von Mayer, Birgit, 1987: *Eduard Mörike*. Stuttgart [vgl. hier die Angaben der zahlreichen Forschungstitel zur Mozart-Novelle – S. 95f. –, deren Wiederholung ich mir erspare]. – Zur Diskussion des Epochenbegriffs vgl. Jost Hermands Beitrag zur Festschrift zu Friedrich Sengles 60. Geburtstag unter dem Titel *Allgemeine Epochenprobleme* in Hermand, Jost/Windfuhr, Manfred (Hg.), 1970: *Zur Literatur der Restaurationsepoche 1815–1848. Forschungsreferate und Aufsätze*. Stuttgart, S. 3–61.

Fülleborns[30] zu erinnern, der die Zeit zwischen 1815 und 1848 nicht als Periode des Übergangs und der Widersprüche begriff, sondern deren Autonomie betonte und in den Werken so unterschiedlicher Autoren wie Grillparzer, Stifter, Büchner oder Mörike eine einheitliche Epochensignatur fand – eine Form der Wirklichkeitswahrnehmung, die historisch einmalig sei, unabhängig von den ganzheitsstiftenden idealistischen Denkbildern der Goethezeit und den naturwissenschaftlichen in der realistischen Literatur der zweiten Hälfte des 19. Jahrhunderts. Es handle sich um die Komplementarität zweier Ansichten von Wirklichkeit: einerseits als ›erweisloses Geschehen‹, das sich jeder rationalen Kontrolle und Erklärung entziehe, und anderseits als nach psychologischen Gesetzen verstehbare ›Tatwirklichkeit‹. Dem Pluralismus der Wirklichkeitszugriffe, dem Mit-, Neben- und Gegeneinander der Prinzipien Spontaneität und Kausalität entsprächen – von Autor zu Autor verschiedene – formale und ideelle Integrationskonzepte, die auf jeden Totalitätsanspruch verzichteten.

Mit Hilfe dieser zentralen »geschichtlichen Sinngestalt«[31] versucht Fülleborn auch die Schwierigkeiten der Forschungsdebatte um Mörikes Frühwerk *Maler Nolten* zu lösen, die Friedrich Theodor Vischers Kritik folgte, der Roman schwanke unentschieden zwischen romantischem Aberglauben und realistischer Psychologie.[32] Auf den Streit darüber, ob die Erstfassung von Mörikes Roman schon ein ästhetisch überzeugendes Integrationskonzept habe, will ich nicht weiter eingehen. In der Mozart-Novelle läßt sich, wie meine Interpretation gezeigt hat, die Komplementarität zweier Ansichten zweifelsfrei entdecken: Mozarts Künstlertum wird sowohl als Tat- wie als Geschehenswirklichkeit zu definieren versucht, wobei der Ursprungsort des Inspirationsgeschehens selbst letztlich erweislos bleibt. Zu klären ist noch, welche Beschreibungsfigur die verschiedenen Deutungs- und Darstellungsmodelle verbindet.

Mörikes Novelle hat – und hierin stimmt sie mit Hoffmanns Scuderi-

30 Cf. Fülleborn, Ulrich, 1966: *Das dramatische Geschehen im Werk Franz Grillparzers. Ein Beitrag zur Epochenbestimmung der deutschen Dichtung im 19. Jahrhundert.* München; vgl. außerdem ders., 1974: *Frührealismus und Biedermeierzeit.* In: *Begriffsbestimmungen des literarischen Biedermeier.* Hg. von Elfriede Neubuhr. Darmstadt, S. 329–364.

31 Cf. Fülleborn, 1966, S. 33.

32 Vgl. Vischer, Friedrich Theodor, o. J.: *Kritische Gänge.* Hg. von Robert Vischer. München. Die hier abgedruckte Rezension des *Maler Nolten*, die Mörike vorwirft, daß er einen Roman geschrieben habe, der »zur Hälfte [...] ein psychologischer Roman, zur Hälfte ein Schicksalsroman, ein mystischer Roman« sei – »und beide Hälften gehen nicht ineinander auf« (S. 7) –, erschien erstmals 1839 in den Jahrbüchern für wissenschaftliche Kritik. – Fülleborns Deutung des Romans findet sich im Grillparzer-Buch, 1966, S. 282–293.

Novelle überein – eine extrem offene Form, der Handlungszusammenhang ist episodisch.[33] Es wird eine Fülle von Geschichten erzählt, deren geheimes Zentrum das ungelöste Problem des Kreativitätsursprungs ist. Das Kreativitätsgeschehen wird – wir kennen das schon von Hoffmann her – als unsichtbar und irrational beschrieben, der Inspirationsdurchbruch erfolgt plötzlich und mit usurpatorischer Gewalt. Der Schöpfungsaugenblick ist für Mozart unberechenbar, der Zufälle wird er nicht Herr. Sie gefährden seine physische und psychische Gesundheit und machen die kontinuierliche Ausbildung eines Selbstkonzepts unmöglich. Mozarts Biographie wird als ein Diskontinuum geschildert, als eine Kette von Schöpfungsakten. Wie Hoffmann redupliziert Mörike den Ereignis- und Seriencharakter des Kreativitätsgeschehens: Der Spiegel ist diesmal nicht das Elementargeschehen verbrecherischen Wahnsinns, sondern das der Sexualität. Der Held der Mozartschen Oper, Don Juan, eilt zwanghaft von Eroberung zu Eroberung, er bietet das »prächtige Schauspiel einer unbändigen Naturkraft, den Brand eines herrlichen Schiffes« dar (M I, S. 913f.), das mit Notwendigkeit untergehen wird, und über Mozart ist sich Eugenie am Ende schmerzlich gewiß, »daß dieser Mann sich schnell und unaufhaltsam in seiner eigenen Glut verzehre« (M I, S. 917).

Im Unterschied zu Hoffmann hält Mörike aber die zeitweilige Domestizierung solcher Elementargewalten, die Verbindung von Irrationalität und Rationalität, Ereignis und Geschichte für denkbar. Die Versöhnung wird für ihn nicht allein zum artistischen Divertissement. Die Wasserspiele von Neapel, an die sich Mozart erinnert, geben ein Sinnbild für die Möglichkeit kulturell integrierter Sexualität[34], und die Gesprächsspiele der Schloßgesellschaft ein Sinnbild für die Möglichkeit des Verstehens und der sozialen Einbindung außerordentlichen Schöpfertums. Letztere sollen unter diesem Gesichtspunkt noch einmal untersucht werden.

Für die Beobachterfiguren in den Hoffmannschen Künstlernovellen gelten die alten mythologischen wie die neuen psychologischen Entstehungs-

---

33 Zur Formbestimmung vgl. Steinmetz, 1969, S. 92ff., der die Behauptung von Polheim, Karl Konrad, 1954: *Der künstlerische Aufbau von Mörikes Mozartnovelle.* In: *Euphorion* 48, S. 41–70, daß die Erzählung eine geschlossene Struktur aufweise, relativiert.

34 Mozarts Erinnerung an das neapolitanische Wasserballett, das einen erotischen Wettstreit aufführt, hält Eugenie für »eine gemalte Symphonie«, für ein »vollkommenes Gleichnis überdies des Mozartischen Geistes selbst in seiner ganzen Heiterkeit«, in dem »die ganze Anmut ›Figaros‹« enthalten sei (M I, S. 889) – ihren Kommentar rechtfertigt auf überzeugende Weise der Aufsatz von Kaiser, Hartmut, 1977: *Betrachtungen zu den neapolitanischen Wasserspielen in Mörikes Mozartnovelle.* In: *Jahrbuch des Freien Deutschen Hochstifts 1977*, S. 364–400. – Wie Mozarts Italienerlebnis gibt auch *Figaros Hochzeit* ein Sinnbild kulturell integrierter Sexualität.

theorien über den Ursprung des Schöpfertums gleich viel. In keiner entdecken sie mehr eine letzte Gewißheit. Mörikes Ziel war es, wie erwähnt, ein »kleines Charaktergemälde Mozarts« zu entwerfen, das »wahr« sein sollte. Diesen Anspruch erfüllt er in seiner Novelle dadurch, daß er Mozart und die Angehörigen der gräflichen Familie über das Inspirationsgeschehen auf der Basis einer anderen Wahrheit als der einer absoluten oder bloß subjektiven reden läßt. Die Möglichkeit, sich über ein Geschehen zu verständigen, das im Grunde erweislos ist, hängt offensichtlich mit der Anerkennung der praktischen Wahrheit konventioneller Rede zusammen.

Das läßt sich an dem Wort vom Pomeranzenbaum als »lebendes Symbol« (M I, S. 893) demonstrieren.[35] Die Identität von Zeichen und Bezeichnetem, die in Goethes Symbolbegriff die Voraussetzung dafür ist, daß das Besondere das Allgemeine vertreten kann, sucht man hier vergebens. Der Zusammenhang zwischen Zeichen und Bezeichnetem ist willkürlich und muß in der Gesprächsgemeinschaft des Schlosses erst vereinbart werden, der Kontext der Verwendung des Bildes wird vom Sprecher deshalb zur Erklärung jeweils mitgenannt. Der Baum erinnert Mozart an seine Kindheit und an den paradiesischen Baum der Erkenntnis, die gräfliche Familie an ihre »würdige Ahnfrau« (M I, S. 893) Renate Leonore, Max an den Baum der Hesperiden und Franziska an einen englischen Kupferstich, der »eine Szene aus dem goldenen Weltalter« (M I, S. 895) zeigt. Das Bild des Orangenbaumes drückt also nicht allein, wie im Falle Mozarts, das Inspirationsgeschehen aus, es ist für alle auch ein Zeichen individueller Erinnerung. Vergänglich wie das Bezeichnete – die Erinnerung – ist das Zeichen selbst: Der Baum muß mit »äußerster Sorgfalt gepflegt« (M I, S. 893) werden; als Eugenie durch Abwesenheit diese Pflicht versäumt, beginnt er abzusterben. Daß das Wissen um die je verschiedene Bedeutung des Zeichens im Gespräch lebendig gehalten werden muß, ist der Hintersinn der Rede vom »lebenden Symbol«.

Mörike nennt seine Novelle, die von der Vergänglichkeit von Mozarts Leben und der potentiellen Vergänglichkeit menschlicher Zeichensetzungen handelt, mit Recht »im Ganzen heiter«.[36] Sie setzt Mozart ja ein Denkmal, sie stellt gegen den Strom des Vergessens das Gedächtnis der Kulturgemeinschaft. Vor allem schildert sie einen Festtag, an dem es gelingt, das Diskontinuierliche mit dem Kontinuierlichen zu verbinden: Mozarts zerstückelte Biographie mit der Historie der gräflichen Familie und der Tradition abendländischer Kultur. Die *formale Logik* dieser Verbindung ist die

35 Für Hinweise auf die Schlüsselbedeutung dieses Worts habe ich Uwe Jochum (Heidelberg) und Manfred Engel (Erlangen) zu danken.

36 Im schon zitierten Brief an Mayer (s.o. Anm. 10), S. 245.

der Geschichte, in der irrationale Geschehnisse wie rationale Handlungen einen festen Zeitpunkt bekommen. Bei Hoffmann stehen die Schöpfungsaugenblicke ohne Ordnung nebeneinander. Mörike dagegen gliedert Mozarts Kreativitätsprozeß in Stadien, reiht die unbewußten und die bewußten Schaffensmomente mit Hilfe der Schwellenbilder in eine Zeitfolge ein und stellt so eine kausalgesetzliche Relation zwischen Geschehens- und Tatwirklichkeit her. Was ihre *ideelle Logik* betrifft, so ist die Vermittelbarkeit von außerordentlichem Künstler und Gesellschaft gebunden an den gemeinsamen und gemeinsamkeitsstiftenden Horizont einer mythenschaffenden Kultur. Der Pomeranzenbaum ist nicht nur ein »lebendes Symbol« für die Verbindung aller Geschichten in der Geschichte, sondern auch ein Sinnbild für die kulturelle Integrierbarkeit von Irrationalem und Rationalem, Sinnlichkeit und Geist. Die Erinnerungen, die sich an ihn knüpfen, laufen alle auf das gleiche Prinzip hinaus: die Kluft zwischen Natur und Geist durch kulturelle Vereinbarungen und Rituale bzw. Kunstleistungen zu schließen. Das gilt für das neapolitanische Wasserballett, das anakreontisch-mythologische Gedicht des Leutnants, den englischen Kupferstich vom goldenen Zeitalter und die Lebenskunst der Ahnfrau Renate Leonore, die »geistreichsten Lebensgenuß« mit »sittlicher Strenge« (M I, S. 892) vereint.

Bei Hoffmann und in der Romantik ist das Grundverhältnis von Künstler und Publikum das der Opposition. Mörike dagegen zeigt die Möglichkeit einer Integration des außerordentlichen Genies in die Gemeinschaft. Das trostreiche und heitere Bild, das er entwirft, hat Appellcharakter. Es beschreibt nicht die zeitgenössische Realität, es ist eine in die Vergangenheit projizierte Utopie.[37] Die bürgerliche Geselligkeitskultur der Biedermeierzeit ist nicht mehr die höfische der Novelle. Zu ihr wie auch zu den festen Gewißheiten über den Ursprung des Schöpferischen gibt es freilich für Mörike kein Zurück mehr. Er spielt mit den Darstellungs- und Deutungsmustern der Kreativität, jedoch in anderer Weise als Hoffmann. Einig weiß er sich mit ihm, daß in den Mythologemen keine absolute Wahrheit mehr enthalten ist. Er entdeckt dafür deren intersubjektive, d.h. praktische Wahrheit.

Epigonal – ein häufig gegenüber der Dichtung des Biedermeier erhobener Vorwurf – ist die Demonstration der Unterhaltungskunst der Schloß-

37 Daß Mörikes Bild von der Versöhnung des Genies mit der Gemeinschaft im Kontext der Ideengeschichte der Kreativität des 19. und 20. Jahrhunderts eine Utopie war und blieb, zeigen auf eindrucksvolle Weise Brandstetter, Gabriele/Neumann, Gerhard, 1991: *Biedermeier und Postmoderne. Zur Melancholie des schöpferischen Augenblicks: Mörikes Novelle ›Mozart auf der Reise nach Prag‹ und Shaffers ›Amadeus‹.* In: *Studien zur Literatur des Frührealismus.* Hg. von Günter Blamberger, Manfred Engel und Monika Ritzer. Frankfurt/M., Bern, New York, Paris, S. 306–337.

gesellschaft also nicht, bei der ein Bildungszitat das andere ablöst, die Geschichte des Abendlandes sich aus Geschichten zusammensetzt, für deren Erzählen es nur einen formalen Abschluß gibt: die Einheit eines Gesprächstages. Sie ist nur eine Demonstration des Pluralismus von Wirklichkeitszugriffen. Ästhetische Organisation und Epistemologie entsprechen einander, und kongruent sind auch Epistemologie und Ethik. Sinnbild der Ethik der praktischen, intersubjektiv vereinbarten Wahrheit ist in der Novelle Renate Leonore, die am Hofe Ludwigs XIV. ihre moralischen Überzeugungen verteidigte und hohes Ansehen genoß, weil sie dies ohne dogmatische Strenge tat, mit »unbefangener Teilnahme«, »viel Freimut« und »regem Interesse« für Meinungen, die von ihrer »angestammten deutschen Ehrenfestigkeit« abwichen (M I, S. 892 f.). Solche Toleranz ist die Voraussetzung für die Integrierbarkeit des Außerordentlichen in die Gemeinschaft. Mörikes Novelle zeigt sowohl den Ausnahmezustand des Genies, die physische, psychische und soziale Labilität des schöpferischen Subjekts, wie den Weg seiner sozialen Anerkennung und die Möglichkeit des ihn zeitweilig rettenden Verstehens durch andere.

3.
»Eine Studie zur Selbsterkenntnis«
Theodor Storms Porträt des Künstlers als eines bucklichten Männleins in der Novelle *Eine Malerarbeit*

3.1 »Wir wissen's doch, ein rechtes Herz/Ist gar nicht umzubringen«: Storm-Bilder

Im Oktober 1848, als das Scheitern der Märzrevolution und der schleswig-holsteinischen Erhebung gegen die Dänen schon absehbar war, schrieb Storm ein nach seiner Einschätzung »unsterbliches Gedicht«:

Oktoberlied

Der Nebel steigt, es fällt das Laub;
Schenk' ein den Wein, den holden!
Wir wollen uns den grauen Tag
Vergolden, ja vergolden!

Und geht es draußen noch so toll,
Unchristlich oder christlich.
Ist doch die Welt, die schöne Welt,
So gänzlich unverwüstlich!

Und wimmert auch einmal das Herz, –
Stoß an, und laß es klingen!
Wir wissen's doch, ein rechtes Herz
Ist gar nicht umzubringen.

Der Nebel steigt, es fällt das Laub;
Schenk' ein den Wein, den holden!
Wir wollen uns den grauen Tag
Vergolden, ja vergolden!

Wohl ist es Herbst; doch warte nur,
Doch warte nur ein Weilchen!
Der Frühling kommt, der Himmel lacht,
Es steht die Welt in Veilchen.

Die blauen Tage brechen an:
Und ehe sie verfließen.
Wir wollen sie, mein wackrer Freund.
Genießen, ja genießen![1]

---

1 Cf. Storm, Theodor, 1987 f.: *Sämtliche Werke in vier Bänden*. Hg. von Karl Ernst Laage und Dieter Lohmeier. Frankfurt/M., Bd. 1, S. 11 bzw. S. 763 (Nachweis der Selbsteinschätzung Storms). Die Ausgabe wird im folgenden mit der Sigle S, verbunden mit der Bandzahl, abgekürzt.

Aus Gedichten wie diesem entstehen Künstlerlegenden, die »unsterblich« sind. Insofern behielt Storm recht. Für seine Verehrer wie seine Kritiker ist er bis heute der Dichter geblieben, der in allen politischen und privaten Erschütterungen ein widerständiges Herz bewies. Was jenen preiswürdig ist, gilt diesen als verdächtig. Der Rückzug ins Idyll, die ›Husumerei‹, so der Tenor weltläufiger Kritiker, sei gewissermaßen der Deich, den Storm gegen die Wellenschläge der Zeit errichtet habe. »*Er* war für den Husumer Deich, *ich* war für die Londonbrücke«, heißt es bei Theodor Fontane[2]; und Franz Mehring wendet bei seinem Vergleich von Friedrich Spielhagen und Theodor Storm ein, daß es »immer noch eine größere Ehre« sei, »im Wettlauf mit einem Balzac zu scheitern, als in holder Harmonie mit den Teekesseln von Husum zu summen«.[3] Schon frühzeitig gab es, wie man weiß, Gegenstimmen, die Storm allerdings nicht davor schützen konnten, seit Anbruch des 20. Jahrhunderts als deutschnationaler Heimatdichter verkannt oder gefeiert zu werden. Gemeint sind die beiden großen Storm-Essays von Georg Lukács und Thomas Mann. Der erste wurde 1909 verfaßt und erschien zwei Jahre später in *Die Seele und die Formen.* Für Lukács ist Storm keine provinzielle Erscheinung, sondern »der Letzte der großen deutschen bürgerlichen Literatur«. Seine volksliedhafte Lyrik könne in eine Reihe mit der Günthers, des jungen Goethe, Heines und Mörikes gestellt werden, und an seiner Novellistik zeichne sich schon der Verfall des Bürgertums ab, die Untergangsstimmung sei nur noch nicht so »stark und bewußt« wie bei Thomas Mann. Den Künstler Storm präge das bürgerliche Berufsethos, »die Herrschaft der Ordnung über die Stimmung, des Dauernden über das Momentane, der ruhigen Arbeit über die Genialität, die von Sensationen gespeist wird«. In der »Kunstübung wie der Lebensführung« kennzeichneten ihn »einfache Gradlinigkeit« und »Handwerkertüchtigkeit«, urteilt Lukács und – noch prononcierter: »Niemals war etwas problematisch in diesem Leben.«[4] Mit Storm und Turgenjew sei – so Thomas Manns Ansicht in seinem Porträt des Dichters von 1930 – »die Novelle des neunzehnten Jahrhunderts auf einen höchsten Stand ihres Anspruchs und ihrer Vollendung« gekommen. Das »Künstlertum Storms« habe »nichts zu schaffen mit Simpelei und Winkeldumpfigkeit, nichts mit

2 Cf. Fontane, Theodor, 1973 [1898]: *Von Zwanzig bis Dreißig*. In: *Sämtliche Werke, Aufsätze, Kritiken, Reden*. Bd. 4: *Autobiographisches*. Hg. v. Walter Keitel. Darmstadt, S. 372.

3 Cf. Mehring, Franz, 1961 [1909]: *Friedrich Spielhagen*. In: *Gesammelte Schriften*. Hg. v. Thomas Höhle, Hans Koch und Josef Schleifstein. Berlin, Bd. 11, S. 103.

4 Cf. Lukács, Georg, 1971: *Bürgerlichkeit und l'art pour l'art: Theodor Storm*. In: *Die Seele und die Formen. Essays*. Neuwied und Berlin, S. 82–116, hier (nach der Reihenfolge der Zitate) S. 113, 84f., 90f.

dem, was man eine Zeitlang ›Heimatkunst‹ nannte«. Mann teilt Lukács' Wertschätzung Storms. Das Charakterbild eines unproblematischen Dichters propagiert er dagegen nicht:

Ich betone die sensitive Vergeistigung, den Extremismus seiner Gemüthaftigkeit so sehr und spreche sogar von leichter Krankhaftigkeit, um nichts auf ihn kommen zu lassen, was auf Bürgernormalität oder -sentimentalität, auf seelisches Philistertum hinausliefe, weil nämlich Fontane von ›Provinzsimpelei‹ gesprochen hat. Es ist nichts Rechtes damit, es stimmt nicht. Das Element des Abenteuerlichen, Exzentrischen, Unregelmäßigen, Norm- und Glückswidrigen, das zur künstlerischen Konstitution gehört, ist bei ihm vielleicht fühlbarer als bei dem liebenswürdig korrekten Fontane. Korrekt gerade ist eigentlich nichts bei Storm – als so begehrenswert ihm selbst das Bild des gemütvoll Korrekten möge vorgeschwebt haben und so versucht und bemüht er gewesen sein mag, sein Leben und Wesen nach diesem Wunschbilde zu stilisieren.

Ob Manns Storm-Porträt, wie man argwöhnen könnte, nur ein Selbstporträt ist, wird sich zeigen. Sein Diktum: »Er (Storm) ist ein Meister, er bleibt«[5], ist jedenfalls wahr geworden, und die Storm-Forschung hat sich nach 1945 mit Kräften bemüht, die Missetaten der nationalsozialistischen Germanistik vergessen zu machen. Das Bild des bürgerlich-braven und formbewußten Leistungsethikers dominiert seither – genauer gesagt: Es ist das bei den Lesern bis heute populäre. In den letzten zwei Jahrzehnten kratzte man hin und wieder an der Patina, versuchte in Storm einen radikaldemokratischen Sozialkritiker zu entdecken[6], lotete vorsichtig die psychischen Abgründe des tüchtigen Bürgers aus[7] oder schrieb seine Lebensgeschichte etwas weniger respektvoll als in der Verehrergemeinde ansonsten üblich.[8] Die Mannsche These, daß Storm weder ein biederer Bürger noch ein versöhnlicher poetischer Realist war, gewinnt neuerdings immer mehr Anhänger. Ehemals feste literaturhistorische Zuordnungen geraten ins

---

5 Cf. Mann, Thomas, ^{2}1974: *Theodor Storm.* In: *Gesammelte Werke in dreizehn Bänden.* Frankfurt/M., Bd. IX, S. 246–267, hier (in der Reihenfolge der Zitate) S. 253, 255, 252. Die Ausgabe wird im folgenden mit der Sigle GW, ergänzt durch die Bandzahl, abgekürzt.

6 Vgl. z.B. Schuster, Ingrid, 1971: *Theodor Storm. Die zeitkritische Dimension seiner Novellen.* Bonn; Vinçon, Hartmut, 1973: *Theodor Storm.* Stuttgart; sowie Goldammer, Peter, 1974: *Theodor Storm. Eine Einführung in Leben und Werk.* Leipzig; oder Freund, Winfried, 1987: *Theodor Storm.* Stuttgart, Berlin, Köln, Mainz, dessen Arbeit im übrigen eine ausführliche Bibliographie der Storm-Forschung enthält, so daß ich mir das Auflisten der Standardtitel ersparen kann.

7 So u.a. Kaiser, Gerhard, 1979: *›Aquis submersus‹ – versunkene Kindheit. Ein literaturpsychologischer Versuch über Theodor Storm.* In: *Euphorion 73*, S. 410–434; sowie die ideenreiche und anregende Arbeit von Pastor, Eckart, 1988: *Die Sprache der Erinnerung. Zu den Novellen von Theodor Storm.* Frankfurt/M.

8 Vgl. Bollenbeck, Georg, 1988: *Theodor Storm. Eine Biographie.* Frankfurt/M.

Wanken. Storms Prosawerke »kontrastieren nicht klar voneinander getrennte Ideensysteme, sondern skizzieren die im Gefolge lang anhaltender Epochenumbrüche entstehenden mentalen Gemengelagen«, hat Harro Segeberg völlig zutreffend bemerkt.[9] Die grammatographische Interpretation seiner Erzählungen fällt von daher nicht leicht. Storms geschichtliche Zwischenstellung zeigt sich auch an der Maler-Novelle.

3.2 Brunken als Vorbild und die Vorbilder Brunkens: Neuere Deutungen der Novelle

Storms Novelle *Eine Malerarbeit* war lange Zeit Stiefkind und Geheimtip der Stormforschung zugleich, bis sich Karl Ernst Laage[10] und Walter Zimorski[11] ihrer annahmen. Laages Untersuchung der Handschriften beweist, daß die Novelle sorgfältigst aus- und umgearbeitet wurde und keinesfalls bloß ein Produkt spontaner Inspiration war, wie es Storms Brief vom 17. August 1867 an Ludwig Pietsch nahelegt. Hier bekennt er, die Novellen *In St. Jürgen* und *Eine Malerarbeit* »in einem Zug geschrieben« zu haben.[12] Storm änderte – so Laages Hauptergebnisse – den Namen des Helden von Saldern zu Brunken, weil ihm jener vermutlich zu preußisch klang, und betonte in der Endfassung die Künstlerthematik gegenüber der politischen, indem er die im Entwurf bei der Schilderung des Disputs von Regierungsassessor und Maler noch vorhandenen Anspielungen auf die preußische Bürokratie zusammenstrich. Die »Grundproblematik der Novelle«, Brunkens »Zwiespalt von körperlicher Unzulänglichkeit und hohem Schönheitssinn«, habe Storm an seinen beiden kleingewachsenen Malerfreunden Nicolai Sunde und Adolph Menzel entdecken können. Letzterer sei wie sein literarisches Ebenbild Junggeselle gewesen, habe einen Haushalt mit seiner Schwester geführt und sein physisches Mißgeschick mit

9 Vgl. Segeberg, Harro, 1985: *Ferdinand Tönnies ›Gemeinschaft und Gesellschaft‹ und Theodor Storms Erzählwerk. Zur literarischen Spiegelung eines Epochenumbruchs.* In: *DVjs* 59, S. 474–496, hier S. 486.

10 Cf. Laage, Karl Ernst, 1985: *Zur Entstehung der Novelle »Eine Malerarbeit«.* In: ders.: *Theodor Storm. Studien zu seinem Leben und Werk mit einem Handschriftenkatalog.* Berlin, S. 20–28.

11 Cf. Zimorski, Walter, 1988: *Das Selbstbildnis als Doppelporträt: Edde Brunken – der friedfertige Überwinder. ›Lebendige Gemälde‹ als Zeugnisse künstlerischer Lebensproblematik in Theodor Storms Künstlernovelle ›Eine Malerarbeit‹* (1867). In: *Theodor Storm. Studien zur Kunst- und Künstlerproblematik.* Hg. von W. Z. Bonn, S. 7–45.

12 Cf. Pietsch, Ludwig, ²1943: *Blätter der Freundschaft. Aus dem Briefwechsel zwischen Theodor Storm und Lduwig Pietsch.* Hg. von Volquart Pauls. Heide, S. 191.

Humor ertragen.[13] Laages Interpretation ist der 1955 erschienenen Storm-Biographie Franz Stuckerts verpflichtet, der auf Menzel und Sunde als mögliche Vorbilder Brunkens bereits hinweist und zudem glaubt, daß an der »Stelle«, an der »aus dem Ringen um ästhetische Schönheit [...] ein Begehren menschlicher Schönheit« werde, die »Tragödie des Malers Edde Brunken« beginne.[14] Diese Stelle dürfte man vergeblich suchen, denn m. E. verläuft der Prozeß genau umgekehrt, wie zu beweisen sein wird.

Zimorksi deutet Brunkens Entwicklung vom »abgewiesenen Freier« und »dilettierenden Kunstmaler« zum »Lebenskünstler« als einen »beispielhaften Lebenslauf«, als ein moralisches Schaustück mit Happy-End. Brunkens »familienähnliche Lebensgemeinschaft« habe »gesellschaftlichen und ideellen Vorbildcharakter für die Familienbindung in einer Zeit der Ehe- und Familienkrisen«, »Empirie und Utopie« fielen so ineins. Das Ideal der Familiarität sei biedermeierlich, aufgrund ihrer gesellschaftskritischen Intention lasse sich die Erzählung jedoch »als eine der ersten realistischen Novellen Storms« bezeichnen, die den 1872 erfolgten Durchbruch von *Draußen im Haidedorf* vorbereite. Die »Wiedergabe des bloß Empirischen« – wie in der naturalistischen Wirklichkeitsdarstellung später üblich – liege Storm dagegen fern, das verrate Brunkens kritischer Einwand, seine Selbstbespiegelung im ersten Gemälde sei »keine Kunst«, nur eine »eitel nichtswürdige Abschrift der Natur« (S 2, S. 13).[15] Zimorskis (literar-)historischer Einordnung ist nicht zu widersprechen. Mißlich ist nur, daß die Novelle in seiner Lesart jeglichen Beunruhigungswert verliert. Schuld daran hat der Umstand, daß er statt zunächst im Singular sofort im Plural denkt: Von »einer Zeit der Ehe- und Familienkrisen« ist abstrakt und ohne Beleg die Rede, nicht aber von Storms persönlicher Situation zur Zeit der Abfassung der Novelle.

Laage wie Zimorski insistieren im übrigen darauf, die Erzählung als eine Künstlernovelle zu behandeln. Welches das spezielle *Künstlerproblem* sein soll, geht aus ihren Interpretationen nicht hervor. Im Grunde folgen sie der Perspektive, die im Novellenrahmen vom Erzähler vorgegeben wird. Der Doktor will an Brunkens Lebensgeschichte ja ein *moralisches* Exempel statuieren, was sein Publikum verstimmt:

---

13 Cf. Laage, 1985, S. 26–28. – Storm hat Menzel im übrigen die Novelle zugeschickt. Dessen Reaktion ist anscheinend nicht überliefert. Man wüßte gerne, ob er sich betroffen fühlte oder nicht. Wenn Laages These stimmt und er sich in dem Buckligen mit der »langfingerigen Affenhand« (S 2, S. 21) wiedererkennen konnte, war es eine Geschmacklosigkeit Storms, die zu tolerieren wirklich Humor erforderte.

14 Cf. Stuckert, Franz, 1955: *Theodor Storm. Sein Leben und seine Welt*. Bremen, S. 297.

15 Cf. Zimorski, (in der Reihenfolge der Zitate) S. 38f., 11, 28.

›Doktor‹, rief die jugendliche Hausfrau, ›ich merke schon, dahinter steckt wieder eine Geschichte, aber die Contes moreaux sind aus der Mode gekommen.‹

›Nun‹, versetzte er, ›Sie wissen, wir Ärzte liegen oft im Streite mit dieser Göttin.‹

›Laßt unseren Doktor erzählen‹, entschied eine junge Dame. ›Wenn's nur eine Geschichte ist; es kommt auf die Moral nicht an!‹ (S 2, S. 9)

Ob des Doktors Erzählung die beiden Damen hat fesseln oder bekehren können, bleibt am Ende offen. Vermutlich hat er sie gelangweilt, was man jedoch nicht ihrem jugendlichen Leichtsinn anlasten sollte. Zum rechten Verständnis der Erzählung fehlt ihnen eine Voraussetzung. Storms Geschichte zielt auf ein Publikum, das die Biographie des Autors kennt. Die Novelle ist wie Brunkens erstes Bild eine »Studie zur Selbsterkenntnis« (S 2, S. 14). Sie dient zum Zeitpunkt ihrer Veröffentlichung der Selbstverständigung Storms und der Rechtfertigung vor seinen Freunden. In der Fiktion werden die Lösungsmöglichkeiten einer realen Krisensituation durchgespielt. Storm schuf Brunken hauptsächlich nach seinem Bilde und nicht nach dem Menzels oder Sundes.

3.3 Die Muse in der Gruft oder Kreativität und Krise I: Zwei Bekenntnisbriefe Storms

Den besten Kommentar zur Maler-Novelle geben, was bisher übersehen wurde, zwei Briefe ab, die Storm am 21. April und am 9. Dezember 1866 an Freunde geschrieben hat. Mit ihrer Hilfe lassen sich zentrale Motive und Bilder der Erzählung aufschließen. Der erste ist an Hartmuth und Laura Brinkmann gerichtet, der zweite an Iwan Turgenjew, den Storm im Sommer 1865 bei einem Besuch in Baden-Baden kennengelernt hat. An Turgenjew schreibt er:

Was machen Sie jetzt? Können Sie mit dem Holländer sagen: ›Wel, min Heer, de Geest de tügt!‹ In irgendeiner Zeitung las ich, daß Sie mit einem größeren Roman beschäftigt seien. Ich wünsche von Herzen, daß Ihnen das Glück des Schaffens in solchem Maße zutheil geworden sein möge. Meine bescheidene Muse schläft noch immer drunten in der Gruft auf einem Sarge.[16]

16 Der Brief wurde erstmals abgedruckt von Laage, Karl Ernst, 1985: *Theodor Storm und Iwan Turgenjew. Ein bisher verschollener Brief aus dem Jahre 1866, seine biographische und literarhistorische Einordnung.* In: ders.: *Theodor Storm* (op. cit.), S. 90–96, hier S. 91 (der Brieftext findet sich auf den S. 90–92, weitere Zitate daraus werden nicht mehr einzeln nachgewiesen).

Der Brief ist ein Zeugnis für die existentielle und künstlerische Krise, die Storm nach dem Tode seiner ersten Frau Constanze 1865 durchlebt. Die Maler-Novelle beendet ein beinahe zweijähriges literarisches Schweigen. »De Geest de tügt« – der Geist, der sie zeugt – ist die psychische Not, deren Ursachen Storm in dem Brief an Turgenjew teils andeutet, teils offen ausspricht.

Die erste ist die in diesen Jahren ungeklärte politische Lage in Schleswig-Holstein. Storms berufliche Sicherheit ist bedroht. Die Husumer haben ihn zwar zu ihrem Landvogt gewählt, über sein Verbleiben im Amt entscheidet jedoch allein das Wohlwollen der ungeliebten preußischen Regierung, die nach der Vertreibung der Dänen im Land das Sagen hat. »Von Herrn v. Zedlitz«, dem für Schleswig zuständigen preußischen Zivilkommissar, »hängt nun Alles, Gott sei Dank, nicht mehr ab«, schreibt Storm an Turgenjew, um sich selbst zu beruhigen. Die Hoffnung war bekanntlich vergeblich. Storm verlor sein Amt Ende 1867, als Preußen Schleswig-Holstein annektierte.

Die zweite Ursache ist Storms pathologische Reaktion auf den Verlust Constanzes, seine melancholische Fixierung an die Vergangenheit, deren wahres Ausmaß er Turgenjew verbirgt. Vorsichtig heißt es im Brief nur: »Ich lebe trotz alledem in einer untergegangenen Welt, in vergeblicher Sehnsucht nach ihr, die in ihrer sonnigen Klarheit, in ihrer großartigen Simplicität doch einen Kopf größer war, als fast alle Weiber, die mir je begegnet.« Der Totenkult um Constanze hat in Wahrheit Storms 1866 eingegangene zweite Ehe mit Dorothea Jensen schwer belastet – deren Wertschätzung die Floskel ausdrückt, mit der sich Storm für seine Wiederverheiratung bei Turgenjew beiläufig entschuldigt: »Was sonst aus meinem Leben geworden, hat P[ietsch] Ihnen erzählt: es hat sich so tröstlich gestaltet, als es jetzt noch möglich war.« Die neue Ehe kann dem Melancholiker Storm auch deshalb keine Zukunft eröffnen, weil sie ein Erbe der alten ist und ihn an ein schuldhaftes Versagen erinnert. Bald nach seiner Hochzeit mit Constanze 1846 hatte Storm ein eineinhalb Jahre währendes Verhältnis mit Dorothea begonnen und jeder der beiden Frauen ihre Funktion zugewiesen. »Wenn die Welt mich kränkte und schlug, dann flüchtete ich zu ihr wie ein Kind zur Mutter«, heißt es im Rückblick auf Constanze in einem Brief vom 28. August 1865 an Tycho Mommsen.[17] Was ihm in seiner »jungen Ehe fehlte«: »die Leidenschaft«, »die berauschende Atmosphäre«, fand er bei Dorothea, »jenem Mädchen, damals eben aufgeblüht«, »jenem Kinde, die, wie ich glaube, mit der Leidenschaft für mich geboren ist« – sie

17 Cf. Storm, Theodor, 1972: *Briefe*. Hg. von Peter Goldammer. 2 Bde. Berlin und Weimar, Bd. 1, Nr. 127 (S. 469).

war ihm schon aufgefallen, als sie dreizehn Jahre alt war, sechs Jahre später wurde sie dann seine Geliebte. Als Constanze gestorben ist, holt Storm die lange Zeit aus seinem Leben verbannte Dorothea zurück. Es handelt sich um einen Akt der Wiedergutmachung, der ihm von Constanze für den Fall ihres Todes anempfohlen wurde.

Storms freimütiges Geständnis seines Fehltritts, das ich als letztes zitiert habe, stammt aus dem schon erwähnten Brief an die Brinkmanns vom 21. April 1866.[18] Sie sind ihm vertrauter als Turgenjew, ihnen legt er die ganze Misere offen. Ich führe aus diesem Brief eine längere Passage an, weil sie Motive und Bilder enthält, die in der Maler-Novelle wiederkehren. Über Dorothea, welche für seine Kinder »›Tante Do‹ *bleibt*«, schreibt Storm:

Ich will Euch noch mehr gestehen. Nachdem ich erst aufgehört hatte, unablässig in den Abgrund zu starren, der die geliebte Frau verschlungen, da sah ich nur sie und überkam es mich wie ein unsägliches Glück, daß sie lebte, für mich lebte. Denn ich weiß es, wenn mich der Schmerz um die Todte befällt, was oft geschehen wird, sie wendet sich nicht von mir, sie legt nur still die Hand in meine, daß sie mich nicht verliere und daß ich fühle, daß sie bei mir ist. – Es giebt wohl nichts Verblühteres auf der Welt, als eine verblühte Blondine, ihr werdet sie gewiß sehr unschön jetzt finden, die Anmuth, die sie einst nicht bloß für mich besaß, lag ja zu meist in der jugendlichen Zartheit der Erscheinung; aber sie ist es ja dennoch selbst, und in mir ist – ach liebe gute Fr. Laura, wenden Sie sich nicht ab von ihrem Freunde – in mir ist für diese verblühte weiße Rose die ganze thörichte Leidenschaft der Jugend wieder erwacht.

Storms Beichte enthält einen Formelschatz, der nicht nur in der Maler-Novelle, sondern auch in anderen Bekenntnisbriefen Verwendung findet (cf. z. B. den Brief an Ludwig Pietsch vom 12. Mai 1866). Der Turgenjew-Brief verrät im übrigen, daß Storm sich zu dieser Zeit damit befaßt, wie Schriftsteller-Kollegen die Problematik des Dreiecksverhältnisses literarisch bewältigen:

[Turgenjews Novelle] ›erste Liebe‹ erregt aber selbst einigen handfesten Männer Entsetzen; das liegt übrigens wohl weniger in dem Stoff, als in der erbarmungslosen Objectivtät, womit sie ihn verarbeiten; obgleich allerdings auch die Sache selbst nicht von gestern ist. Md. Bovari habe ich auch gelesen; der Verfasser ist ein feiner Beobachter oder vielmehr Anempfinder und hat in der Passivität des Vortrags eine gewisse Ähnlickeit mit Ihnen; aber es ist mir doch

---

18 Cf. *Theodor Storm – Hartmuth und Laura Brinkmann: Briefwechsel.* Kritische Ausgabe in Verbindung mit der Theodor-Storm-Gesellschaft hg. von August Stahl. Berlin 1986, Nr. 49 (weitere Zitate daraus werden nicht mehr einzeln belegt). – Daß ich Storms Briefe nach ganz verschiedenen Ausgaben zitiere, dürfte bereits aufgefallen sein und entschuldigt sich damit, daß der umfangreiche Briefwechsel Storms noch nicht vollständig in kritischen Ausgaben ediert ist.

zu stofflich, das Vereinzelte zu wenig zu lebendigen Scenen verarbeitet; ich bedarf auch in der Novelle ein wenig dramatisches Leben.

Turgenjew antwortet Storm darauf in seinem Brief vom 20. Januar 1866:

Mich freut es sehr, daß meine Sachen Ihnen gefallen; was die ›erste Liebe‹ betrifft – so ist es ein Bisschen zu sehr aus dem eigenen Leben gegriffen – zu realistisch – und Manche verdauen so etwas nicht – haben vielleicht auch Recht.[19]

Der konsequente Realismus von Turgenjew und Flaubert und der schonungslose Umgang mit sich selbst ist Storms Sache nicht. Er wird in der Maler-Novelle die eigenen Nöte kunstvoll um-schreiben, so daß die Geschichte am Ende nicht allzu »erbarmungslos« ausfällt. Die »Muse«, die »drunten in der Gruft auf einem Sarge« schläft, heißt Melancholie, das Therapeuticum Poesie – bei der Maler-Novelle wie beim *Oktoberlied*, das 18 Jahre nach der Niederschrift noch einmal – quasi zeichenhaft – am Ende des Turgenjew-Briefes erwähnt wird. Storm bittet Turgenjew, das Lied Pauline Viardot, die schon Mörike-Texte vertont hat, zur musikalischen Bearbeitung zu empfehlen.

3.4 Kreativität und Krise II: Zu Motiven und Bildern der Novelle

Das politische Motiv – die erste Ursache von Storms Leid – hat im Leben wie in der Novelle nur eine Randbedeutung. Brunken, Storms alter ego als Künstler und als Anwalt »verletzter Menschenwürde« (S 2, S. 11), zieht im Duell mit dem Regierungsassessor den kürzeren. Der Streit des Zwerges mit dem Riesen demonstriert das Kräfteverhältnis zwischen Schleswig-Holstein und Preußen. Den Anlaß für die Auseinandersetzung liefert Brunkens Plädoyer, den »Paß- und Reisezwang« für junge Handwerker abzuschaffen, das er »aus eigener Erfahrung« (S 2, S. 10f.) hält. Das läßt sich ebenfalls als biographische Anspielung lesen. Schließlich war Storm von 1852 bis 1864 aufgrund der politischen Lage zur beruflichen Wanderschaft gezwungen und sowohl als Berliner bzw. Heiligenstädter Justizbeamter wie als Husumer Landvogt in seiner Bewegungsfreiheit innerlich wie äußerlich durch die preußische Regierung stark eingeschränkt. Der Regierungsassessor, Inkarnation des preußischen Beamten, hat für Brunkens »sittliche Entrüstung« (S 2, S. 11) nur Spott übrig. In der Endfassung der Novelle wird er als »blonder Fuchskopf« (S 2, S. 10) beschrieben – im

19 Zitiert nach Laage, Karl Ernst, 1967: *Theodor Storm und Iwan Turgenjew. Persönliche und literarische Beziehungen. Einflüsse, Briefe, Bilder.* Heide, S. 103.

ersten Entwurf war nur vom »spitzköpfigen Assessor« die Rede.[20] Das Bild des Fuchses in der Literatur ist bekannt: Er gilt als ein schlauer Lügner und Räuber. Über Bismarcks »Räuberpolitik« wetterte Storm des öfteren.[21] Storm strich aus dem Entwurf, was redundant war. Seine Preußen-Polemik – hier bin ich anderer Ansicht als Laage – verlor in der Endfassung aber nichts von ihrer Schärfe.

Die Auseinandersetzung mit dem Regierungsassessor ist das politische Vorspiel von Brunkens Liebestragödie. Der äußeren Verwundung, die er im Duell erleidet, folgt die innere. Die Kugel aus der Pistole des Assessors trifft den Maler, der die »geringere Schußfläche« bietet (S 2, S. 11), an seiner auffälligsten Stelle: der Schulter, auf der die Last des Buckels liegt. Und Gertruds mit einem »Ton des Abscheus« (S 2, S. 20) gesprochene Worte, die den mißgestalteten Maler als Liebhaber abweisen und seinem Rivalen, dem Regierungsassessor, den Weg frei machen, zielen auf dieselbe Körperstelle. Der Buckel ist das Zeichen für die Unterdrückung der politischen wie der erotischen Wünsche Brunkens.

Der Leidensweg Brunkens ist, was die Ursache und die Bewältigung seines Liebeskummers angeht, mit der Vita des Autors vergleichbar. Die Schlußfrage der Novelle deutet darauf hin, daß Storm eine solche Parallelaktion beabsichtigt hat. Die »jugendliche Hausfrau« zeigt sich, als der Doktor seine Geschichte beendet hat, leicht irritiert: »Doktor, Ihr Freund war ja nicht verheiratet. Wie paßt denn das auf unsern Fall?« (S 2, S. 39) Die Auflösung des Rätsels ist nur für den schwierig, der mit Storms Lebenslauf nicht vertraut ist.

Versprochen hatte der Doktor ja ein Exempel, das den Streit der »Plaudergesellschaft« am Kamin über den Fall eines »abwesenden Bekannten« entscheiden sollte, »der aus Mißfallen an seiner übrigens frei gewählten Gattin sein Familienleben fast eigensinnig zu zerstören schien« (S 2, S. 9). An Storms gestörtes Verhältnis zu seinen Gattinnen jeweils am Beginn der beiden Ehen darf dabei gedacht werden. Der Novelleneingang stimmt Storms Freunde darauf ein, den Text als eine Verteidigungsschrift des abwesenden Autors zu lesen. Sie sind von Beginn an in der Rolle des Richters, der zu prüfen hat, ob der einst wegen seines Ehebruchs Angeklagte seine Bewährungszeit bestanden hat. Der Novellenrahmen nennt Storms eigenes Eheproblem abstrakt, aber unverhüllt, die konkreten Wege seiner Bewältigung beschreibt die Brunken-Parabel.

Brunkens Geschichte ist eine Geschichte des Verzichts in zwei Teilen. Im ersten Teil wird er als ein Liebender gezeigt, dessen sexuelle Wünsche sich

20 Cf. Laage, 1985, S. 22.
21 Cf. Bollenbeck, 1988, S. 238.

nicht erfüllen. Seine Situation entspricht der Storms am Beginn seiner ersten Ehe. Die Teilidentität zwischen Dichtung und Wahrheit stellt das Objekt des Begehrens her, die Personenkonstellation selbst ist nicht dekkungsgleich. Gertrud ist ein Kopie der jungen Dorothea. Die erste Begegnung Brunkens mit Gertrud wiederholt die Urszene des ersten Treffens von Storm mit der damals dreizehnjährigen Dorothea. Im Brief an die Brinkmanns heißt es – ich habe diese Stelle noch nicht zitiert:

Während meines Brautstandes kam meine Schwester Cäcilie mit einem etwa 13jährigen Mädchen, einer feinen zarten Blondine, auf mein Zimmer. Sie hatten sich verkleidet und hielten sich eine Zeit lang bei mir auf. Als sie gegangen sagte ich mir betroffen, daß dieses Kind mich liebe, und erinnere mich dessen noch wohl, daß sie schon damals einen eigenthümlichen Reiz für mich hatte.

Die Parallelstelle in der Maler-Novelle lautet:

Der Onkel, der es liebte, sich mit jungen Leuten zu umgeben, lernte bald den Menschen wie den Künstler in meinem Freunde schätzen und es dauerte nicht lange, so saß Gertrud vor seiner Staffelei und ließ ihr blondes Köpfchen von ihm auf die Leinewand bringen. Sie war eine heitere Natur, dazu nur eben über die Kinderschuhe hinaus, und so kamen die Beiden in den wiederholten Sitzungen bald auf einen Neckfuß, der für das Mädchen zwar eine harmlose Unterhaltung, für das reizbare Temperament meines Freundes aber, wie ich bald bemerkte, nicht ohne tiefere Folgen war. Ich sagte ihr wohl einmal: ›Laß unseren Künstler nicht zu tief in Deine leichtfertigen Augen gucken!‹ (S 2, S. 12)

Drastischer und versteckter zugleich sind die Anspielungen auf Dorothea in dem Märchen »von dem Ungeheuer und der weißen Rose« (S 2, S. 17), das Brunken Gertrud erzählt, um ihr seine geheimen Wünsche zu offenbaren. Wir erinnern uns daran, daß Storm in dem Brief an die Brinkmanns Dorothea als eine »verblühte weiße Rose« bezeichnet. Die Handlung des Märchens ist die folgende: Ein Königstöchterlein verlangt von ihrem Vater beim ersten Schneefall eine weiße Rose, die dieser auch in einem verzauberten Garten findet. Das Ungeheuer, das den Garten bewacht, fordert zum Entgelt für die Rose den, der dem König bei seiner Rückkehr als erster begegnet. Es ist die Tochter, die alsbald dem Ungeheuer überstellt wird, das mit seiner »Tatze [...] an ihrem weißen Kleide« zu zupfen beginnt. Die »seidenen Schuhe der Prinzessin« waren schon vorher von »harten Wurzeln« zerrissen worden, und der »Nachtwind« hatte ihr das Zeichen ihrer Unschuld, »die weiße Rose aus ihrem blonden Haar« geblasen. Daß es das Mädchen vor der unsanften Berührung des Monstrums schauderte und sie »mit ihren weißen Zähnchen in die Lippe« biß, »daß sie blutete« (S 2, S. 18f.), haben psychoanalytisch geschulte Märchenforscher erwarten dürfen. Für den Doktor ist es kein Wunder, daß Brunkens Geschichte Gertrud in die Flucht schlägt. Schließlich hat er das Bild des Ungeheuers als Selbstporträt entworfen und die Prinzessin so beschrieben, daß sie »mit jedem Zuge ihrer jungen Freundin [d.h. Gertrud] ähnlicher« (S 2, S. 19) wurde.

Brunkens Versuch, sich als »armer verwünschter Prinz« darzustellen, bleibt vergeblich; der »Schrei einer armen Seele, die nach Erlösung ringt« (S 2, S. 19), wird nicht erhört. Hätte Gertrud den Maler geküßt, wäre er seinen Buckel losgeworden und hätte sich zweifellos in die schöne Gestalt des Autors verwandelt. Die beiden, Brunken und Storm, gehören zusammen wie das Pärchen in dem bekannten Kindergedicht, das Benjamin zitiert, um den zentralen Zusammenhang von körperlicher Entstellung und Schuld im Werke Kafkas deutlich zu machen:

Geh ich in mein Kämmerlein,
Will mein Bettlein machen;
Steht ein bucklicht Männlein da,
Fängt als an zu lachen.

Wenn ich an mein Bänklein knie,
Will ein bißlein beten;
Steht ein bucklicht Männlein da,
Fängt als an zu reden.
Liebes Kindlein, ach ich bitt,
Bet' für's bucklicht Männlein mit![22]

Der Buckel ist also nicht nur ein Zeichen der politischen und erotischen Unterdrückung, er ist außerdem ein Zeichen der Schuld. Brunken besteht darauf, das Märchen »vom Ungeheuer und der weißen Rose« zu erzählen, weil er sie »gründlicher verstehen gelernt zu haben« glaubt als andere, weil er »mit dieser Geschichte aufgewachsen« sei (S 2, S. 17). Von einer Verfehlung, die der Maler zu büßen hätte, erfahren wir im Novellentext jedoch nichts. Er trägt seine Last stellvertretend für den Autor.

Verfolgen wir ihren gemeinsamen Schicksalsweg weiter. Aus dem Brief an die Brinkmanns wissen wir, daß Storm nach Constanzes Tod nicht aufhören kann, »unablässig in den Abgrund zu starren, der die geliebte Frau verschlungen«. Brunken schaut, bevor er das Märchen erzählt, von der »Teufelskanzel [...] wie verzaubert in die Tiefe« und singt dann eines seiner »holländischen Lieblingslieder: ›Ick see din Bild in de Fonteyn‹« (S 2, S. 16). Letzteres erweist sich als self-fulfilling-prophecy, denn nach dem Verlust der geliebten Gertrud wird er versuchen, sich in eine tiefe »Trinkgrube« zu stürzen (cf. S. 2, S. 26f.). Storm hat das Motiv der Trinkgrube auch in anderen Novellen mit der Eros-, Söhne- und Todesproblematik verbunden. In der 1876 erschienenen Erzählung *Aquis submersus* trifft der Maler Johannes seine frühere Geliebte wieder, die, inzwischen verheiratet,

22 Cf. Benjamin, 1980, Bd. II.2, S. 432.

ein Kind von Johannes hat. Während die beiden sich noch einmal »inbrünstiglich« umarmen, ertrinkt ihr Kind in einer Wassergrube (cf. S. 2, S. 448f.). Ein Brunnen ist auch das Zentralmotiv der 1887 veröffentlichten Novelle *Ein Doppelgänger*. Der Held, John Hansen, auch John Glückstadt genannt, weil er in diesem Ort eine Zuchthausstrafe verbüßt hat, findet an einem Brunnen Glück und Tod. Er begegnet dort der Frau, die er heiraten und durch seinen Jähzorn zugrunde richten wird. Durch die aufopferungsvolle Fürsorge für das gemeinsame Kind versucht er seine Schuld abzutragen. Als er eines Nachts unterwegs ist, um für die hungernde Tochter Kartoffeln zu stehlen, passiert er den Brunnen und stürzt in den Abgrund.

Der Titelheld der Maler-Novelle sollte ursprünglich Saldern heißen. Laage vermutet, wie bereits erwähnt, daß Storm den Namen aufgab, weil er ihm zu preußisch klang. Wie aber fand er den neuen Namen? Ich könnte mir vorstellen, daß ›Brunken‹ das Produkt eines anagrammatischen Spiels ist und aus dem Wort ›Trinkbrunnen‹ gebildet wurde. Sinnvoll wäre auch eine andere Annahme, daß der Name nämlich von dem Verb ›brunken‹ (gleich ›prunken‹)[23] abgeleitet ist – die Geschichte des Malers soll ja auch ein Exempel dafür sein, wie man »das liebe Ich aus dem Vorder- in den Hintergrund [...] praktizieren« kann (S 2, S. 38f.). Beide Bedeutungen sind komplementär, wie sich gleich zeigen wird.

Der Maler Brunken stürzt sich nicht in die Trinkgrube hinab, er spielt nur mit dem Gedanken, und Paul Werner, seinen künftigen Schüler, fischt man aus dem Wasser rechtzeitig heraus. Die Nacht ging dahin und am Morgen »erschien auch die Sonne am Horizont und beleuchtete mich in all meiner Unsauberkeit«, erinnert sich Brunken. Seine Kleider sind, wie auch Pauls Schuh, »mit schwarzem Schlamm überzogen« (cf. S 2, S. 26f.). Storm entwirft hier, anders als in den Brunnenszenen der späteren Novellen, ein Sinnbild von Tod *und* Wiedergeburt. Der Schlamm gilt im eigentlichen Sinne als ein besonders fruchtbarer, lebenspendender Boden, in übertragener Bedeutung als das sündige Leben, in dem man versinken kann.[24] Im Angesicht des Todes gibt der bucklige Maler das »nichtswürdige Mitleid mit dem lieben Ich« (S 2, S. 27) auf. Die Szene an der Trinkgrube scheint dem Initiationsritus der Taufe nachgebildet, der Maler wird vom Saulus zum Paulus und lernt die Demut.[25] Zum Christen wird er dadurch nicht, er

23 Cf. Grimm, 1984, Bd. 2, Sp. 431.

24 Cf. Grimm, 1984, Bd. 15, Sp. 429.

25 Ein schönes Beispiel für die Aktualisierung des alten Bildes vom Schlamm- und Todesbad in der Literatur der Gegenwart gibt Pablo Nerudas Gedicht *No tan alto (Nicht zu hoch hinaus)*, das den Ruhmsüchtigen und Stolzen, die mit ihren Kleidern, Meinungen und Titeln p(b)runken, durch folgende Maßregel Demut leh-

unterwirft sich nur dem Realitätsprinzip.[26] Wie der »dicke fette Mops« aus Campes Versfabel[27], der aufgrund seines Übergewichtes in dem Graben landet, den er überspringen will, dort beinahe ersäuft und dafür den Mond anbellt, habe er – so Brunken gegenüber dem Doktor – vor dieser »heilbringenden Nacht« mit »dem Herrgott gescholten, daß er mich so ungeschickt nach seinem Ebenbilde erschaffen« (S 2, S. 26). Man kann dies – wie Zimorski[28] – als eine Anspielung auf das Theodizee-Problem deuten. Meiner Ansicht nach ist es ein eindeutiges Plädoyer für die Immanenz von Schuld und Gebrechen, und außerdem eine ironische Volte gegen Brunkens Schöpfergott, den Autor, der im übrigen ein überzeugter Nicht-Christ war.

Was mit Brunken und Storm nach dem Blick in den Abgrund und der Anerkennung des Realitätsprinzips geschieht, beschreibt der schon erwähnte Antwortbrief Turgenjews:

Was Sie mir von Ihrem Leben berichten – hat mich auch recht herzlich gefreut. Sie haben sich ein Nest gebaut – und sitzen gemüthlich im Flaume; ein grosser und schöner Theil des ›Ichs‹ ist abgestorben – das passirt aber fast jedem Menschenkind, das über die 40 hinaus ist; – und es pulsirt doch um Sie herum ein junges Leben, dessen Keime Sie gepflanzt haben.[29]

»Und in der Tat, heiter war es [auch] auf der Villa Brunken«, wo der Maler und der Doktor im zweiten Teil der Geschichte »ein paar seelenfrohe Tage« erleben dürfen (cf. S 2, S. 24). Die Familie Brunkens ist mit der Stormschen verwandt, es findet nur ein kleiner Rollen- bzw. Geschlechtertausch statt. Brunken zieht mit seiner soeben verwitweten Schwester zusammen und ist deren Tochter sowie dem ins Haus genommenen Paul Werner väterlicher Onkel und Lehrer. Paul ist Brunkens Identifikationsobjekt, die Personifikation seines abgespaltenen Ich. An ihm sollen sich die Träume erfüllen, die dem Maler versagt blieben. Das Schlußbild zeigt Paul mit Marie, dem »schlanken, etwa vierzehnjährigen Mädchen« (S 2, S. 24), der »jugendliche Kavalier« hat gerade aus einem »blühenden Rosengebüsch« eine »rote Rose« gebrochen und in ihrem Haar befestigt. Auch Storm hoffte, wie wir aus dem Brief an die Brinkmanns wissen, auf ein Neben- und Miteinander

ren will: »De cuando en cuando y a lo lejos/ hay que darse un baño de tumba« (Von Zeit zu Zeit und auf Distanz sollte man ein Todesbad nehmen) – cf. Neruda, Pablo, 1963: *Gedichte. Spanisch und deutsch* (übers. von Erich Arendt). Frankfurt/M., S. 230f.

26 Er lernt sich »eben schleißen« (S 2, S. 37) – vgl. dazu das nächste Kapitel.

27 Cf. Campe, Joachim Heinrich, 1979: *der mops und der mond*. In: ders.: *Abeze- und Lesebuch*. Dortmund, S. 84–86.

28 Cf. Zimorski, 1988, S. 22.

29 Cf. Laage, 1967, S. 103.

von platonischem Eros und Sexus in seiner neuen Familie, auf ein von aller Schuld freies Wiedererwachen seiner Leidenschaft zu Dorothea.

Daß die Maler-Novelle, wie eingangs von mir behauptet, der Selbstverständigung und Rechtfertigung dient, daß der Geist, der sie zeugt, die psychische Not des Autors ist, dürfte durch die Analyse der Motive und Bilder deutlich geworden sein. Über den Quellpunkt des Schöpferischen scheinen wir in diesem Fall Bescheid zu wissen. Zu klären ist noch, ob dieses Modell des Kreativitätsursprungs auch das textimmanente ist. Wie stellt Storm die Schaffensprozesse der Maler Brunken und Werner dar? Lesen wir die Novelle noch einmal, ohne die Folie der Autorbiographie!

3.5 Liebesgöttin und Vatergott: Storms Beschreibungsfigur künstlerischen Schöpfertums

»›Man muß sein Leben aus dem Holze schnitzen, das man hat [...] und damit basta!‹« (S 2, S. 9), erklärt der Doktor vor Beginn seiner Erzählung und meint damit, daß man sich in sein Los zu fügen habe. In der Binnengeschichte sagt Brunken den gleichen Satz, mit dem kleinen Unterschied, daß an der Stelle des »muß« ein »soll« steht (S 2, S. 37). Statt Passivität wird hier Aktivität verlangt – die Gestaltung des Lebens. Das Mittel dazu ist für Brunken die Kunst. Mit ihrer Hilfe entwirft er Selbstbilder und erprobt deren soziale Akzeptanz. Sein Mal- wie sein Redetalent dienen der Gewinnung von Eigentümlichkeit. Die Schöpfungsaugenblicke sind ›Kleistsche‹ Kreativitätstests, bei denen der Regierungsassessor, Gertrud oder der Doktor die Rolle des Beobachters innehaben. Aus der externen Perspektive ist Brunkens einziges ›Unterscheidungs-Zeichen‹ der Buckel. Brunken geht es darum, den Beobachtern eine andere, *seine* interne Perspektive zu zeigen. Er will ein ästhetisch geordnetes Gegenbild schaffen zu dem, was in der sinnlichen Welt nur als »Gemengsel von Gliedmaßen« und »toller Lebensdrang« erscheint (S 2, S. 26). Das mißlingt jedoch zunächst. Seinen Kunstwerken fehlt die schöne Ordnung. Sie sind Spiegelbilder von Brunkens Physiognomie und Herzensverwirrung, solange er nicht erkannt hat, was ihn selbst im Innersten zusammenhält. Bei der Schilderung des ersten Gemäldes heißt es, daß der Doktor Brunken »arbeitend vor seiner Staffelei« findet, die »vor den Spiegel gerückt« war. Es folgt ein Dialog zwischen den beiden:

Ich sah eine Weile zu, dann aber fragte ich: ›Was zum Henker treibst denn *Du* da?‹

›Ich, Verehrtester? – Ich arbeite in Kontrasten.‹

›Das ist eine schlechte Kunst.‹

›Es ist gar keine Kunst‹, erwiderte er, indem er den Malstock auf den Boden stützte und den Körper wie schlaff in sich zusammensinken ließ. ›Keine Spur von Kunst, Arnold, eitel nichtswürdige Abschrift der Natur. Das kleine borstige Ungeheuer dort im Spiegel ist in seiner Art eben so vollkommen, wie die Göttliche ohne Arme neben ihm. Mein Gehirn vermag weder hier noch dort etwas hinzuzutun.‹ (S 2, S. 12f.)

Auf die gleiche Art scheitert Brunkens nächste »Studie zur Selbsterkenntnis« (S 2, S. 14), sein nächster Versuch künstlerischer Selbstdarstellung. Die Erzählung »vom Ungeheuer und der weißen Rose«, die Gertrud beweisen soll, daß der Bucklige in Wirklichkeit ein schöner Prinz ist, bricht genau an der Stelle ab, an der das Monster der armen Königstochter, die sich vor ihm graust, »ein tröstliches Wort zusprechen« will, aber »der Laut«, so heißt es, »der aus seiner Kehle fuhr, war so heiser, als hätte die schwarze Wildnis selbst das Geheul ausgestoßen«, und weiter: »Es [das Ungeheuer] fühlte die innere Wohlgestalt und den edlen Klang der Stimme, die eigentlich sein eigen waren, aber es suchte vergebens die abschrekkende Hülle zu sprengen, die alles in bösem Zauberbann verschloß« (S 2, S. 19).[30]

Die Trinkgrube ist der Schauplatz, an dem in Brunkens Psychodrama das Katharsiserlebnis stattfindet. Der Blick in den Wasserspiegel vermittelt dem Maler eine neue Lebens- *und* Kunstauffassung. Die erste Veränderung haben wir bereits studiert, betrachten wir jetzt die zweite:

Es war nicht düster dort; ein Stern nach dem andern drang aus der Tiefe, und immer mehr, je länger ich hinstarrte. Mich überfiel jenes nichtswürdige Mitleid mit dem lieben Ich; und schon dachte ich: ›Versuch es einmal mit der Welt dort unten; Verlust ist keinenfalls dabei‹; – da traf mein Blick auf jenen groben Schuh, und, gesegnet sei er, er fing an mir Rätsel aufzugeben. Erstens, es gehörte doch ein zweiter noch dazu; wo mochte sein Kamerade sein? Und dann, er konnte doch nicht allein hierher gegangen sein; wo wanderte sein Herr jetzt mit dem zweiten Schuh? – Unter mir in den Binsen saß freilich ein großer Frosch mit seiner ganzen Gesellschaft und suchte mir die Geschichte vorzusingen. Ich merkte wohl, daß sie von allem Bescheid wußten. Du weißt, ich bin immer ein schlechter Linguiste gewesen; ich verstand die Kerle nicht. Doch wie nun alles in der Welt zu Ende geht, so ging auch diese Nacht dahin; der Morgenwind fuhr über die Felder und weckte alle Kreaturen; und als die ersten Lerchen aufstiegen, erschien auch die Sonne am Horizont und beleuchtete mich in all' meiner Unsauberkeit; ich konnte es nun deutlich an meinen Kleidern nachbuchstabieren, daß ich nicht bloß durch Hecken und Dornen, sondern auch durch Sümpfe und Gräben hierher gelangt sein mußte. Es schauderte mich ein

30 Auch im Rededuell mit dem Assessor wird der Maler übrigens seiner Stimme nicht Herr: in »schwunghaftes Pathos« geraten, überschlägt »ihm die Stimme in's Falsett« (S 2, S. 11).

wenig, ich weiß nicht mehr, ob vor Kälte oder Scham, und ich machte mich daran, die Spuren meiner Torheit nach Möglichkeit zu vertilgen. Dann stieg ich auf den Wall des Grundstücks, um eine vernünftige Landstraße zu erspähen; und nachdem ich nicht nur diese, sondern zu Ende derselben auch ein Dorf unter grünen Bäumen entdeckt hatte, marschierte ich bald zwischen wohl numerierten Chauseesteinen, wie ein verständiger Mann, der die Kühle der ersten Frühe zu seiner Wanderung benutzt. (S 2, S. 27)

Was an Brunkens Beschreibung auffällt, ist das Denken in Oppositionen und der Umschlag von der vertikalen zur horizontalen Ordnung. Der Blick des Malers dringt in die Tiefe, »je länger« er in das dunkle, schlammige Wasser starrt, um so mehr nimmt er jedoch darin wahr, was weit über ihm steht: die hellen Sterne des klaren Himmels. Danach wandert er aus der Nacht in den Tag, aus dem wilden Gelände von »Hecken und Dornen«, »Sümpfen und Gräben« zu einer »vernünftigen Landstraße« mit »wohl numerierten Chauseesteinen«, die er dadurch findet, daß er auf einen »Wall« steigt. Die vertikale Gliederung, die dem Schichtenmodell des Ich korrespondiert, bildet die Struktur, die horizontale Gliederung den Prozeß von Brunkens Identitätsgewinnung ab. Innerlich wie äußerlich nimmt er Abstand von dem, was ihn mit Schmutz und Schlamm bedeckt. Die Trinkgrube ist ein Symbol des Geburts- wie des Zeugungsaktes, der Fruchtbarkeit wie der Sexualität. Die Aufgabe der realen Triebwünsche beschert dem Maler die erhoffte Ichstabilität. Diesem Sublimationskonzept entspricht Brunkens neue Kunstauffassung. Das Leid des Verzichts, der gewaltsame Charakter der Unterdrückung sexuellen Begehrens, wird nicht mehr krude dargestellt, wie im ersten Selbstporträt oder in der Ungeheuer-Geschichte, sondern in heiterer Verklärung. Das beweist der humorvolle Ton, in dem Brunken seinen Suizidversuch erinnert (der Schuh und ein großer Frosch halten ihn über Wasser), und bestätigt sich im zweiten Selbstporträt. Das erste Bild war »in Kontrasten« gearbeitet: in der kunstvoll angelegten Gartenlandschaft wirkt der Maler wie ein Fremdkörper, weil seine natürlichen Triebe noch in Aufruhr sind, was daran zu erkennen ist, daß er sich der Venusstatue bedrohlich nähert und »finster zu dem Antlitz der Liebesgöttin« emporblickt (S 2, S. 23). Im zweiten Bild sitzt das Liebespaar zu Füßen »der huldreichen Göttin«, Brunken dagegen »in bescheidener Ferne« und »in heiterer Behaglichkeit« auf einem Altersbänkchen (obwohl er gerade 34 Jahre alt ist[31]) »im Hintergrunde«. War jenes Porträt nur eine »bittere Karikatur seines eigenen Lebens«, so herrscht in diesem nun

31 Das erste Porträt entstand, als Brunken »an die Dreißig« war (S 2, S. 10), das zweite »vier Jahre später« (S 2, S. 22).

»Friede« (S 2, S. 38) – so lehrt es uns der Doktor, den Brunkens therapeutisches Kunststück begeistert.

Die beiden Gemälde stehen in Opposition zueinander. Das eine erscheint als eine vorweggenommene Demonstration naturalistischer Wirklichkeitsdarstellung. »Kunst = Natur – x«, lautet bekanntlich die Holzsche Formel, und Brunken verfertigt nur eine »Abschrift der Natur«, zu der er (zu seinem Bedauern) nichts »hinzuzutun« vermag (S 2, S. 13). Beim anderen folgt seine Malkunst dem Programm des poetischen Realismus. Beide Gemälde gehören jedoch auch zusammen, insofern sie zwei Phasen *eines* Kreativitätsprozesses bezeichnen. Das Wechselverhältnis ist eines von Inspiration und Elaboration, Irrationalität und Rationalität. Daß der Schaffensgrund *das* Unbewußte ist und nicht mehr ein Unbewußtes, ist für Storm selbstverständlich. Anders als Mörike läßt er es nicht offen, ob das Inspirationsgeschehen personalen oder transpersonalen Ursprungs ist, wie die konsequente Psychologisierung religiöser und mythologischer Darstellungsmuster zeigt.[32] Storms Kreativitätsmodell ist hierarchisch organisiert. Dem Zusammenhang von Eros/Sexus und künstlerischem Schöpfertum werden alle anderen Relationen untergeordnet. Verborgen wird uns das nicht, im Gegenteil. In beiden Bildern steht die Statue der Venus unübersehbar im Vordergrund. Freud hätte in der Maler-Novelle ein schönes Beweisstück für seinen Aufsatz *Der Dichter und das Phantasieren* finden können.

Der Schluß der Novelle stimmt hoffnungsfroh. Das zweite Gemälde suggeriert, daß künstlerisches Schöpfertum ein geeignetes Mittel ist, Eigentümlichkeit und Autonomie zu gewinnen. Storm will nicht verschweigen, daß es eine Person gibt, die diesen Prozeß der Identitätsbildung empfindlich stören kann: den Vater. Deshalb wohl hängt er noch eine zweite Künstlergeschichte an die erste an, in der das Vater-Sohn-Problem die Hauptrolle spielt. Die Verbindung der beiden Geschichten ist ihm, wie er selbst eingestand (cf. den Brief an Pietsch vom 17. 8. 1867), nicht recht geglückt. Was formal betrachtet eine Schwäche sein mag, erweist sich inhaltlich jedoch als Stärke.

Brunken ist der Sohn eines Seekapitäns. Aus der Einsicht, daß sein Vater ihn »unzweifelhaft zum Schiffsmaat geprügelt« hätte, wenn er nicht »mit solchen Gliedmaßen auf die Welt gekommen wäre« (S 2, S. 37), hilft er dem armen Paul, der Maler werden möchte wie er, aber gesunde Gliedmaßen hat und einen Vater, der aus ihm einen Bauern machen will. Dieser

32 Zu dieser Tendenz vgl. auch Frühwald, Wolfgang, 1984: *Der Enthusiasmus des Lebens. Individuation und Psychologisierung in Storms späten Erzählungen.* In: *Schriften der Theodor-Storm-Gesellschaft* 33, S. 9–18.

holte ihn schon einmal »mit der Peitsche drüben aus dem Walde [...], wo er irgendeinen schönen Baum zu Papier brachte« und riß »ihm seinen Zeichenkram vor der Nase entzwei«, um ihn zur Feldarbeit zu treiben (S 2, S. 29). Auch nach dem Selbstmordversuch seines Kindes hält er die Malerei nur für »dummes Zeug« (S 2, S. 31); Pauls Niederlage gegen den Vater scheint besiegelt, er resigniert. Brunkens gerade gewonnener Realitätssinn hilft ihm, den alten Werner von der Profitträchtigkeit des Kunstgewerbes zu überzeugen, der dickschädelige Bauer überläßt ihm daraufhin seinen Sohn zur weiteren Erziehung. Brunken übernimmt jetzt die Vater-Rolle und gestaltet sie nach dem Bild, das die Aufklärung vom wahren Vater entworfen hat. Nathan gleich führt er seinen Zögling zur Mündigkeit und begründet damit seine Autorität.[33] Daß die Erziehung zur Selbstbestimmung nur dem Adoptiv-Vater, nicht aber dem leiblichen gelingen kann, war für Storm keine literarische Einsicht. Die Tragödie des Vaters Storm ist bekannt. Und sie begann lange, bevor sein Sohn Hans zum notorischen Trinker wurde und schließlich verkam. Im April 1866 notiert Storm für Dorothea seine Erziehungsgrundsätze:

Autorität – die innerliche – sowohl, wie Vertrauen werden durch nichts mehr erschüttert, als durch das Gefühl, ungerecht behandelt zu werden. Niemals aber leidet bei einem sonst richtigen Verhältnis die Autorität darunter, wenn man zu seinem Kinde sagt: ich tat Unrecht, verzeih mir das, mein Kind. Im Gegenteil, nie wird sich das vor Vater oder Mutter mehr beugen als in diesem Augenblick, wo es empfindet, daß sie auch Gerechtigkeit gegen sich selber üben. Das weiß ich aus tiefster Erfahrung. Und darin steht meine Erziehung hoch über der der meisten Menschen; darum sind meine jetzt großen Söhne meine intimsten Freunde, die mir ihr Herz offen hinlegen und denen ich dasselbe tue, während bei der gewöhnlichen Erziehung in dem Alter in der Regel eine innerliche Trennung zwischen Vater und Sohn einzutreten pflegt.

Vergleichen wir das Ideal mit der Wirklichkeit. Drei Monate später, am 9. Juni 1866, schreibt Storm an Hans:

Wie kannst Du, mein lieber Junge, nachdem ich, wie ich glaube, in jeder Beziehung mich liebevoll gegen Dich bezeigt habe, mir einen Brief schreiben, aus dessen Zeilen nichts als Haß und Neid spricht? [...] Alles, was ich in meinem letzten Briefe Dir geschrieben, hat mir ja nur die Fürsorge für Dich eingegeben. Gewiß, mein geliebter Junge, ich trage keins meiner Kinder mehr in meinem Herzen als gerade Dich, ich habe dabei zu Deinem Charakter, zu Deiner ganzen Persönlichkeit ein solches Vertrauen, ja gerade zu Dir das meiste,

33 Zur literarischen Begründung dieses Vaterbildes in der Aufklärung vgl. die anregende Studie von Neumann, Peter Horst, 1977: *Der Preis der Mündigkeit. Über Lessings Dramen. Anhang: Über Fanny Hill.* Stuttgart. – Zimorskis (1988, S. 33ff.) pauschale Einordnung von Brunkens »Familiarität« als einer »biedermeierlichen« ist von daher zu korrigieren.

daß ich immer denke, wenn im Fall meines Todes Du nur sicher stündest im Leben, dann würden alle, die ich geliebt habe, eine Stütze haben. Verkenne das doch nicht: es bekümmmert mich so sehr, und ich habe ja ohnedies schon Sorgen genug. Schreib mir nun einmal einen guten, und willst Du mir eine rechte Freude machen, auch einen gutgeschriebenen Brief.[34]

Die Sorge des Vaters gilt hier mehr sich selbst als seinem Sohn, der so werden soll wie er (als zukünftiges Familienoberhaupt wie als Verfasser »gutgeschriebener« Briefe) und sich von ihm innerlich nicht trennen darf. Storm scheiterte als Vater an dem Problem, das Kafka als Sohn vergeblich zu lösen versuchte: Wie die ›double-blind‹-Struktur des Erziehungsprinzips »Mit meiner Hilfe, mein Kind, wirst du erwachsen!« aufzubrechen wäre.[35] Storms Novellen der siebziger und achtziger Jahre, in denen es vor Vater-Bestien und unschuldigen Söhne-Mördern nur so wimmelt (cf. u.a. *Aquis submersus, Der Herr Etatsrat, Hans und Heinz Kirch, Ein Doppelgänger*) sind verzweifelte Briefe des Vaters an den Sohn, in denen er sich vergeblich freizuschreiben bemüht. Zurück zur Maler-Novelle. Auf die schon erwähnte Schlußfrage der »jugendlichen Hausfrau«, wie denn die Brunken-Geschichte zum Ausgangsproblem ihres Bekannten passe, der mit einer untauglichen Gattin zurechtkommen müsse, antwortet der Doktor mit einem neuen Rätsel:

›Glauben Sie‹, erwiderte der Doktor, indem er wieder eine Prise nahm, ›daß man sich selber leichter schleißt, als seine Frau? – Unter Umständen können Sie Recht haben.‹ (S 2, S. 39)

Die Geschichte des Doktors lehrt jedoch das Gegenteil, wenn wir ihn beim Wort nehmen dürfen. Das Wort ›schleißen‹ wird in der Novelle an anderer Stelle alternativ zu ›schnitzen‹ verwendet. Der alte Werner unterrichtet seine Tochter, daß sie ihren Ehemann, einen »Trunkenbold«, zu »schleißen« habe. Sie soll sich also ein Vorbild an seiner Behandlung Pauls nehmen. Brunken fällt »über diese Worte in einen Abgrund der Betrachtung«, um am Ende das rechte Wort zu finden. »›Ich simuliere‹, erwiderte ich, ›Vater Werner, man soll sein Leben aus dem Holz schnitzen, das man hat.‹« (S 2, S. 36f.) Der Alte gibt ihm recht, weil er den Unterschied zwischen ›schnitzen‹ und ›schleißen‹ nicht begreift. ›Schnitzen‹ ist eine zugleich destruktive wie konstruktive Tätigkeit. Wer den Ehepartner, den Sohn oder ein ande-

34 Cf. Storm, 1972, Bd. 1, Nr. 134, S. 485 (an Dorothea), bzw. Nr. 136, S. 489 (an Hans).

35 Vgl. zu diesem Problemzusammenhang Neumann, Gerhard, 1981: *Franz Kafka: »Das Urteil«. Text, Materialien, Kommentar.* München, Wien, vor allem S. 55ff.

res Erziehungsobjekt dagegen ›schleißt‹, der ›zerstört‹ und ›zerreißt‹ ihn ›gewaltsam‹, er ›löst den Zusammenhang‹ seines Ich ›auf‹.[36]

36 Zu den durchweg negativen Bedeutungen von ›schleißen‹ vgl. Grimm, 1984, Bd. 15, Sp. 615–621.

4.
»Eine Lohe, emporgeschlagen aus der Glut seines Künstleregoismus«
Thomas Manns *Schwere Stunde*

4.1 Eine »sehr subjektive Schillerstudie«: Quellen und Motive der Novelle

Die *Schwere Stunde* ist eine Auftragsarbeit, die zu Schillers 100. Todestag 1905 im *Simplicissimus* erschien und neun Jahre später in die Sammlung *Das Wunderkind. Novellen* aufgenommen wurde. Sie kann als ein frühes Beispiel von Thomas Manns lebenslanger Gepflogenheit gelten, sich als Festredner und -schreiber in anderen Geistesaristokraten zu spiegeln.[1] »Alle Gestalten einer Dichtung, mögen sie noch so feindlich gegeneinander gestellt sein, sind Emanationen des dichtenden Ich« (GW X, S. 16), heißt es in seinem 1906 publizierten Artikel *Bilse und ich*, der Lübecker Bürger, die ihr Konterfei in den *Buddenbrooks* wiederzufinden glauben, beschwichtigen will. Die beschwörenden Schlußsätze lauten: »Nicht von Euch ist die Rede, gar niemals, seid des nun getröstet, sondern von mir, von mir ... – Lest dies! Merkt dies! Es ist ein Sendschreiben, ein kleines Manifest« (GW X, S. 22). Dieses Trostes bedürfte auch Schiller bei einer Lektüre der *Schweren Stunde* bzw. einiger ihrer Interpretationen, insofern er schmerzlich registrieren müßte, daß man Manns »Manifest« mißachten und die eifer- und herrschsüchtige Dichtergestalt der Novelle für ein »accurate portrait of Schiller«[2] halten konnte.

Studiert man die Quellen für Manns frühe Erzählung, die sich in dessen Handbibliothek fanden: zwei zum Centenialjahr erschienene Gedenkwerke[3], so wird man entdecken, daß Mann, was Fakten und Daten seiner Studie betrifft (die Darstellung von Schillers Physiognomie, Gesundheitszustand, Arbeitszimmer etc.), den Vorlagen und den hier zitierten Doku-

1 Vgl. hierzu Koopmann, Helmut, 1975: *Thomas Mann. Konstanten seines literarischen Werks*. Göttingen, hier S. 150ff.

2 Cf. Daemmrich, Horst, 1967: *Thomas Manns ›Schwere Stunde‹ Reconsidered.* In: *Papers on Language and Literature* 3, S. 34–41, hier S. 34. Vgl. auch Hatfield, Henry, ²1962 (1951): *Thomas Mann. An Introduction to His Fiction.* Norfolk, S. 56f.

3 Es handelt sich um die Biographie von Müller, Ernst, 1905: *Schiller. Intimes aus seinem Leben.* Berlin; sowie das *Marbacher Schillerbuch.* Hg. vom Schwäbischen Schillerverein. Berlin, Stuttgart 1905.

menten getreulich folgt.[4] Anders verhält es sich offensichtlich mit der Schilderung der inneren Gestimmtheit Schillers. Das Charakterporträt der Novelle hat mit Schillers Selbstverständnis, das wir aus seinen Briefen rekonstruieren können, wenig zu tun. Es übertreibt die Wallenstein-Krise und entstellt die Rivalität der beiden Dichterfürsten in Jena und Weimar ins Unkenntliche. Im Brief an Körner vom 28. November 1796, auf den die Novelle anspielt, nennt Schiller nüchtern die Schwierigkeiten, Wallensteins Charakter dramatisch zu gestalten und seine Armee auf die Bühne zu bringen, und zeigt sich zugleich zuversichtlich, die Aufgabe bewältigen zu können. Thomas Mann formt daraus Schillers verzweifelte Vorahnung seiner »Niederlage« und seines endgültigen »Bankerotts« als Theaterdichter.[5] Die konkreten technischen Probleme bei der Ausarbeitung des Stücks werden in der Novelle nicht erörtert, nur genannt: als Reizworte für die Melancholie des Helden. Daß der historische Schiller die eigene Größe an der Goethes gemessen hat, ist bekannt (cf. u.a. den Brief an Wilhelm von Humboldt vom 21. März 1796). Nach der fast pathologischen Mischung aus Kleinmut und Triumphgefühl jedoch, die Thomas Mann zufolge Schillers Haltung im imaginären Wettstreit bestimmt haben soll, wird man in der historischen Überlieferung ebenso vergeblich suchen wie umgekehrt in der Novelle nach einer ernsthaften Auseinandersetzung mit den verschiedenen ästhetischen Positionen und Seinsweisen des naiven und des sentimentalischen Dichters. Die typologische Differenzierung Goethes und Schillers verflacht hier zum reinen Stimmungsgegensatz. Thomas Manns Festgabe zum Gedenkjahr 1905 ist weder eine historische noch eine ästhetische Studie. Sein Interesse an Schiller scheint primär psychologischer Natur. Die Frage ist nur, ob sein Hauptinteresse überhaupt Schiller galt. Der Großteil der Interpreten bezweifelt dies und hält das Schillerporträt für die Projektion seiner Schaffens- und Existenzprobleme zur Entstehungszeit der Novelle.[6]

Das Motiv des Dichtervergleichs kann man auf Thoms Manns schon

---

4 Vgl. hierzu die gewissenhafte Untersuchung von Sandberg, Hans-Joachim, 1965: *Thomas Manns Schiller-Studien. Eine quellenkritische Untersuchung*. Oslo, S. 31 ff.

5 Die Schiller-Novelle wird zitiert nach Mann, Thomas, 1981: *Frühe Erzählungen* (= Gesammelte Werke in Einzelbänden, Frankfurter Ausgabe. Hg. von Peter de Mendelssohn). Frankfurt/M. (= GE I in der Folge). Die Textstelle findet sich in GE I, S. 378.

6 Vgl. Sandberg, 1965, S. 32; außerdem Banuls, André, 1968: *Thomas Mann und sein Bruder Heinrich*. Stuttgart, Berlin, Köln, Mainz, S. 113 ff.; sowie Vaget, Hans Rudolf, 1984: *Thomas Mann-Kommentar zu sämtlichen Erzählungen*. München, S. 129ff. und Winston, Richard, 1985: *Thomas Mann. Das Werden eines Künstlers 1875 bis 1911*. München und Hamburg, S. 278ff.

damals gespannte Beziehung zu seinem Bruder Heinrich zurückführen, der ihm die großbürgerliche Heirat mit der Millionärstochter Katja Pringsheim verübelt hatte und zum Hochzeitsfest am 11. Februar 1905 in München nicht erschienen war. Während der ältere der beiden Manns mit Ines Schmied, einer deutschstämmigen Südamerikanerin, die Schauspielerin oder Sängerin zu werden gedachte, sein bohemienhaftes Künstlerleben weiterführte, gab der jüngere sich eine »Verfassung« und hatte dabei zeitweilig ein schlechtes Gewissen, wie ein Brief vom 17. Januar 1906 an den Bruder verrät. Thomas Mann entschuldigt sich hier dafür, daß er aus Rücksicht auf seine jüdische Schwiegerfamilie das Erscheinen der 1905 entstandenen Erzählung *Wälsungenblut* verhindert hat:

> Ein Gefühl von Unfreiheit, das in hypochondrischen Stunden sehr drückend wird, werde ich freilich seither nicht los, und Du nennst mich gewiß einen feigen Bürger. Aber Du hast leicht reden, Du bist absolut. Ich dagegen habe geruht, mir eine Verfassung zu geben.[7]

Die Einsicht, die Schiller am Ende der Novelle angesichts seiner friedlich schlafenden Gattin formuliert: »ich darf nicht allzusehr dein, nie ganz in dir glücklich sein, um dessentwillen, was meine Sendung ist...« (GE I, S. 384), scheint ein Resultat persönlicher Erfahrungen Thomas Manns zu sein. Seit seiner 1904 erfolgten Verlobung durchlitt er eine längere Schaffenskrise, quälte sich vor allem mit dem letztlich nach eigener Einschätzung mißlungenen Schauspiel *Fiorenza* ab. Verständlich wird von daher die unzeitgemäße Verwunderung des Helden der *Schweren Stunde* (Schillers Wechsel ins Philisterium lag ja in Wirklichkeit schon sechs Jahre zurück, er heiratete Charlotte bekanntlich 1790):

> Die Jahre der Not und der Nichtigkeit, die er für Leidens- und Prüfungsjahre gehalten, sie eigentlich waren reiche und fruchtbare Jahre gewesen: und nun, da er aus dem Freibeutertum des Geistes in einige Rechtlichkeit und bürgerliche Verbindung eingetreten war, Amt und Ehren trug, Weib und Kinder besaß, nun war er erschöpft und fertig. Versagen und verzagen – das war's, was übrigblieb. (GE I, S. 379)

Heinrich Manns literarische Produktivität dagegen war zu dieser Zeit völlig ungehemmt – bis 1909 hatte er an die zehn Romane und eine Unzahl von Novellen verfaßt[8] –, was seinen Bruder erschreckt und mißtrauisch macht. Am 18. 2. 1905 schreibt er ihm einen Brief aus Zürich, wo das frischvermählte Ehepaar Mann gerade seine Flitterwochen verbringt:

---

7 Cf. *Thomas Mann – Heinrich Mann: Briefwechsel 1900–1949*. Hg. von Hans Wysling. Frankfurt/M. 1984, S. 68.

8 Vgl. dazu die Einleitung von Hans Wysling in *Thomas Mann – Heinrich Mann: Briefwechsel 1900–1949*, 1984. S. XXXV.

Übrigens keine Glücksrenommistereien! Ich habe, trotz der Versicherungen von allen Seiten über die hygienische Förderlichkeit der Ehe, nicht immer einen guten Magen und darum auch nicht immer ein gutes Gewissen bei diesem Schlaraffenleben und sehne mich nicht selten nach ein bischen mehr Klosterfrieden und... Geistigkeit. Wenn ich nicht unmittelbar vor der Hochzeit etwas fertig gemacht hätte, nämlich ›Fiorenza‹, so wäre mir wohl sehr schlecht zu Muth. Es war wieder eine ganz unerhörte Qual damit, und trotz aller Präzedenzfälle war ich diesmal zum Sterben von der Berechtigung der Verzweiflung überzeugt, mit der ich das dicke (viel zu dicke) Manuskript nach Berlin absandte. [...] Fischer schrieb mir, daß Bie ihm das Stück als ›etwas ganz Erlesenes‹ bezeichnet habe. Das hat mich kindisch froh gemacht, aber gleichviel ich will mich diesmal tapfer gegen die oeffentliche Meinung stemmen und nicht aufhören, die Arbeit als künstlerisch durchaus verfehlt zu betrachten. [...] Und Du selbst? Es scheint zu strömen bei Dir, Du scheinst Dich ganz gefunden zu haben und solche Irrungen und inneren Niederlagen überhaupt nicht zu kennen... Du weißt, ich glaube, daß Du Dich ins andere Extrem verloren hast, indem Du nachgerade nichts weiter mehr, als nur Künstler bist, – während ein Dichter, Gott helfe mir, *mehr* zu sein hat, als bloß ein Künstler.[9]

Wir begreifen jetzt besser, warum Schiller in der Novelle seine Abgrenzung gegen Goethe, den er mit »einer sehnsüchtigen Feindschaft liebte« (GE I, S. 377 wie S. 382), unvermittelt mit einem polemischen Ausfall gegen bedenkenlose Schnellschreiber verbinden muß:

Es hatte noch niemals gesprudelt, und sein Mißtrauen würde erst eigentlich beginnen, wenn es das täte. Nur bei Stümpern und Dilettanten sprudelte es, bei den Schnellzufriedenen und Unwissenden, die nicht unter dem Druck und der Zucht des Talents lebten. Denn das Talent, meine Herren und Damen dort unten, weithin im Parterre, das Talent ist nichts Leichtes, nichts Tändelndes, es ist nicht ohne weiteres ein Können. In der Wurzel ist es *Bedürfnis*, ein kritisches Wissen um das Ideal, eine Ungenügsamkeit, die sich ihr Können nicht ohne Qual erst schafft und steigert. Und den Größten, den Ungenügsamsten ist ihr Talent die schärfste Geißel... (GE I, S. 380f.).

Soviel zum Verhältnis von Dichtung und Wirklichkeit, was die Motivkombination von Literatenwettstreit und Schaffenskrise in der Novelle betrifft. Auf der Ebene der vorgrammatographischen Beschreibung, auf der sich die meisten Deutungen der *Schweren Stunde* bewegen, läßt sich das Puzzlespiel mit den Bruchstücken Goethe, Schiller, Heinrich und Thomas Mann nicht beenden. Die Frage ist, wie man die Teile aneinanderlegen kann, um ein geschlossenes Bild des fiktiven Helden zu gewinnen. Daß das Ganze mehr ist als die Summe seiner Teile, hat uns Thomas Mann zweimal versprochen. In seinem 1930 erschienenen *Lebensabriß* bezeichnet er die *Schwere Stunde* als eine »sehr subjektive Schillerstudie« (GW XI, S. 106). Damit wollte er sich

9 Cf. *Thomas Mann – Heinrich Mann: Briefwechsel 1900–1949*, 1984, S. 57f.

vermutlich nicht allein für das leicht verzerrte Schillerbild entschuldigen, das er 1905 verfertigt hatte. Die Formel erinnert an einen zentralen Passus des eingangs zitierten Artikels *Bilse und ich* aus dem Jahre 1906. »Nicht die Gabe der Erfindung« sei es, »welche den Dichter« mache – der eigentlich lieber finde als erfinde –, sondern die der »›Beseelung‹«: die »*subjektive Vertiefung* des Abbildes einer Wirklichkeit«. Weiter heißt es hier:

Mit jener erwähnten Folgsamkeit dem gegebenen Detail gegenüber eignet ein Dichter sich Äußerlichkeiten an, welche der Welt ein Recht geben, zu sagen: Das ist Der, ist Die. Hierauf beseelt und vertieft er die Maske mit anderem, Eigenem, benutzt sie zur Darstellung eines Problems, das ihr vielleicht ganz fremd ist, und Situationen, Handlungen ergeben sich, die dem Urbild wahrscheinlich völlig fernliegen. (GW X, S. 15–17)

Diese subjektive Freiheit hat Thomas Mann sich offenbar auch bei seiner Gelegenheitsarbeit zum Schillerjahr 1905 genommen, bei der man eine historisch getreue Würdigung des Klassikers hätte erwarten können. Aufzuspüren ist demnach das einheitsstiftende Moment bzw. das Hauptproblem, das er darstellen wollte. Anläßlich seines *Versuchs über Schiller* zum 150. Todestag 1955 erinnert er sich wohlgefällig an die »Knapp-Skizze von damals« und betont deren Modellcharakter; der Schlußsatz verrät seine eigentliche Intention:

Die Skizze, die den schon kranken Dichter in seinem Arbeitszimmer zu Jena in nächtlichem Ringen mit dem gewaltigen Stoff des ›Wallenstein‹ zeigt, ist mir persönlich noch immer lieb geblieben, und es freut mich, daß nach einem halben Jahrhundert der neue Gedenktag wieder die Aufmerksamkeit darauf lenkt. Sie mag wohl aussehen, als sei sie mir leicht von der Hand gegangen: aber ich weiß noch, mit wieviel biographischer Lektüre ich mich auf die Arbeit vorbereitete und wieviel Mühe und Sorgfalt ich aus Ehrfurcht vor meinem großen Gegenstande an sie wandte. Dabei ist ja der Name Schiller nirgends, noch der des Werkes, um das es sich handelt, in der Erzählung erwähnt, – was man aus dem Wunsch des Verfassers erklären mag, bei aller Betreuung des Speziellen und Einmaligen sich über dieses zu erheben und der Schilderung eine symbolische Gültigkeit für die einsamen Nöte alles Schöpfertums zu verleihen.[10]

10 Das Zitat ist aus einem Brief Manns an die Redaktion des ›Sonntag‹ vom 19. 2. 1955 entnommen und findet sich in Wysling, Hans (Hg. unter Mitwirkung von Marianne Fischer), 1975: *Thomas Mann* (= Dichter über ihre Dichtungen, Bd. 14/1). München, S. 223.

4.2 Helden, Götter und Halbgötter: Darstellungs- und Deutungsmuster künstlerischen Schöpfertums in der Novelle

Die Schiller-Novelle ist aufgebaut wie ein Besinnungsaufsatz. Der Gedankengang des einsamen Dichters, dem das Problem des Schöpfertums zu lösen aufgegeben ist, vollzieht sich nach dem Dreischritt von These, Antithese und Synthese. Die These lautet: Kreativität ist bewußte Tätigkeit des Ichs, Konstruktion. Die Antithese: Kreativität ist unbewußtes Geschehen, Inspiration. Die Synthese: Kreativität ist erkennendes Schaffen. Dieses Gliederungsprinzip besorgt auch die Kongruenz von Deutungs- und Darstellungsmustern künstlerischen Schöpfertums in der Novelle. Ihr Zusammenhang liegt in folgender Formel beschlossen: »Aber war Schaffen göttlich, so war Erkenntnis Heldentum, und beides war der, ein Gott und ein Held, welcher erkennend schuf!« (GE I, S. 382).

Gleich verteilt sind die Gewichte nicht. Die These wird breit ausgeführt. Antithese und Synthese dagegen werden auf schmalem Raum abgehandelt und wirken ergänzungsbedürftig. Die Darstellung von Schillers »Heldentum« nimmt fast zwei Drittel der Novelle ein. Sie erfolgt zunächst aus der Außenperspektive. Betrachtet werden die »Stätte des Ringens« (GE I, S. 377) – Schillers Arbeitszimmer in Jena – und seine physische Verfassung. Mobiliar wie Gesundheitszustand erweisen sich dabei als gleichermaßen »gebrechlich« (GE I, S. 376). Die Erzählung wechselt bald in die Innenperspektive über, und es zeigt sich, daß es auch Korrespondenzen gibt zwischen dem Interieur von Schillers Werkstatt, dem Außenklima und seiner psychischen Disposition. Thomas Mann mag nicht auf die Fülle längst vorgeformter Bilder verzichten, welche Literatur der Melancholie über Jahrhunderte hinweg zugeordnet hat. So ist es Nacht und Winter, und es herrscht ein Wetter, »das man in allen Nerven spürte, wüst, finster und kalt, und der Dezemberwind heulte im Ofenrohr, verwahrlost und gottverlassen, daß es klang nach nächtiger Heide im Sturm und Irrsal und heillosem Gram der Seele.« Das Zimmer, »diese enge Gefangenschaft«, ist »kahl, nüchtern und unbequem« – selbst die Tapete trägt das Muster von Gitterstäben. Schiller versucht, seine Hände am erkalteten Ofen zu wärmen, umsonst, eine »unsinnlich-enthaltsame Dürftigkeit« dominiert die mönchische Zelle. Nur die roten Fensterkattune bereiten den Leser darauf vor, daß Melancholie jederzeit in Manie umschlagen kann. So unfruchtbar wie die Natur zur Winterzeit, so steril wie seine Werkstatt fühlt denn auch der Dichter sich, die Arbeit »schleppte sich, es stockte, es stand«, fliehen möchte er vor »dieser Last, diesem Druck, dieser Gewissensqual, diesem

Meer, das auszutrinken, dieser furchtbaren Aufgabe, die sein Stolz und sein Elend, sein Himmel und seine Verdammnis war.« (alle Zitate GE I, S. 376f.)

Die Sterilität ist die Ursache der Melancholie, die Krankheit aber keine Vorbedingung der Kreativität. Es verhält sich vielmehr umgekehrt. Einerseits ist der Schiller der Novelle kein dekadenter Dilettant wie der schwächliche Spinell im *Tristan*, der als Schriftsteller nichts zuwege bringt, anderseits kein dekadentes Genie wie Hans Castorp im *Zauberberg*, dessen geistige Kräfte sich vermehren, als die körperlichen schwinden. Er ist vielmehr ein Vorläufer des Leistungsethikers Aschenbach im *Tod in Venedig*, dessen Gesundheit ebenfalls unter der Last der jahrelangen Überanstrengung zusammenbricht.[11] Verzweifelt muß Schiller sich eingestehen, daß er gesündigt hat, »sich versündigt gegen das zarte Instrument seines Körpers. Die Ausschweifungen seines Jugendmutes, die durchwachten Nächte, die Tage in tabakrauchiger Stubenluft, übergeistig und des Leibes uneingedenk, die Rauschmittel, mit denen er sich zur Arbeit gestachelt – das rächte, rächte sich jetzt!« (GE I, S. 379) Von den décadents der Jahrhundertwende ›erbt‹ der Held der Novelle zum einen die »Rauschmittel« (an Schillers Äpfel und Kaffee denken wir bei dieser Wortwahl nicht), gebraucht sie allerdings nur zur Erhaltung seiner Arbeitskraft, nicht zum künstlichen Aufschwung ins Dionysische, zum anderen den Mangel an naturhafter Begabung und ›echten‹ Inspirationserlebnissen, der sein Martyrium verschuldet:

> Eine Nacht der flammenden Stimmung, da man auf einmal in einem genialischen Lichte sah, was werden könnte, wenn man immer solcher Gnade genießen dürfte, mußte bezahlt werden mit einer Woche der Finsternis und der Lähmung. (GE I, S. 379)

Der Überwindung der physischen Schwäche wie der psychischen Hemmung jedoch verdankt sich Schillers Größe: »Die Lasten, die Leistungen, die Anforderungen, Beschwerden, Strapazen gering achten, *klein* sehen, – das war's, was groß machte!« (GE I, S. 381), heißt die tröstliche Einsicht. Sie beendet vorübergehend die Melancholie und löst einen manischen Aufschwung aus: Der Held »schritt so heftig durch das Zimmer, daß die Kerzen im Luftzuge flatterten ... Größe! Außerordentlichkeit! Welteroberung und Unsterblichkeit des Namens! Was galt alles Glück der ewig Unbekannten gegen dies Ziel?« (GE I, S. 381).

Den Zusammenhang von Leiden und Größe der Meister hatte Thomas Mann schon in *Fiorenza* gestaltet. Lorenzo und Savonarola verkörpern hier diesen Heldentypus. Kurt Martens hatte in einer Rezension des Stücks die

11 Zu dieser Parallele vgl. J. Schmidt, 1985, Bd. 2, S. 246.

Kausalverbindung nicht recht verstanden und bekam dafür Schelte. Am 28. 3. 1906 schrieb ihm Thomas Mann:

›Ja sogar aus bloßem Widerstand gegen *körperliche* Beschwerden möchte T.M. ein ruhmwürdiges Heldentum herleiten‹. Du sagst das so erstaunt, mit dem Unterton ›Was für ein Unsinn!‹... Du glaubst offenbar, daß ich Jedem, der unter Bauchschmerzen lächelt, die Unsterblichkeit zuertheilen möchte. So wird man in der Odeon-Bar verstanden. Was Wunders, wenn ich lieber zu Hause bleibe? – Was ich meine, ist kurz und ungefähr in den Worten meines Lorenzo ausgedrückt: ›Der Mühelose wird nicht groß... Die Hemmung ist des Willens bester Freund...‹ [...] Ich halte also Leute wie Herakles oder Siegfried für populäre Heroen, aber nicht für Helden. Heldenthum ist für mich ein ›Trotzdem‹, überwundene Schwäche, es gehört *Zartheit* dazu.[12]

Aktiv, nicht passiv, hat sich auch ein »zarter Held« zu zeigen. Schillers Werke sind keine Inspirationsgeschenke, sie entstehen in mühevoller Arbeit. Sein Schaffen ist bewußte Tätigkeit, ist »Erkennen« (GE I, S. 382). Aus der Analyse des historischen Materials versucht er sein Wallenstein-Drama zu konstruieren. »Ein Satz, ein strenger Gedanke« kosten ihn »Zucht und Selbstüberwindung« (GE I, S.382). Ganz anders dagegen verhält es sich mit Goethes Künstlertum. Der Weimarer hat es nicht nötig zu leiden. Er personifiziert die Antithese:

Und dies war seine Eifersucht: daß niemand größer werde als er, der nicht auch tiefer als er um dieses Hohe gelitten.

Niemand!... Er blieb stehen, die Hand über den Augen, den Oberkörper halb seitwärts gewandt, ausweichend, fliehend. Aber er fühlte schon den Stachel dieses unvermeidlichen Gedankens in seinem Herzen, des Gedankens an ihn, den anderen, den Hellen, Tastseligen, Sinnlichen, Göttlich-Unbewußen, an *den* dort, in Weimar, den er mit einer sehnsüchtigen Feindschaft liebte... Und wieder, wie stets, in tiefer Unruhe, mit Hast und Eifer, fühlte er die Arbeit in sich beginnen, die diesem Gedanken folgte: das eigene Wesen und Künstlertum gegen das des anderen zu behaupten und abzugrenzen... War er denn größer? Worin? Warum? War es ein blutendes Trotzdem, wenn er siegte? Würde je sein Erliegen ein tragisches Schauspiel sein? Ein Gott vielleicht – ein Held war er nicht. Aber es war leichter, ein Gott zu sein als ein Held! – Leichter... Der andere hatte es leichter! Mit weiser und glücklicher Hand Erkennen und Schaffen zu scheiden, das mochte heiter und quallos und quellend fruchtbar machen. Aber war Schaffen göttlich, so war Erkenntnis Heldentum, und beides war der, ein Gott und ein Held, welcher erkennend schuf! (GE I, S. 382)

Schiller verliert über das unbewußt-inspirierte Künstlertum des anderen, der »unmittelbar und mit göttlichem Mund die besonnten Dinge bei Namen« (GE I, S. 383) zu nennen weiß, nur wenige Worte. Die Möglich-

12 Cf. Mann, Thomas, 1961: *Briefe 1889–1936* hg. von Erika Mann. Frankfurt/M., S. 63.

keit, so zu schaffen wie Goethe, liegt ihm fern – nach allem, was wir bisher über ihn erfahren haben, die Synthese, die der Schlußsatz andeutet, das »erkennende Schaffen«, scheint ein reines Gedankenspiel zu sein, um so größer ist dann die Überraschung, daß der bisher so menschliche Held sich am Ende doch zum Halbgott wandelt. Eine Reihe rhetorischer Fragen leitet den erneuten Aufschwung ein, der nur durch ein kurzes irdisches Zwischenspiel unterbrochen wird, den Abstecher zur schlafenden Gattin. Der feierliche Schlußmonolog zeitigt zwei neue Selbstbilder: des orphischen Sängers und des Weltenschöpfers:

Dennoch, und jenem zum Trotz: Wer war ein Künstler, ein Dichter gleich ihm, ihm selbst? Wer schuf, wie er, aus dem Nichts, aus der eigenen Brust? War nicht als Musik, als reines Urbild des Seins ein Gedicht in seiner Seele geboren, lange bevor es sich Gleichnis und Kleid aus der Welt der Erscheinungen lieh? Geschichte, Weltweisheit, Leidenschaft: Mittel und Vorwände, nicht mehr, für etwas, was wenig mit ihnen zu schaffen, was seine Heimat in orphischen Tiefen hatte. Worte, Begriffe: Tasten nur, die sein Künstlertum schlug, um ein verborgenes Saitenspiel klingen zu machen [...]

Er küßte sie, trennte sich von der lieblichen Wärme ihres Schlummers, sah um sich, kehrte zurück. Die Glocke mahnte ihn, wie weit die Nacht schon vorgeschritten, aber es war auch zugleich, als zeigte sie gütig das Ende einer schweren Stunde an. Er atmete auf, seine Lippen schlossen sich fest; er ging und griff zur Feder... Nicht grübeln! Er war zu tief, um grübeln zu dürfen! Nicht ins Chaos hinabsteigen, sich wenigstens nicht dort aufhalten! Sondern aus dem Chaos, welches die Fülle ist, ans Licht emporheben, was fähig und reif ist, Form zu gewinnen. Nicht grübeln: Arbeiten! Begrenzen, ausschalten, gestalten, fertig werden...

Und es wurde fertig, das Leidenswerk. Es wurde vielleicht nicht gut, aber es wurde fertig. Und als es fertig war, siehe, da war es auch gut. Und aus seiner Seele, aus Musik und Idee, rangen sich neue Werke hervor, klingende und schimmernde Gebilde, die in heiliger Form die unendliche Heimat wunderbar ahnen ließen, wie in der Muschel das Meer saust, dem sie entfischt ist. (GE I, S. 383f.)

Schillers Produktionshemmung scheint mit diesen Worten beendet. Die Schöpfung kann beginnen und sie richtet sich, das deutet die Metaphorik an, nach dem Muster der Genesis, die der Referenztext ist. Den Beginn des göttlichen Schaffensprozesses kennzeichnen, so lehrt es uns die Bibel, eine Reihe von Gegensatzbildungen. Die Erde ist anfangs wüst und wirr, Finsternis liegt über der Urflut, dann scheidet Gott das Licht von der Finsternis, den Tag von der Nacht, die Himmelsfeste von den Wassern und das Land vom Meer. Dargestellt wird hier ein Prozeß der Ordnung des Chaos, der Erhellung und Konsolidierung. Als Zitat für Schillers Schaffensprozeß gebraucht, drückt der Dualismus der biblischen Bilder auch den Übergang von der scheinbar geheimnisvollen, weil der Kontrolle des Verstandes entzogenen Phase der Inspiration zu der der bewußten Elaboration, der poetischen Arbeit aus. Wir hätten damit – nebenbei bemerkt – am Ende der Novelle alle vier Stadien des Kreativitätsprozesses beisammen, rechnet man die Phase der Präparation (die historischen Recherchen zum *Wallenstein*) und der Inkubation (das nächtliche Ringen um die Inspiration mit allen Übersprungshandlungen) hinzu.

Das eigentlich Erstaunliche jedoch ist die ›creato ex nihilo‹ (der Topos eröffnet ja den Monolog) – im doppelten Sinne. Wie aus dem Nichts zaubert Schiller sich selbst als Halbgott hervor und ein Werk, das kein Produkt subjektiver Konstruktion mehr scheint, in dem vielmehr die kosmische Harmonie widerhallt, »wie in der Muschel das Meer saust, dem sie entfischt ist.« Letzteres wird uns schon nicht mehr aus der internen Perspektive der erlebten Rede, sondern aus der externen Perspektive des auktorialen Erzählers mitgeteilt. Von ihm stammt im übrigen auch die biblische Billigungsformel – »Und als es fertig war, siehe, da war es auch gut.« –, die Schiller, wäre er ein (Halb-)Gott, eigentlich selbst zu sprechen hätte. Der Schlußeindruck bleibt damit zwiespältig. Bestätigt der Erzähler die Selbstmächtigkeit des Dichters oder relativiert er sie?

4.3 Vexatorik und Ironie: Thomas Manns Beschreibungsfigur künstlerischen Schöpfertums

Ein Vexierbild ist bekanntlich ein Suchbild, das eine nicht sofort erkennbare Figur enthält, und als vexatorische Technik bezeichnet man die Technik der Irreführung. Daß Thomas Mann sie glänzend beherrscht, läßt sich nicht bezweifeln, zumindest hat auch der zweite Lektüredurchgang das Rätsel der *Schweren Stunde* nicht gelöst. Versuchen wir es jetzt also mit der grammatographischen Interpretation. Der »versteckte Poet« der Novelle heißt nicht Schiller oder Thomas Mann, deren Halbporträts führen uns in die Irre, sondern, so die Annahme, Richard Wagner. Sensationell ist die Vermutung gerade nicht, gehört Wagner doch neben Nietzsche und Schopenhauer zum Dreigestirn, das Thomas Manns Frühwerk leitet.[13] Die Parallele ist den Interpreten der Novelle bislang nicht aufgefallen, weil sie

---

13 Vgl. Kurzke, Hermann, 1985: *Thomas Mann. Epoche – Werk – Wirkung*. München, S. 113, der eine glänzende Einführung in das problematische Beziehungsgeflecht Thomas Mann – Schopenhauer – Wagner – Nietzsche gibt und in einer annotierten Bibliographie sowohl die Standardwerke über Thomas Mann wie auch die Spezialliteratur zur Künstlerproblematik auflistet, so daß ich mir hier die Mühe sparen kann. Die *Schwere Stunde* ist ihm, wie auch den meisten anderen Autoren von Thomas Mann-Handbüchern, leider keine Interpretation wert.

sich trotz einiger Irritationen damit zufrieden gaben, die *Schwere Stunde* für ein Doppelporträt von Schiller und Thomas Mann zu halten. Vom »alten Zauberer« (KSA 6, S. 16), wie Nietzsche ihn nennt, hat sich Thomas Mann m. E. den Trick abgeschaut, mit dem uns Schiller am Ende der Novelle überrascht: die Synthese des »erkennenden Schaffens«. Richtiger gesagt: Thomas Mann sieht Wagner aus der Perspektive Nietzsches und zeichnet nach dessen Modell das Künstlerbild der *Schweren Stunde*. Der ›Fall‹ Schiller ist eigentlich *Der Fall Wagner*.

Vor der Würdigung der Synthese müssen These und Antithese noch einmal erläutert werden. Sie gehen auf ein Konzept zurück, das Thomas Mann in einem Essay über *Geist und Kunst* ausformulieren wollte. Notizen zu dem letztlich nicht fertiggestellten Aufsatz finden sich aus den Jahren 1909 bis 1912[14], die Problemstellung allerdings hat Thomas Mann schon in früheren Jahren beschäftigt, wie das Literaturgespräch in *Tonio Kröger, Fiorenza* und nicht zuletzt *Schwere Stunde* beweisen. Was wir uns von diesem Essay hätten erwarten dürfen, erfahren wir über einen Stellvertreter, Gustav von Aschenbach, dem »Verfasser endlich (und damit sind die Werke seiner Reifezeit kurz bezeichnet) der leidenschaftlichen Abhandlung über ›Geist und Kunst‹, deren ordnende Kraft und antithetische Beredsamkeit ernste Beurteiler vermochte, sie unmittelbar neben Schillers Raisonnement über naive und sentimentalische Dichtung zu stellen« (GE I, S. 565).

»Geist«, das wäre der Leitbegriff für die These in der Novelle, meint das rationale Moment im künstlerischen Schaffensprozeß, das »Erkennen«, die technische Beherrschung des Materials. »Kunst« dagegen, als Leitbegriff für die Antithese, den irrationalen Schaffensanteil, das »Göttlich Unbewußte«, die Inspiration. Wie Geist und Kunst zu vereinen sind, hat Wagner gezeigt, allerdings, so Nietzsche, auf eine betrügerische Weise. Ich zitiere einige Passagen aus *Der Fall Wagner*, die für die Konzeption der *Schweren Stunde* eine Rolle gespielt haben dürften:

Womit kennzeichnet sich jede *litterarische* décadence? Damit, daß das Leben nicht mehr im Ganzen wohnt. Das Wort wird souverain und springt aus dem Satz hinaus, der Satz greift über und verdunkelt den Sinn der Seite, die Seite gewinnt Leben auf Unkosten des Ganzen – das Ganze ist kein Ganzes mehr. Aber das ist das Gleichnis für jeden Stil der décadence: jedes Mal Anarchie der Atome, Disgregation des Willens, »Freiheit des Individuums«, moralisch geredet, – zu einer politischen Theorie erweitert, ›gleiche Rechte für Alle‹. Das Leben, die *gleiche* Lebendigkeit, die Vibration und Exuberanz des Lebens in die

14 Vgl. Wysling, Hans (Hg.), 1973: *Notizen zu Felix Krull, Friedrich, Königliche Hoheit. Versuch über das Theater, Maja, Geist und Kunst, Ein Elender, Betrachtungen eines Unpolitischen, Doktor Faustus und anderen Werken*. Heidelberg, der auch die Quellen für Thomas Manns Notizen, u.a. Nietzsches *Der Fall Wagner*, nachweist.

kleinsten Gebilde zurückgedrängt, der Rest *arm* an Leben. Überall Lähmung, Mühsal, Erstarrung *oder* Feindschaft und Chaos: beides immer mehr in die Augen springend, in je höhere Formen der Organisation man aufsteigt. Das Ganze lebt überhaupt nicht mehr: es ist zusammengesetzt, gerechnet, künstlich, ein Artefakt. – (KSA 6, S. 27)

Wagner rechnet nie als Musiker, von irgend einem Musiker-Gewissen aus: er will die Wirkung, er will Nichts als die Wirkung. Und er kennt das, worauf er zu wirken hat! – Er hat darin die Unbedenklichkeit, die Schiller hatte, die jeder Theatermensch hat, er hat auch dessen Verachtung der Welt, die er sich zu Füssen legt! ... Man ist Schauspieler damit, daß man Eine Einsicht vor dem Rest der Menschen voraus hat: was als wahr wirken soll, darf nicht wahr sein. (KSA 6, S. 31)

Wagner hatte Litteratur nöthig, um alle Welt zu überreden, seine Musik ernst zu nehmen, tief zu nehmen, ›weil sie Unendliches *bedeute*‹: er war zeitlebens der Commentator der ›Idee‹. – Was bedeutet Elsa? Aber kein Zweifel: Elsa ist ›der unbewußte *Geist des Volks*‹ [...] Es ist *nicht* die Musik, mit der Wagner sich die Jünglinge erobert hat, es ist die ›Idee‹: es ist das Räthselreiche seiner Kunst, ihr Versteckspielen unter hundert Symbolen, ihre Polychromie des Ideals, was diese Jünglinge zu Wagner führt und lockt [...] Inmitten von Wagner's Vielheit, Fülle und Willkür sind sie wie bei sich selbst gerechtfertigt – ›erlöst‹ –. Sie hören mit Zittern, wie in seiner Kunst die *großen Symbole* aus vernebelter Ferne mit sanftem Donner laut werden; sie sind nicht ungehalten, wenn es zeitweilig grau, gräßlich und kalt in ihr zugeht. Sind sie doch sammt und sonders, gleich Wagnern selbst, *verwandt* mit dem schlechten Wetter, dem deutschen Wetter! (KSA 6, S. 36f.)

Die Idee, Schiller mit Wagner zu vergleichen, könnte Thomas Mann von Nietzsche haben. Parallelen zwischen dem Schillerporträt der *Schweren Stunde* und dem Wagnerbild Nietzsches lassen sich jedenfalls entdecken. Gemeinsam ist ihnen die physiologische Betrachtung des Genies wie seiner Kunst, das Interesse für den Zusammenhang des Helden mit seinem Wetter, welche die Ursache für seine Lähmung und melancholische Inkludenz ist. Schillers wie Wagners Werke gelten als rational konstruiert und erscheinen am Ende doch als göttlich empfangene. Gleich Wagner wird auch der Held der *Schweren Stunde* als großer Verführungskünstler dargestellt: »Und sein Lieblingswort, sein letztes Pathos, die große Glocke mit der er zu den höchsten Festen der Seele rief, sie lockte viele herbei ... Freiheit ... Mehr oder weniger, wahrhaftig, begriff er darunter als sie, wenn sie jubelten.« (GE I, S. 383f.) Der Enthusiasmus des letzten ›Monologs‹ ist Zitat. Schiller wird zum Schauspieler, auch hierin ein Nachfolger Wagners. Der Dichter verwandelt sich in einen Seher, schmückt seine Rede mit mythologischen Bildern und wirft so auf die in strengen Sätzen kalkulierten Werke ein metaphysisches Glanzlicht. Daß das Ganze nichts weiter als ein Trick ist, der beim Publikum Erfolg hat, wird am Ende der Novelle, nach dem Wechsel der Erzählperspektive, klar. Der Schlußsatz läßt sich auf Schillers

Stücke schlecht beziehen, an *Wallenstein* mag man dabei schon gar nicht denken. Von »Musik und Idee« als dem Entstehungsgrund der Werke ist die Rede. Die Formel findet sich auch in Nietzsches Wagnerkritik, und die Parallele ist kein Zufall. Der Erzähler hat am Ende der Novelle nicht mehr Schillers, sondern Wagners Dramen im Blick und enthüllt durch ein einziges Wort den Talmi-Charakter ihrer Mythen. Lesen wir den letzten Satz unter diesem Aspekt noch einmal: »Und aus seiner Seele, aus Musik und Idee, rangen sich neue Werke hervor, klingende und *schimmernde* Gebilde, die in heiliger Form die unendliche Heimat wunderbar ahnen ließen, wie in der Muschel das Meer saust, dem sie entfischt ist.« (GE I, S. 384)

Thomas Mann kann Wagner nicht in gleicher Weise verurteilen wie Nietzsche, dazu fühlt er sich jenem zu sehr verwandt und bezeichnet sich schon einmal selbst, wie in der autobiographischen Skizze *Im Spiegel*, als einen »in jedem Betrachte anrüchigen Scharlatan« (GW XI, S. 332). Gnadengeschenke der Inspiration wurden auch ihm nur selten beschert, wie wir aus zahlreichen Selbstzeugnissen über seine äußerst disziplinierte Arbeitsweise wissen.[15] Um 1905, als die Novelle entstand, war es mit der »Buddenbrook-Naivetät«[16] vorbei und die Laufbahn des Montage-Künstlers begann, der mit dem Zitatenpuzzle der *Schweren Stunde* ein Werk schuf, das »zusammengesetzt, gerechnet, künstlich, ein Artefakt« ist und doch den Eindruck organischer Geschlossenheit vermittelt.

Thomas Mann weiß in der Not des Dekadenzkünstlers keinen anderen Ausweg als Wagner. Aufgeklärt durch Nietzsches Kritik, legt er jedoch die Misere bloß und entlarvt die Scheinhaftigkeit ihrer Lösung. Das Problem der durch Überreflexion gehemmten Produktivität, der Sterilität des décadent, ist kein künstlerisches allein, wie das Schillerporträt zeigt, es ist ebenso ein existentielles. Die *Schwere Stunde* thematisiert noch einmal das Hauptproblem der Künstlernovellen des 19. Jahrhunderts: den Zusammenhang von Schöpfertum und Selbstfindung, Originalität und Eigentümlichkeit. Sie schildert Schillers »kranke Ungenügsamkeit« (GE I, S. 378) und verbindet sie mit seiner Schreibhemmung, sie kennzeichnet den manischen Aufschwung, der die melancholischen Selbstzweifel ablöst, als »eine Lohe, emporgeschlagen aus der Glut seines Künstleregoismus«, und das Verlangen nach Ruhm und Anerkennung als pure »Ichsucht« (GE I, S. 381). Thomas Mann läßt in der Schiller-Novelle am personalen

15 Vgl. u.a. *Meine Arbeitsweise* (1925). *[›Braucht man zum Dichten Schlaf und Zigaretten?‹]* (1927). *[zur Phsysiologie des dichterischen Schaffens]* (1928) – zu finden in GW XI – sowie *Die Entstehung des Doktor Faustus. Roman eines Romans* (1949).

16 Cf. den zitierten Brief von Thomas an Heinrich Mann vom 18. 2. 1905 in *Thomas Mann – Heinrich Mann: Briefwechsel 1900–1949*, 1984, S. 57.

Ursprung künstlerischen Schöpfertums keinerlei Zweifel und nimmt doch zugleich Abstand von der Vorstellung, daß man sich qua Kreativität gewaltsam ein Selbstbild montieren müßte. Sein Mittel dazu ist die Ironie, die hier sowohl ein erkenntnistheoretisches wie ein stilistisches Prinzip des Erzählens ist. Schillers Selbstreflexion gibt der Erzähler nicht in direkter Rede, sondern in der distanzierten Form der erlebten Rede wieder, nur mittelbar also, quasi unter Vorbehalt. Zudem ist die Rede überfrachtet mit sinntragenden Wörtern, so daß man nicht weiß, ob sie Bericht oder Parodie sein soll.[17]

Die Sehnsucht nach dem Absoluten, nach dem Ende der melancholischen Inkludenz in der Subjektivität, die Gesinnung zur Totalität, die im ›Schlußmonolog‹ der Novelle aufscheint, wird Thomas Manns Künstlerhelden auch weiterhin bewegen. In der *Schweren Stunde* ist im Keim die zentrale Problematik des *Doktor Faustus* angelegt. Der Mechanismus wird hier schon demonstriert, der einsetzt, wenn das Ich als Inspirationsquelle zu versiegen droht: der Wechsel von der personalen zur transpersonalen Ursprungsidee, die Remythisierung des Schöpfertums.

Das Schlußwort soll der brave Zeitblom erhalten, zum Dank dafür, daß er in seiner Erzählung »seine Person« nicht »in den Vordergrund zu schieben« wünscht und nicht so recht weiß, ob er »der rechte Mann für eine Aufgabe« ist, zu der ihn »vielleicht mehr das Herz als irgendwelche berechtigende Wesensverwandtschaft« zieht. Das Genie, das er beschreiben soll, ist ihm allerdings auch ein wenig verdächtig:

Nun ist dieses Wort ›Genie‹, wenn auch über-mäßigen, so doch gewiß edlen, harmonischen und human-gesunden Klanges und Charakters, und meinesgleichen, so weit er von dem hohen Anspruch entfernt ist, mit dem eigenen Wesen an diesem hohen Bezirke teilzuhaben und je mit divinis influxibus ex alto begnadet gewesen zu sein, sollte keinen vernünftigen Grund sehen, davor zurückzubangen, keinen Grund, nicht mit freudigem Aufblick und ehrerbietiger Vertraulichkeit davon zu sprechen und zu handeln. So scheint es. Und doch ist nicht zu leugnen und ist nie geleugnet worden, daß an dieser strahlenden Sphäre das Dämonische und Widervernünftige einen beunruhigenden Anteil hat, daß immer eine leises Grauen erweckende Verbindung besteht zwischen ihr und dem unteren Reich, und daß eben darum die versichernden Epitheta, die ich beizulegen versuchte, ›edel‹, ›human-gesund‹ und ›harmonisch‹, nicht recht darauf passen wollen –, selbst dann nicht – mit einer Art schmerzlichen Ent-

17 Zur Funktion der erlebten Rede bei Thomas Mann vgl. Baumgart, Reinhard, 1964: *Das Ironische und die Ironie in den Werken Thomas Manns*. München, S. 61. – Zum Prinzip der Reihung und Addition sinntragender Wörter vgl. z. B. GE I, S. 377: Sein Werk ist Schiller »Last«, »Druck«, »Gewissensqual«, »Meer«, »Aufgabe«, »Stolz«, »Elend«, »Himmel« und »Verdammnis«.

schlusses stelle ich diesen Unterschied auf – selbst dann nicht, wenn es sich um ein lauteres und genuines, von Gott geschenktes oder auch verhängtes Genie handelt und nicht um ein akquiriertes und verderbliches, um den sünd- und krankhaften Brand natürlicher Gaben, die Ausübung eines gräßlichen Kaufvertrages . . .[18]

18 Cf. Mann, Thomas, 1980: *Doktor Faustus. Das Leben des deutschen Tonsetzers Adrian Leverkühn erzählt von einem Freund.* (= Gesammelte Werke in Einzelbänden. Frankfurter Ausgabe hg. von Peter de Mendelssohn). Frankfurt/M., S. 9–11 (= GE II).

Zur Tropologie des Kreativitätsdiskurses
Schlußnotizen

»Uns Laien hat es immer mächtig gereizt zu wissen, woher diese merkwürdige Persönlichkeit, der Dichter, seine Stoffe nimmt« – so beginnt Sigmund Freud am 6. Dezebmer 1907 in den Räumen des Wiener Verlagsbuchhändlers Hugo Heller einen kleinen Vortrag, der im März 1908 unter dem Titel *Der Dichter und das Phantasieren* in der Berliner Zeitschrift *Neue Revue* gedruckt wird. Mit der Bescheidenheit, welche die Eingangsformel vortäuscht, ist es rasch vorbei. Der Laie erweist sich als Experte, der keinen Zweifel daran läßt, daß »Seine Majestät das Ich« Ausgangs- und Zielpunkt künstlerischen Schöpfertums ist. Schreiben sei eine »egozentrische« Tätigkeit, die der Selbstfindung und Selbstbestätigung diene. Des Dichters »eigenstes Geheimnis« sei die *»Ars poetica«*, die Technik der »Abänderungen und Verhüllungen« der Selbstphantasien zum Zwecke ihrer allgemeinen Billigung.[1]

Die poetischen Kunstgriffe blieben für Freud ein Rätsel, zu dessen Aufklärung er sich als Psychoanalytiker nicht befugt fühlte.[2] Die rhetorischen beherrschte er glänzend, wie der Redeeingang zeigt. Nach dem ›attentum parare‹ (tua res agitur: »*uns* Laien«) und der ›captatio benevolentiae‹ (»uns *Laien*«) folgt programmgemäß das ›docilem parare‹: »Unser Interesse hiefür [für die Frage der Herkunft der Stoffe] wird nur gesteigert durch den Umstand, daß der Dichter selbst, wenn wir ihn befragen, uns keine oder keine befriedigende Auskunft gibt«[3]. Freuds Rhetorik verdeckt, daß sein Forschungsinteresse so neu nicht ist, daß sich vielmehr die Dichter des 19. Jahrhunderts ausgiebig mit der Frage beschäftigt und längst die Antwort gefunden haben, die er seinen Wiener Zuhörern als Überraschung präsentiert. Sein Beitrag ist der vorläufig letzte in der Debatte um den Zusammenhang von Kreativität und Eigentümlichkeit, an der die Dichter der Jahrhundertwende – mit der großen Ausnahme Kafka – kaum mehr

1 In: Freud, Sigmund, 1989: *Bildende Kunst und Literatur*. Hg. von Alexander Mitscherlich u.a. (= Studienausgabe, Bd. X). Frankfurt/M., S. 169–179, hier: S. 171, 176, 179.

2 Vgl. die Nachweise in: *Literatur und Psychoanalyse. Ansätze zu einer psychoanalytischen Textinterpretation*. Hg. und eingeleitet von Wolfgang Beutin. München 1972, S. 29.

3 Cf. Freud, 1989, S. 171. – Freuds parteilicher Anfang könnte Zitat sein, er erinnert an die bereits zitierte Behauptung Kants in der »Kritik der Urteilskraft«, daß das Genie, »wie es sein Produkt zu Stande bringe, selbst nicht beschreiben, oder wissenschaftlich anzeigen könne« (K V, S. 406) – cf. I.3.2.2. S. 66.

Interesse zeigen. In der zweiten Hälfte des 19. Jahrhunderts bilden sich zwei neue Schaffensparadigmata heraus, welche die Literatur der Moderne bestimmen.

Das erste ist die Vorstellung von der völligen Intellektualisierung oder Rationalisierung des Kreativitätsprozesses, wie wir sie z.B. bei Poe, Mallarmé, Valéry oder Benn finden. Der Akzent liegt hier auf der Frage der Elaboration, nicht der Inspiration. Die Machbarkeit des poetischen Werks wird betont, die Methode, mit der es in der ›Werkstatt‹, im ›Laboratorium‹ des Dichters hergestellt wird. Das zweite ist die Vorstellung von der Erneuerung überpersönlicher Schaffensprinzipien, von der Wiedergewinnung objektiver Autorschaft durch die Hinwendung zur prälogischen Erfahrungswirklichkeit, wie wir sie in verschiedenen Variationen z.B. bei Rimbaud, den Dadaisten oder den Surrealisten entdecken.[4]

»Ein Gedicht entsteht überhaupt sehr selten – ein Gedicht wird gemacht«, behauptet Gottfried Benn in seiner Marburger Rede *Probleme der Lyrik*[5] und verneint damit scheinbar jeden Inspirationsglauben. Seine poetologischen Äußerungen sind jedoch widersprüchlich bzw. ein Beweis für die Komplementarität beider Schaffensparadigmata in der Literaturtheorie der Moderne. Belege für Benns ›Wiederverzauberung‹ des Schöpfungsaugenblicks gibt es genug. Zwei Exempel dafür: In der *Akademie-Rede* führt er den »erregenden« Anfangszustand der Kreativität auf »halluzinatorisch-kongestive Mechanismen« zurück, die vermutlich »organisch tiefer basiert« seien und »auf eine ältere und verläßlichere Realität hinweisen« würden, »eine überindividuelle Sphäre«.[6] Im Marburger Vortrag heißt es:

und nun kommt das Rätselhafte: das Gedicht ist schon fertig, ehe es begonnen hat, er [der Dichter] weiß nur seinen Text noch nicht. [...] von einem gewissen Albrecht Fabri las ich kürzlich im ›Lot‹ eine Bemerkung, die genau diesen Sachverhalt schildert [daß der Dichter »innerlich geführt wird« während des Schaffensprozesses], er sagt: ›die Frage, von wem ein Gedicht sei, ist auf jeden Fall eine müßige. Ein in keiner Weise zu reduzierendes X hat teil an der

4 Den besten Überblick über die beiden Grundtendenzen vermitteln weiterhin die Dokumentationsbände von Höllerer, Walter (Hg.), 1965: *Theorie der modernen Lyrik. Dokumente zur Poetik I.* Reinbek bei Hamburg; sowie von Allemann, Beda (Hg.), 1971: *Ars Poetica. Texte von Dichtern des 20. Jahrhunderts zur Poetik.* Darmstadt. Zur literaturgeschichtlichen Einordnung der schaffenstheoretischen Überlegungen der Moderne vgl. außer dem Standardwerk von Friedrich, Hugo, 1956: *Die Struktur der modernen Lyrik. Von der Mitte des neunzehnten bis zur Mitte des zwanzigsten Jahrhunderts.* Hamburg, noch Barmeyer, Eike, 1968: *Die Musen. Ein Beitrag zur Inspirationstheorie.* München.

5 Cf. Benn, Gottfried, 1958 ff.: *Gesammelte Werke in vier Bänden.* Hg. von Dieter Wellershoff. Wiesbaden, hier Bd. I, S. 495.

6 Cf. Benn, 1958 ff., Bd. I, S. 436.

Autorschaft des Gedichtes, mit anderen Worten, jedes Gedicht hat seine homerische Frage, jedes Gedicht ist von mehreren, das heißt von einem unbekannten Verfasser‹. Dieser Sachverhalt ist so merkwürdig, daß ich ihn nochmal anders ausdrücken möchte. Irgend etwas in Ihnen schleudert ein paar Verse heraus oder tastet sich mit ein paar Versen hervor, irgend etwas anderes in Ihnen nimmt diese Verse sofort in die Hand, legt sie in eine Art Beobachtungsapparat, ein Mikroskop, prüft sie, färbt sie, sucht nach pathologischen Stellen. [...] Er [der Dichter] folgt einer inneren Stimme, die niemand hört. Er weiß nicht, woher diese Stimme kommt, nicht, was sie schließlich sagen will.[7]

Unabhängig davon, ob der Ursprung der Kreativität nun personal oder transpersonal gedacht wird – eine Schwierigkeit scheinen die Autoren des 19. und des 20. Jahrhunderts gemeinsam zu haben: die Beschreibung des »X«, wie es bei Benn heißt, der großen Unbekannten also, des unsichtbaren, irrationalen Moments im Schaffensprozeß.[8] Ingenium est ineffabile? war die Titel- und *eine* der Hauptfragen meiner Arbeit, ich suchte in den Künstlernovellen nach Beschreibungsfiguren, mit deren Hilfe das Unvertraute vertraut gemacht wurde. Ich werde diese Figuren noch einmal so abstrakt wie möglich darstellen, weil ich denke, daß sie – unbeschadet ihrer historisch-kulturellen Einbettung – Grundformen menschlicher Erfahrung von Kreativität widerspiegeln. Anders formuliert: Ihre erfahrungserschließende Kraft liegt allen geschichtlich gebundenen Aussagen voraus, historisch signifikant ist allein der Wechsel der Auslegungsmodalitäten.

Mental maps, innere Landkarten, nennt die Geographie die Orientierungsmuster, mit deren Hilfe wir uns in der Wirklichkeit zurechtfinden. Als Geisteswissenschaftler neigt man eher dazu, solche Denkbilder für Sprachbilder zu halten – in der Annahme, daß sich jede menschliche Erfahrung durch Sprache konstituiert und durch deren Regeln strukturiert wird. Die mentalitätsgeschichtlichen Studien des amerikanischen Historikers Hayden White bestätigen diese Vermutung. White untersuchte Bewußtseinsformen in humanwissenschaftlichen Diskursen.[9] Er entdeckte, daß deren Wirklichkeitsbeschreibungen primär tropologisch konstruiert sind, daß wissenschaftliche Darstellungen letztlich den gleichen Figuren uneigentlicher Rede folgen wie literarische. Jeder Verstehensprozeß vollziehe sich – so lautet Whites Hauptergebnis – nach dem Muster einer der vier

7 Cf. Benn, 1958 ff., Bd. I, S. 506f. und S. 517.

8 Zur Problematik der Benennung des Schaffensgrundes in der Moderne vgl. Barmeyer, 1968, S. 210f.

9 Vgl. White, Hayden, 1973: *Metahistory: the Historical Imagination in Nineteenth-Century Europe*. Baltimore, sowie White, 1986, und hierin vor allem die Einleitung *Tropologie, Diskurs und die Formen des menschlichen Bewußtseins*, S. 7–35. White analysierte u.a. Freuds Traumdeutung, Piagets Entwicklungspsychologie, Foucaults Theorie der Episteme und Thompsons Geschichte der englischen Arbeiterklasse.

»master tropes«: der Metapher, der Metonymie, der Synekdoche und der Ironie. Sie bezeichneten vier verschiedene Modalitäten und Entwicklungsstadien menschlicher Erfahrung, vier verschiedene Arten, sich ein Bild von der Wirklichkeit zu machen – im Medium des Fiktionalen wie im Medium des Nonfiktionalen. White trennt damit nicht mehr kategorisch zwischen den Formen dichterischer und wissenschaftlicher Sinnstiftung.

Der Ursprungsort künstlerischen Schöpfertums gilt zu Beginn des 19. Jahrhunderts als ›terra incognita‹. Die Beschreibungsfiguren der von mir interpretierten Künstlernovellen, mit deren Hilfe der neue Erfahrungsbereich erschlossen wird, lassen sich durch das Viererschema der »master tropes« systematisch unterscheiden. Whites Definitionen der Tropen bleiben vage, ich verwende deshalb die in der Literaturwissenschaft gebräuchliche Terminologie[10] und vergleiche die Gestaltungsweise von Wortbildern mit der Gestaltungsweise der Kreativitätsmodelle. Die Mechanismen der Tropenbildung werden von der Ebene der Wortfiguren auf die Ebene der Gedankenfiguren übertragen.

Die Metapher ist ein Sprungtropus. Das eigentlich gemeinte Wort wird durch ein anderes ersetzt, der Modus der Relationierung ist der der Ähnlichkeit. Die Sprache ›springt‹ von einem Vorstellungsbereich in den anderen, die Vergleichsmöglichkeiten sind im Grunde unbegrenzt, weil zwischen Eigentlichem und Uneigentlichem keine Realbeziehung besteht wie bei der Metonymie. Metaphorischer Struktur ist das Kreativitätsmodell Hoffmanns. Das ungelöste Problem des Schaffensursprungs ist bei ihm der Katalysator für das Erzählen immer neuer Geschichten, die gleichsam von einer Entstehungstheorie zur anderen wechseln. Die alten metaphysischen wie die neuen psychologischen Darstellungs- und Deutungsmuster gelten ihm gleich viel, er erkennt in ihnen keine Realbeziehung zum eigentlichen Kreativitätsgeschehen, sie sind folglich austauschbar. Was sie untereinander und mit der irrationalen Wirklichkeit des Schöpferischen verbindet, ist das Assoziationsprinzip der Analogie.

Bei der Metonymie besteht zwischen tropus und verbum proprium bzw. zwischen den ihnen zugeordneten Vorstellungsbereichen eine Realbeziehung, ein zeitlicher, räumlicher, ursächlicher oder erfahrungsgemäßer Zusammenhang. Mörikes Kreativitätsmodell ist metonymischer Struktur. Er beschreibt künstlerisches Schöpfertum einerseits als erweisloses Geschehen, das sich jeder rationalen Kontrolle und Erklärung entzieht und sowohl personalen wie transpersonalen Ursprungs sein könnte, anderseits als psy-

10 Vgl. dazu Lausberg, Heinrich, [9]1987 (1963): *Elemente der literarischen Rhetorik.* München; sowie Ueding, Gert 1976: Einführung in die Rhetorik. Geschichte – Technik – Methode. Stuttgart.

chologischen Gesetzen gehorchende Tat. Dabei entsteht, anders als bei Hoffmann, niemals der Eindruck der Beliebigkeit, denn die beiden Ansichten von Kreativität sind komplementär, Mörike vereint sie durch ein formales und ideelles Integrationskonzept. Er gliedert den Kreativitätsprozeß in Stadien, verteilt die unbewußten und die bewußten Schaffensmomente auf eine Zeitfolge und stellt so eine kausalgesetzliche Relation zwischen ihnen her. Er zeigt außerdem, daß es gelingen kann, die Kluft zwischen Irrationalem und Rationalem durch kulturell gestiftete Codes zu schließen.

Die Metonymie könnte man als eine Teil-Teil-Beziehung bezeichnen. Bei der Synekdoche dagegen steht der Teil für das Ganze oder das Ganze für den Teil, das Beziehungssystem ist hierarchisch geordnet. Nach diesem Mechanismus ist Storms Kreativitätsmodell gebildet. Er läßt es, im Unterschied zu Mörike, nicht mehr offen, ob das Kreativitätsgeschehen personalen oder transpersonalen Ursprungs ist. Sein Denkstil ist hypotaktisch, nicht parataktisch. Künstlerisches Schöpfertum ist für ihn in allen Momenten stets Ausdruck und Bewältigung psychischer Not.

Die Ironie ist wiederum ein Sprungtropus, eine Metapher gewissermaßen, die die Ähnlichkeit zwischen Eigentlichem und Uneigentlichem sowohl behauptet wie dementiert. Sie ist eine Form, den Vergleich selbst zu reflektieren und auf dessen potentielle Unangemessenheit hinzuweisen. Ironischer Struktur ist Thomas Manns Kreativitätsmodell. Er bekräftigt die Vorstellung subjektzentrierter Kreativität und erschüttert zugleich ihre Glaubwürdigkeit, indem er das Interesse verrät, aus dem sie entstanden ist: die »Glut des Künstleregoismus«.

Zum Schluß eine persönliche Anmerkung. Als ich mich im Winter 1985/86 erstmals mit dem Kreativitätsgedanken beschäftigte, schickte ich, von der Fülle des Materials verwirrt, die Kopie des Cézanne-Bildes *Le Baiser de la Muse* zusammen mit der aus der Einleitung bekannten Interpretation an Oskar Pastior und bat ihn um einen Kommentar. Ich wollte wissen, was ein Dichter, der sein Schaffen ganz dem ›Verfahren‹ überläßt, vom Inspirationswunder hält. Seine mir damals wenig tröstliche und rätselhafte Antwort in einem Brief vom 4. Januar 1986 war:

Natürlich hast Du mit dem Thema ›Inspiration‹ bei mir in ein Wespennest gestochen, besser gesagt in ein Knäuel von spinösen Dingen, einen wahren Mäusekönig (das ist, soviel ich weiß, das in sich verfilzte Wuselwesen aus jungen Mäusen, noch ohne Haar und Augen, entstanden durch Selbstzeugung in Stroh und Mist) – und ich wüßte wirklich nicht, von welcher Seite da ein Faden zu erwischen ist, der alles aufrollt, ohne das Knäuel zu vernichten. So ›geht‹ ›es‹, wenn man sich von Bildern leiten läßt – ginge es anders? Vor allem dies ›es‹ als Synonym für Inspiration (›es ist schuld, ich kann nichts dafür‹) – es wälzt die Schuld auf die Huld: fertig ist der Schöpfer. Andererseits: ohne

Anmaßung ist kein Wort setzbar. ›Gottseidank‹, denn ohne sperrige Anmaßung wäre Literatur kein Widerstand. (Übrigens, auch die Gänsefüßchen sind so ein Buhlen um einen ›objektiveren Ersatz‹). Ach, und wahrscheinlich stellt sich außerliterarisch (gibt es das?) dann heraus, daß es dabei doch nur um den bekannten Konflikt ›Materialismus – Idealismus‹ (oder, bitte, Rationalismus – Religion; Individuum – Dogma, Ideologie etc.) geht. Wie immer, ich glaube, der Zündstoff liegt im Zwitterwesen Sprache.

Um den letzten Satz zu begreifen, mußte ich einige Umwege machen – u.a. über den Diskurs des Radikalen Konstruktivismus – und diese Arbeit zu Ende schreiben. Ich hatte die bei einer solchen Untersuchung wohl üblichen Startschwierigkeiten: Die paradoxe Aufgabe lautete, einen Arbeitsplan zu entwickeln, ohne zu wissen, worauf die Arbeit hinauslaufen würde. ›Einfälle‹ kamen – bei diesem Thema kein Wunder –, deren Tauglichkeit mir aber erst bewußt wurde, als ich sie zu formulieren versuchte. In konstruktivistischer Terminologie: Der konsensuelle Bereich, das Medium, in dem ich meine internen Wirklichkeitskonstruktionen ausdrückte, erwies sich in seiner Widerständigkeit als der eigentlich kreagene. Besser gesagt: Der »*Zünd*stoff« der Ideen, die Reibefläche, war die Sprache selbst. Sie ist ein »Zwitterwesen« aus Subjektivität und Intersubjektivität. Es scheint von daher gleichgültig, ob man literarisch oder wissenschaftlich kreativ ist, die Gedanken werden allmählich beim Reden oder Schreiben verfertigt. Für das Resultat trägt man die Verantwortung, den Anspruch auf Eigentümlichkeit, auf einen Besitz- und Individualitätstitel für bzw. durch das Geschaffene, erwirbt man m.E. damit nicht.[11]

---

11 Tristan Vogt (Erlangen) hat mich darauf aufmerksam gemacht, daß diese Überlegungen sich z.T. mit der Kreativitätstheorie des amerikanischen Philosophen John Dewey berühren, der die schöpferische Tätigkeit als Erfahrungsprozeß verstehe. Ihm zufolge sei Kunst nicht die Darstellung bereits gemachter innerer oder äußerer Erfahrungen, sondern der Modus von Erfahrung selbst. Vgl. Dewey, John, 1980 (engl. 1934): *Kunst als Erfahrung (Art as Experience)*. Frankfurt/M.

Anhang

Siglenverzeichnis

GE I — Mann, Thomas, 1981: Frühe Erzählungen (= Gesammelte Werke in Einzelbänden. Frankfurter Ausgabe. Hg. von Peter de Mendelssohn). Frankfurt/M.

GE II — Mann, Thomas, 1980: Doktor Faustus. Das Leben des deutschen Tonsetzers Adrian Leverkühn erzählt von einem Freunde. (= Gesammelte Werke in Einzelbänden. Frankfurter Ausgabe. Hg. von Peter de Mendelssohn). Frankfurt/M.

GW — Mann, Thomas, [2]1974: Gesammelte Werke in dreizehn Bänden. Frankfurt/M.

H I — E. T. A. Hoffmann 1960/1978: Fantasie- und Nachtstücke. Nachwort von Walter Müller-Seidel. Anmerkungen von Wolfgang Kron. München/Darmstadt.

H II — E. T. A. Hoffmann, 1960/1978: Die Elexiere des Teufels. Lebensansichten des Kater Murr. Nachwort von Walter Müller Seidel. Anmerkungen von Wolfgang Kron. München/Darmstadt.

H III — E. T. A. Hoffmann, 1963/1978: Die Serapions-Brüder. Nachwort von Walter Müller-Seidel. Anmerkungen von Wulf Segebrecht. München/Darmstadt.

H IV — E. T. A. Hoffmann, 1965/1978: Späte Werke. Nachwort von Walter Müller-Seidel. Anmerkungen von Wulf Segebrecht. München/Darmstadt.

H V — E. T. A. Hoffmann, 1963: Schriften zur Musik. Nachlese. Nachwort und Anmerkungen von Friedrich Schnapp. München/Darmstadt.

H VI — E. T. A. Hoffmann, 1973: Juristische Schriften. Mit Erläuterungen hg. von Friedrich Schnapp, München.

H Br — E. T. A. Hoffmann, 1967 f.: Briefwechsel. Gesammelt und erläutert von Hans von Müller und Friedrich Schnapp. 2 Bde. München.

K — Kant, Immanuel, 1983: Werke in sechs Bänden. Hg. von Wilhelm Weischedel. Darmstadt.

KSA — Nietzsche, Friedrich, 1980: Sämtliche Werke. Kritische Studienausgabe in 15 Bdn. hg. von Giorgio Colli und Mazzino Montinari. München, Berlin, New York.

M — Mörike, Eduard, 1959: Sämtliche Werke, Briefe. Ausgabe in drei Bänden. Hg. von Gerhart Baumann in Verbindung mit Siegfried Grosse. Stuttgart.

S — Storm, Theodor, 1987 f.: Sämtliche Werke in vier Bänden. Hg. von Karl Ernst Laage und Dieter Lohmeier. Frankfurt/M.

SW — Kleist, Heinrich von, [6]1977: Sämtliche Werke und Briefe. 2 Bde. Hg. von Helmut Sembdner. München.

Y — Young, Edward, 1977: Gedanken über die Original-Werke (aus dem Englischen von H. E. von Teubern). Heidelberg (= Faksimiledruck der dt. Ausgabe von 1760, mit einem Nachwort und einer Dokumentation zur Wirkungsgeschichte in Deutschland von Gerhard Sauder; in: Deutsche Neudrucke, Reihe: Goethezeit, hg. von Arthur Henkel).

Literaturverzeichnis

ADORNO, THEODOR W., [4]1980 (1970): Ästhetische Theorie. Hg. von Gretel Adorno und Rolf Tiedemann. Frankfurt/M.

ALEWYN, RICHARD, 1963: Das Rätsel des Detektivromans. In: Definitionen. Essays zur Literatur. Hg. von Adolf Frisé. Frankfurt/M., S. 117–136.

ALEWYN, RICHARD, 1974: Probleme und Gestalten. Frankfurt/M.

ALLEMANN, BEDA (Hg.), 1971: Ars Poetica. Texte von Dichtern des 20. Jahrhunderts zur Poetik. Darmstadt.

ARENDT, DIETER, 1983: Sage mir, Muse... (Homers Muse und die Freiheit der Kunst im modernen Welttheater). In: Wirkendes Wort 33/2, S. 93–114.

ARISTOTELES, 1962: Problemata Physica. Hg. von Helmut Flashar. Berlin.

ARX, BERNHARD VON, 1953: Novellistisches Dasein. Spielraum einer Gattung in der Goethezeit. Zürich: Diss.

AUHUBER, FRIEDHELM, 1986: In einem fernen dunklen Spiegel. E.T.A. Hoffmanns Poetisierung der Medizin. Opladen.

BAEUMLER, ALFRED, [2]1967 (1923): Das Irrationalitätsproblem in der Ästhetik und Logik des 18. Jahrhunderts bis zur Kritik der Einbildungskraft. Darmstadt.

BANULS, ANDRÉ, 1968: Thomas Mann und sein Bruder Heinrich. Stuttgart, Berlin, Köln, Mainz.

BARMEYER, EIKE, 1968: Die Musen. Ein Beitrag zur Inspirationstheorie. München.

BARRON, FRANK (Hg.), 1967: Explorations in Creativity. New York.

BAUMGART, REINHARD, 1964: Das Ironische und die Ironie in den Werken Thomas Manns. München.

BECKETT, SAMUEL, 1976: Werkausgabe edition suhrkamp in zehn Bänden. Frankfurt/M.

BENJAMIN, WALTER, 1980: Gesammelte Schriften. Bd. I–IV. Hg. von Rolf Tiedemann und Hermann Schweppenhäuser unter Mitwirkung von Gershom Scholem und Theodor W. Adorno. Frankfurt/M.

BENN, GOTTFRIED, 1958ff.: Gesammelte Werke in vier Bänden. Hg. von Dieter Wellershoff. Wiesbaden.

BEUTIN, WOLFGANG (Hg.), 1972: Literatur und Psychoanalyse. Ansätze zu einer psychoanalytischen Textinterpretation. München.

BEZOLD, RAIMUND, 1984: Popularphilosophie und Erfahrungsseelenkunde im Werk von Karl Philipp Moritz. Würzburg.

BLAMBERGER, GÜNTER, 1985: Versuch über den deutschen Gegenwartsroman. Krisenbewußtsein und Neubegründung im Zeichen der Melancholie. Stuttgart.

BLAMBERGER, GÜNTER, MANFRED ENGEL und MONIKA RITZER (Hg.), 1991: Studien zur Literatur des Frührealismus. Frankfurt/M., Bern, New York, Paris.

BÖSCHENSTEIN-SCHÄFER, RENATE, 1984/85: Die Stimme der Muse in Hölderlins Gedichten. In: Hölderlin-Jahrbuch 24, S. 87–112.

BOGEN, J. E./M. B., 1969: The Other Side of the Brain: III. The Corpus Callosum and Creativity. In: Bulletin of the Los Angeles Neurological Societies 34, S. 191–217.

BOLLENBECK, GEORG, 1988: Theodor Storm. Eine Biographie. Frankfurt/M.

BRANDSTETTER, GABRIELE/NEUMANN, GERHARD, 1991: Biedermeier und Postmoderne. Zur Melancholie des schöpferischen Augenblicks: Mörikes Novelle ›Mozart auf der Reise nach Prag‹ und Shaffers ›Amadeus‹. In: Studien zur Literatur des Frührealismus. Hg. von Günter Blamberger, Manfred Engel und Monika Ritzer. Frankfurt/M., Bern, New York, Paris, S. 306–337.

BÜRGER, PETER, [3]1981 (1974): Theorie der Avantgarde. Frankfurt/M.

CAMPE, JOACHIM HEINRICH, 1979: Abeze- und Lesebuch. Dortmund.

CÉZANNE AU MUSÉE D'AIX , o. J. [1984], o. O. [Ausstellungskatalog]

COLLEVILLE, MAURICE, 1949: La conception de la poésie et du poète chez Mörike. In: les langues modernes 43, S. 265–281.

CONRAD, HORST, 1974: Die literarische Angst. Das Schreckliche in Schauerromantik und Detektivgeschichte. Düsseldorf.

CURTIUS, ERNST ROBERT, [5]1965 (1948): Europäische Literatur und lateinisches Mittelalter. Bern.

CURTIUS, MECHTHILD (Hg.), 1976: Seminar: Theorien der künstlerischen Produktivität. Entwürfe mit Beiträgen aus Literaturwissenschaft, Psychoanalyse und Marxismus. Frankfurt/M.

DAEMMRICH, HORST, 1967: Thomas Manns ›Schwere Stunde‹ Reconsidered. In: Papers on Language and Literature 3, S. 34–41.

DAVIS, NATALIE ZEMON, 1988 (engl. 1987): Der Kopf in der Schlinge. Gnadengesuche und ihre Erzähler (Fiction in the Archives. Pardon Tales and their Tellers in Sixteenth-Century France). Berlin.

DERRIDA, JAQUES, 1974 (franz. 1967): Grammatologie (De la grammatologie). Frankfurt/M.

DEWEY, JOHN, 1980 (engl. 1934): Kunst als Erfahrung (Art as Experience). Frankfurt/M.

DIECKMANN, LISELOTTE, 1954: Mörikes Presentation of the Creative Process. In: Journal of English and Germanic Philology 53, S. 291–305.

DOERKSEN, VICTOR G., 1973: Die Mörike-Literatur seit 1950. Literaturbericht und Bibliographie. In: DVjs 47, Sonderheft, S. 343–397.

DOERKSEN, VICTOR G. (Hg.), 1975: Eduard Mörike. Darmstadt.

EICHENDORFF, JOSEPH, 1957 f.: Neue Gesamtausgabe der Werke und Schriften in vier Bänden. Hg. von Gerhart Baumann. Stuttgart.

EITEL, WOLFGANG (Hg.), 1977: Die romanische Novelle. Darmstadt.

ELLIS, JOHN M., 1969: E. T. A. Hoffmanns ›Das Fräulein von Scuderi‹. In: The Modern Language Review 64, S. 340–350.

ENGELL, JAMES, 1981: The Creative Imagination. Enlightenment to Romanticism. Cambridge/Massachusetts, London.

Erb, Birgit, 1982: Kritische Untersuchungen zum Konzept der assoziativen Kreativität. Darmstadt: Typoskript der Dissertation.

Feldges, Brigitte/Stadler, Ulrich, 1986: E.T.A. Hoffmann. Epoche – Werk – Wirkung. München.

Feldt, Michael, 1982: Ästhetik und Artistik am Ende der Kunstperiode. Textanalytische, kunstphilosophische und zivilisationsgeschichtliche Untersuchungen zur Prosa von Goethe, E.T.A. Hoffmann, Heine und Büchner. Heidelberg.

Fink, Gonthier-Louis, 1988/89: Das Motiv der Rebellion in Kleists Werk im Spannungsfeld der Französischen Revolution und der Napoleonischen Kriege. In: Kleist-Jahrbuch 1988/89. S. 64–88.

Fleck, Ludwik, 1980 (1935): Entstehung und Entwicklung einer wissenschaftlichen Tatsache. Einführung in die Lehre vom Denkstil und Denkkollektiv. Mit einer Einleitung hg. von Lothar Schäfer und Thomas Schnelle. Frankfurt/M.

Flossdorf, Bernhard, 1978: Kreativität. Bruchstücke einer Soziologie des Subjekts. Frankfurt/M.

Fohrmann, Jürgen/Müller, Harro (Hg.), 1988: Diskurstheorien und Literaturwissenschaft. Frankfurt/M.

Fontane, Theodor, 1973: Sämtliche Werke. Aufsätze, Kritiken, Reden. Bd. 4: Autobiographisches. Hg. von Walter Keitel. Darmstadt.

Foucault, Michel, 1969: Qu'est-ce qu'un auteur? In: Bulletin de la Société française de Philosophie, Juli–September 1969; in dt. Übersetzung in: Foucault, Michel, 1988: Schriften zur Literatur. Frankfurt/M.

Foucault, Michel, 1974 (franz. 1971): Die Ordnung des Diskurses (L'ordre du discours). München/Wien.

Foucault, Michel (Hg.), 1975 (franz. 1973): Der Fall Rivière. Materialien zum Verhältnis von Psychiatrie und Strafjustiz (Moi, Pierre Rivière, ayant égorgé ma mère, ma soeur et ma frère ...). Frankfurt/M.

Frank, Manfred, 1983: Was ist Neostrukturalismus? Frankfurt/M.

Frank, Manfred, 1986: Die Unhintergehbarkeit von Individualität. Reflexionen über Subjekt, Person und Individuum aus Anlaß ihrer ›postmodernen‹ Toterklärung. Frankfurt/M.

Frank, Manfred/Haverkamp, Anselm (Hg.), 1988: Individualität. München.

Freier, Hans, 1976: Die Rückkehr der Götter. Von der ästhetischen Überschreitung der Wissensgrenze zur Mythologie der Moderne. Eine Untersuchung zur systematischen Rolle der Kunst in der Philosophie Kants und Schellings. Stuttgart.

Freud, Sigmund, 1970: Psychologische Schriften. Studienausgabe. Frankfurt/M.

Freud, Sigmund, 1989: Bildende Kunst und Literatur. Hg. von Alexander Mitscherlich u.a. Studienausgabe. Frankfurt/M.

Freund, Winfried, 1987: Theodor Storm. Stuttgart, Berlin, Köln, Mainz.

Fricke, Harald, 1981: Norm und Abweichung. Eine Philosophie der Literatur. München.

FRIEDRICH, HUGO, 1956: Die Struktur der modernen Lyrik. Von der Mitte des neunzehnten bis zur Mitte des zwanzigsten Jahrhunderts. Hamburg.

FRÜHWALD, WOLFGANG, 1984: Der Enthusiasmus des Lebens. Individuation und Psychologisierung in Storms späten Erzählungen. In: Schriften der Theodor-Storm-Gesellschaft 33, S. 9–18.

FÜLLEBORN, ULRICH, 1966: Das dramatische Geschehen im Werk Franz Grillparzers. Ein Beitrag zur Epochenbestimmung der deutschen Dichtung im 19. Jahrhundert. München.

FÜLLEBORN, ULRICH, 1974: Frührealismus und Biedermeierzeit. In: Begriffsbestimmungen des literarischen Biedermeier. Hg. von Elfriede Neubuhr. Darmstadt. S. 329–364.

GERARD, ALEXANDER, 1966 (1774): An Essay on Genius. Hg. von Bernhard Fabian. München.

GLASERSFELD, ERNST VON, 1987: Wissen, Sprache, Wirklichkeit. Arbeiten zum radikalen Konstruktivismus. Braunschweig, Wiesbaden.

GOETHE, JOHANN WOLFGANG VON, 1982: Werke. Hamburger Ausgabe in 14 Bänden. München.

GOLDAMMER, PETER, 1974: Theodor Storm. Eine Einführung in Leben und Werk. Leipzig.

GOMBRICH, ERNST H., 1979: Ziele und Grenzen der Ikonologie. In: Kaemmerling, Ekkehard (Hg.), 1979: Ikonographie und Ikonologie. Theorien – Entwicklung – Probleme. Köln, S. 377–433.

GRAEVENITZ, GERHART VON, 1978: Eduard Mörike: Die Kunst der Sünde. Zur Geschichte des literarischen Individuums. Tübingen.

GRANZOW, HERMANN, 1960: Künstler und Gesellschaft im Roman der Goethezeit. Eine Untersuchung zur Bewußtwerdung neuzeitlichen Künstlertums in der Dichtung vom ›Werther‹ bis zum ›Kater Murr‹. Bonn: Diss.

GRASS, GÜNTER, 1971 (1959): Die Blechtrommel. Roman. Frankfurt/M. und Hamburg.

GRIMM, JAKOB und WILHELM, 1984: Deutsches Wörterbuch. 33 Bde. München.

GROLMANN, ADOLF VON, 1929: Die strenge »Novellen«-Form und die Problematik ihrer Zertrümmerung. In: Zeitschrift für Deutschkunde 1929, S. 609–627; gekürzt wiedergegeben in Kunz, Josef (Hg.), 1973. Novelle. Darmstadt, 154–166.

GUILFORD, JOY PAUL, 1950: Creativity. In: American Psychologist 5, S. 444–454.

GUILFORD, JOY PAUL, 1956: The Structure of Intellect. In: Psychological Bulletin 53, S. 267–293.

GUILFORD, JOY PAUL/HOEPFNER, RALPH, 1971: The Analysis of Intelligence. New York.

GUMBRECHT, HANS ULRICH und K. LUDWIG PFEIFFER unter Mitarbeit von ARMIN BIERMANN u.a., 1986: Stil. Geschichten und Funktionen eines kulturwissenschaftlichen Diskurselements. Frankfurt/M.

GUMBRECHT, HANS ULRICH, 1988: Kreativität – ein verbrauchter Begriff? München.

HARNISCHFEGER, JOHANNES, 1988: Die Hieroglyphen der inneren Welt. Romantikkritik bei E. T. A. Hoffmann. Opladen.

HARTH, DIETRICH und PETER GEBHARDT (Hg.), 1982: Erkenntnis der Literatur. Theorien, Konzepte, Methoden der Literaturwissenschaft, Stuttgart.

HATFIELD, HENRY, [2]1961 (1951): Thomas Mann. An Introduction to His Fiction. Norfolk.

HEGEL, GEORG WILHELM FRIEDRICH, 1970: Werke in zwanzig Bänden. Frankfurt/M.

HEINSE, WILHELM, 1924: Sämtliche Werke. Hg. von Carl Schüddekopf. Leipzig.

HEJL, PETER M., 1987: Konstruktion der sozialen Konstruktion: Grundlinien einer konstruktivistischen Sozialtheorie. In: S. J. Schmidt (Hg.), 1987: Der Diskurs des Radikalen Konstruktivismus. Frankfurt/M. S. 303–339.

HEMPFER, KLAUS W., 1973: Gattungstheorie. Information und Synthese. München.

HERMAND, JOST/WINDFUHR, MANFRED (Hg.), 1970: Zur Literatur der Restaurationsepoche 1815–1848. Forschungsreferate und Aufsätze. Stuttgart.

HEYDEBRANDT, RENATE VON, 1972: Eduard Mörikes Gedichtwerk. Beschreibung und Deutung der Formenvielfalt und ihrer Entwicklung. Stuttgart.

HEYSE, PAUL/KURZ, HERMANN (Hg.). o. J. [1871]: Deutscher Novellenschatz. München.

HEYSE, PAUL, [4]1901: Jugenderinnerungen und Bekenntnisse. Berlin.

HILDESHEIMER, WOLFGANG, 1977: Mozart. Frankfurt/M.

HIMMEL, HELLMUTH, 1960: Schuld und Sühne der Scuderi. Zu Hoffmanns Novelle. In: Mitteilungen der E. T. A. Hoffmann-Gesellschaft 7, S. 1–13, wieder abgedruckt in: Prang, Helmut (Hg.), 1976: E. T. A. Hoffmann. Darmstadt, S. 215–236.

HÖLLERER, WALTER (Hg.), 1965: Theorie der modernen Lyrik. Dokumente zur Poetik I. Reinbek bei Hamburg.

HOFFMANNN, E. T. A., 1960 ff.: [Werke in nicht-numerierten Einzelbänden]. Hg. von Walter Müller-Seidel und Friedrich Schnapp mit Illustrationen von Theodor Hosemann. München bzw. Darmstadt.

HOFFMANN, E. T. A., 1967 f.: Briefwechsel. Gesammelt und erläutert von Hans von Müller und Friedrich Schnapp. 2 Bde. München.

IMMERWAHR, RAYMOND, 1955: Apocalyptic Trumpets: The Inception of ›Mozart auf der Reise nach Prag‹. In: Publications of the Modern Language Association 70, S. 390–407.

JACOBS, JÜRGEN, 1975: Das Verstummen der Muse. Zur Geschichte der epischen Gattungen im XVIII. Jahrhundert. In: Arcadia 10, S. 129–146.

JAPP, UWE, 1988: Der Ort des Autors in der Ordnung des Diskurses. In: Fohrmann/Müller, 1988: Diskurstheorien und Literaturwissenschaft, Frankfurt/M., S. 223–234.

KAEMMERLING, EKKEHARD (Hg.), 1979: Ikonographie und Ikonologie. Theorien – Entwicklung – Probleme. Köln.

KAFKA, FRANZ, 1954: Tagebücher 1910–1923. Hg. von Max Brod. New York, Frankfurt/M.

KAISER, GERHARD, 1979: ›Aquis submersus‹ – versunkene Kindheit. Ein literaturpsychologischer Versuch über Theodor Storm. In: Euphorion 73, S. 410–434.

KAISER, GERHARD R., 1988: E.T.A. Hoffmann. Stuttgart.

KAISER, HARTMUT, 1977: Betrachtungen zu den neapolitanischen Wasserspielen in Mörikes Mozartnovelle. In: Jahrbuch des Freien Deutschen Hochstifts 1977, S. 364–400.

KANT, IMMANUEL, 1983: Werke in sechs Bänden. Hg. von Wilhelm Weischedel. Darmstadt.

KANZOG, KLAUS, 1964: E.T.A. Hoffmanns Erzählung ›Das Fräulein von Scuderi‹ als Kriminalgeschichte. In: Mitteilungen der E.T.A. Hoffmann-Gesellschaft 11, S. 1–11, wieder abgedruckt in: Prang, Helmut (Hg.), 1976: E.T.A. Hoffmann. Darmstadt, S. 307–321.

KASTNER, PAUL MARQUARD, 1973: Domestizierte Kreativität. Kritik einer Illusion. Starnberg.

KEDROV, B.M., 1966/67: On the Question of the Psychology of Scientific Creativity (on the Occasion of the Discovery by D.J. Mendeleev of the Periodic Law). In: Soviet Psychology and Psychiatry 5/2, S. 18–37.

KITTLER, FRIEDRICH A./TURK, HORST (Hg.), 1977: Urszenen. Literaturwissenschaft als Diskursanalyse und Diskurskritik. Frankfurt/M.

KLEIST, HEINRICH VON, [6]1977: Sämtliche Werke und Briefe. 2 Bde. Hg. von Helmut Sembdner. München.

KLIBANSKY, RAYMOND/PANOFSKY, ERWIN/SAXL, FRITZ, 1989 (engl. 1964): Saturn und Melancholie (Saturn and Melancholy. Studies in the History of Natural Philosophy, Religion and Art). Frankfurt/M.

KOKSIMIES, RAFAEL, 1959: Die Theorie der Novelle. In: Orbis Litterarum 14, S. 65–88.

KOLKENBROCK-NETZ, JUTTA, 1985: Wahnsinn der Vernunft – juristische Institution – literarische Praxis. Das Gutachten zum Fall Schmolling und die Erzählung »Der Einsiedler Serapion« von E.T.A. Hoffmann. In: Wege der Literaturwissenschaft. Hg. von J. Kolkenbrock-Netz, Gerhard Plumpe, Hans Joachim Schrimpf. Bonn, S. 122–144.

KOOPMANN, HELMUT, 1975: Thomas Mann. Konstanten seines literarischen Werks. Göttingen.

KOSELLECK, REINHARD u.a. (Hg.), 1982: Formen der Geschichtsschreibung. München.

KREUTZER, HANS-JOACHIM, 1968: Die dichterische Entwicklung Heinrichs von Kleist. Untersuchungen zu seinen Briefen und zu Chronologie und Aufbau seiner Werke. Berlin.

KRUSE, PETER, 1988: Stabilität – Instabilität – Multistabilität. Selbstorganisation und Selbstreferentialität in kognitiven Systemen. In: Delfin, 6/XI, S. 35–37.

KUHN, THOMAS, [2]1976 (engl. 1962): Die Struktur wissenschaftlicher Revolutionen (The Structure of Scientific Revolutions). Frankfurt/M.

KUNZ, JOSEF (Hg.), 1973: Novelle. Darmstadt.

Kurzke, Hermann, 1985: Thomas Mann. Epoche – Werk – Wirkung. München.

Laage, Karl Ernst, 1967: Theodor Storm und Iwan Turgenjew. Persönliche und literarische Beziehungen. Einflüsse, Briefe, Bilder. Heide.

Laage, Karl Ernst, 1985: Theodor Storm. Studien zu seinem Leben und Werk mit einem Handschriftenkatalog. Berlin.

Laserstein, Käte, 1931: Die Gestalt des bildenden Künstlers in der Dichtung. Berlin, Leipzig.

Lausberg, Heinrich, 91987 (1963): Elemente der literarischen Rhetorik. München.

Lehmann, Günther K., 1966: Phantasie und künstlerische Arbeit. Betrachtungen zur poetischen Phantasie. Berlin und Weimar.

Lehmann, Hans-Thies, 1979: Exkurs über E.T.A. Hoffmanns ›Sandmann‹. Eine texttheoretische Lektüre. In: Romantische Utopie – Utopische Romantik. Hg. von Gisela Dischner und Richard Faber. Hildesheim, S. 301–323.

Lessing, Gotthold Ephraim, 1967: Werke. Hg. von Kurt Wölfel. Frankfurt/M.

Liede, Alfred, 1963: Dichtung als Spiel: Studien zur Unsinnspoesie an den Grenzen der Sprache. Berlin.

Lohmeier, Fritz, 1985: Bisoziative Ideenerfindung. Erforschung und Technisierung kreativer Prozesse. Frankfurt/M., Bern, New York, Nancy.

Luhmann, Niklas, 1984: Soziale Systeme. Grundriß einer allgemeinen Theorie. Frankfurt/M.

Luhmann, Niklas, 1986: Das Kunstwerk und die Selbstreproduktion der Kunst. In: Stil. Geschichten und Funktionen eines kulturwissenschaftlichen Diskurselements. Hg. von Hans Ulrich Gumbert und K. Ludwig Pfeiffer unter Mitarbeit von Armin Biermann u.a. Frankfurt/M., S. 620–672.

Luhmann, Niklas, 1988: Über Kreativität. In: Gumbrecht, Hans Ulrich, 1988: Kreativität – ein verbrauchter Begriff? München, S. 13–19.

Lukács, Georg, 1971 [1911]: Die Seele und die Formen. Essays. Neuwied und Berlin.

Likács, Georg, 21974 [1920]: Die Theorie des Romans. Ein geschichtsphilosophischer Vesuch über die Formen der großen Epik. Neuwied und Berlin.

Mainusch, Herbert, 1969: Romantische Ästhetik. Untersuchungen zur englischen Kunstlehre des späten 18. und frühen 19. Jahrhunderts. Bad Homburg, Berlin, Zürich.

Mann, Thomas, 1961: Briefe 1889–1936 hg. von Erika Mann. Frankfurt/M.

Mann, Thomas, 21974: Gesammelte Werke in dreizehn Bänden. Frankfurt/M.

Mann, Thomas, 1980: Doktor Faustus. Das Leben des deutschen Tonsetzers Adrian Leverkühn erzählt von einem Freunde. (= Gesammelte Werke in Einzelausgaben. Frankfurter Ausgabe. Hg. von Peter de Mendelssohn). Frankfurt/M.

Mann, Thomas, 1981: Frühe Erzählungen. (= Gesammelte Werke in Einzelausgaben. Frankfurter Ausgabe. Hg. von Peter de Mendelssohn). Frankfurt/M.

MANN, THOMAS – HEINRICH MANN, 1984: Briefwechsel 1900–1949. Hg. von Hans Wysling. Frankfurt/M.

MARBACHER SCHILLERBUCH, 1905. Hg. vom Schwäbischen Schillerverein. Berlin, Stuttgart 1905.

MARCUSE, HERBERT, 1978 (1922): Der deutsche Künstlerroman. In: Schriften. Bd. 1, Frankfurt/M.

MARCUSE, HERBERT, [4]1978 (engl. 1969): Versuch über die Befreiung (An Essay on Liberation). Frankfurt/M.

MARCUSE, HERBERT, [17]1982 (engl. 1964): Der eindimensionale Mensch. Studien zur Ideologie der fortgeschrittenen Industriegesellschaft (The One-Dimensional Man. Studies in the Ideology of Advanced Industrial Society). Darmstadt, Neuwied.

MATT, PETER VON, 1971: Die Augen des Automaten. E.T.A. Hoffmanns Imaginationslehre als Prinzip seiner Erzählkunst. Tübingen.

MATURANA, HUMBERTO R., [2]1985: Erkennen: Die Organisation und Verkörperung von Wirklichkeit. Ausgewählte Arbeiten zur biologischen Epistemologie. Braunschweig, Wiesbaden.

MATURANA, HUMBERTO R., 1987 (1978): Kognition. In: S.J. Schmidt (Hg.), 1987: Der Diskurs des Radikalen Konstruktivismus. Frankfurt/M., S. 89–118.

MAYER, BIRGIT, 1987: Eduard Mörike. Stuttgart.

MEHRING, FRANZ, 1961: Gesammelte Schriften. Hg. von Thomas Höhle, Hans Koch und Josef Schleifstein. Berlin.

MENNINGHAUS, WINFRIED, 1986: Schwellenkunde. Walter Benjamins Passage des Mythos. Frankfurt/M.

MEYER, HERBERT, 1950: Eduard Mörike. Stuttgart.

MEYER, REINHART, 1987: Novelle und Journal. Erster Band: Titel und Normen. Untersuchungen zur Terminologie der Journalprosa, zu ihren Tendenzen, Verhältnissen und Bedingungen. Stuttgart.

MÖRCHEN, HERMANN, 1930: Die Einbildungskraft bei Kant. In: Jahrbuch für philosophische und phänomenologische Forschung 11, S. 311–488.

MÖRIKE, EDUARD, 1941: Unveröffentlichte Briefe. Hg. von Friedrich Seebaß. Stuttgart.

MÖRIKE, EDUARD, 1959: Sämtliche Werke. Briefe. Ausgabe in drei Bänden. Hg. von Gerhart Baumann in Verbindung mit Siegfried Grosse. Stuttgart.

MÖSER, JUSTUS, o.J. [1945]: Sämtliche Werke. Hist.-krit. Ausgabe in 14 Bdn. Oldenburg, Hamburg.

MOOSLEITNER, PETER, 1987: Der Computer denkt sich eine neue Folge von »Dallas« aus. In: P.M. Computerheft März/April 1987, S. 16–20.

MORITZ, KARL PHILIPP, 1981: Werke in drei Bänden. Hg. von Horst Günther. Frankfurt/M.

MÜLLER, ERNST, 1905: Schiller. Intimes aus seinem Leben. Berlin.

MUNDT, THEODOR, 1969 [1837]: Die Kunst der deutschen Prosa. Ästhetisch, literargeschichtlich, gesellschaftlich. Göttingen [Faksimiledruck nach der Originalausgabe Berlin: Veit und Comp., 1837 – in der Reihe Texte des 19. Jahrhunderts hg. von Walther Killy, mit einem Nachwort von Hans Düvel].

MUNDT, THEODOR, [1845]: Ästhetik. Die Idee der Schönheit und des Kunstwerks im Lichte unserer Zeit. Göttingen [Faksimiledruck nach der Originalausgabe Berlin: Veit & Comp., 1845 – in der Reihe Texte des 19. Jahrhunderts hg. von Walter Killy, mit einem Nachwort von Hans Düvel].

MUSIL, ROBERT, 1978 (1930): Gesammelte Werke in neun Bänden. Hg. von Adolf Frisé, Reinbek bei Hamburg.

NAUMANN, DIETRICH, 1968: Zur Typologie des Kriminalromans. In: Studien zur Trivialliteratur. Hg. von Heinz Otto Burger. Frankfurt/M., S. 225–241.

NEUBUHR, ELFRIEDE (Hg.), 1974: Begriffsbestimmungen des literarischen Biedermeier. Darmstadt.

NEUMANN, GERHARD, 1981: Franz Kafka: »Das Urteil«. Text, Materialien, Kommentar. München, Wien.

NEUMANN, PETER HORST, 1977: Der Preis der Mündigkeit. Über Lessings Dramen. Anhang: Über Fanny Hill. Stuttgart.

NEUMANN, PETER HORST, 1990: Mythen der Inspiration aus den Gründerjahren der Neuen Musik. Hans Pfitzner, Arnold Schönberg und Thomas Mann. In: Festschrift Rudolf Stephan. Laaber, S. 441–457.

NERUDA, PABLO, 1963: Gedichte. Spanisch und deutsch (übers. von Erich Arendt). Frankfurt/M.

NIETZSCHE, FRIEDRICH, 1980: Sämtliche Werke. Kritische Studienausgabe in 15 Bänden hg. von Giorgio Colli und Mazzino Montinari. München, Berlin, New York.

OBERMEIT, WERNER, 1980: »Das unsichtbare Ding, das Seele heißt«. Die Entdeckung der Psyche im bürgerlichen Zeitalter. Frankfurt/M.

O'BRIEN, JUSTIN, 1939: La mémoire involontaire avant Marcel Proust. In: Revue de littérature comparée 1, S. 19–36.

PABST, WALTER, 1949: Die Theorie der Novelle in Deutschland (1920–1940). In: Romanistisches Jahrbuch 2, S. 81–124.

PÄCHT, OTTO, 1979: Kritik der Ikonologie. In: Kaemmerling, Ekkehard (Hg.), 1979: Ikonographie und Ikonologie. Theorien – Entwicklung – Probleme. Köln, S. 353–376.

PANOFSKY, ERWIN/SAXL, FRITZ, 1923: Dürers »Melancolia I«. Eine quellen- und typengeschichtliche Untersuchung. Leipzig und Berlin.

PANOFSKY, ERWIN, 1979 (engl. 1957): Sinn und Deutung in der bildenden Kunst. (Meaning in the Visual Arts). Köln.

PANOFSKY, ERWIN, 1980 (engl. 1939): Studien zur Ikonologie. Humanistische Themen in der Kunst der Renaissance. (Studies in Iconology). Köln.

PASTOR, ECKART, 1988: Die Sprache der Erinnerung. Zu den Novellen von Theodor Storm. Frankfurt/M.

PETERS, GÜNTER, 1982: Theorie der literarischen Produktion. In: Erkenntnis der Literatur. Theorien, Konzepte, Methoden der Literaturwissenschaft. Hg. von Dietrich Harth und Peter Gebhardt. Stuttgart, S. 56–78.

PFOTENHAUER, HELMUT, 1982: Exoterische und esoterische Poetik in E.T.A. Hoffmanns Erzählungen. In Jahrbuch der Jean-Paul-Gesellschaft 17, S. 129–144.

PFOTENHAUER, HELMUT, 1985: Die Kunst als Physiologie. Nietzsches ästhetische Theorie und literarische Produktion. Stuttgart.

PIETSCH, LUDWIG, ²1943: Blätter der Freundschaft. Aus dem Briefwechsel zwischen Theodor Storm und Ludwig Pietsch. Hg. von Volquart Pauls. Heide.

PIKULIK, LOTHAR, 1979: Romantik als Ungenügen an der Normalität. Am Beispiel Tiecks, Hoffmanns und Eichendorffs. Frankfurt/M.

PÖRNBACHER, KARL (Hg.), 1976: Eduard Mörike: ›Mozart auf der Reise nach Prag‹. Erläuterungen und Dokumente. Stuttgart.

POINCARÉ, HENRI, 1914: Wissenschaft und Methode. Leipzig.

POLHEIM, KARL KONRAD, 1954: Der künstlerische Aufbau von Mörikes Mozartnovelle. In: Euphorion 48, S. 41–70.

POLHEIM, KARL KONRAD, 1964: Novellentheorie und Novellenforschung. Ein Forschungsbericht 1945–1963. In: DVjs 38, S. 208–316.

POST, KLAUS D., 1976: Kriminalgeschichte als Heilsgeschichte. Zu E.T.A. Hoffmanns Erzählung ›Das Fräulein von Scuderi‹. In: ZfdPh 96, S.H.: E.T.A. Hoffmann, S. 132–156.

PRANG, HELMUT (Hg.), 1976: E.T.A. Hoffmann. Darmstadt.

PREISER, SIEGFRIED, 1976: Kreativitätsforschung. Darmstadt.

REITMAN, W.R., 1965: Cognition and Thought. New York.

REUCHLEIN, GEORG, 1986: Bürgerliche Gesellschaft, Psychiatrie und Literatur. Zur Entwicklung der Wahnsinnsthematik in der deutschen Literatur des späten 18. und frühen 19. Jahrhunderts. München.

RIES, WIEBRECHT, 1987: Franz Kafka. München, Zürich.

RILKE, RAINER MARIA, 1950: Briefe. Hg. von Karl Altheim in Verbindung mit Ruth Sieber-Rilke im Auftrag des Rilke-Archivs in Weimar. Wiesbaden.

RUBINSTEIN, SERGEJ LEONIDOWISCH, ⁶1968 (1946): Grundlagen der allgemeinen Psychologie. Berlin/DDR.

RÜSEN, JÖRN, 1982: Die vier Typen des historischen Erzählens. In: Formen der Geschichtsschreibung. Hg. von Reinhard Koselleck u.a. München, S. 514–605.

RUSCH, GEBHARD, 1987: Erkenntnis, Wissenschaft, Geschichte. Von einem konstruktivistischen Standpunkt. Frankfurt/M.

RYAN, MARIE-LAURE, 1988: The Heuristics of Automatic Story Generation. In: poetics 17/3–4.

SAFRANSKI, RÜDIGER, 1984: E.T.A. Hoffmann. Das Leben eines skeptischen Phantasten. München.

SANDBERG, HANS-JOACHIM, 1965: Thomas Manns Schiller-Studien. Eine quellenkritische Untersuchung. Oslo.

SCHELLING, FRIEDRICH WILHELM JOSEPH VON, 1967: Ausgewählte Werke. Schriften von 1799–1801. Darmstadt (= Neudruck der Ausgabe von 1858/59).

SCHELLING, FRIEDRICH WILHELM JOSEPH VON, 1960: Philosophie der Kunst. Darmstadt (= Neudruck der Ausgabe von 1859).

SCHILLER, FRIEDRICH – JOHANN WOLFGANG VON GOETHE, 1984: Der Briefwechsel zwischen Schiller und Goethe. 3 Bde. Hg. von Siegfried Seidel. München.

Schings, Hans-Jürgen, 1977: Melancholie und Aufklärung. Melancholiker und ihre Kritiker in Erfahrungsseelenkunde und Literatur des 18. Jahrhunderts. Stuttgart.

Schings, Hans-Jürgen, 1980: Der anthropologische Roman. Seine Entstehung und Krise im Zeitalter der Spätaufklärung. In: Studien zum achtzehnten Jahrhundert. Hg. von der deutschen Gesellschaft für Erforschung des 18. Jahrhunderts. Bd. 2/3. München, S. 247–275.

Schirner, Michael, 1988: Werbung ist Kunst. München.

Schlegel, August Wilhelm, 1965: Kritische Schriften und Briefe. Hg. von Edgar Lohner. Stuttgart.

Schlegel, Friedrich, 1980: Literarische Notizen 1797–1801. Hg., eingeleitet und kommentiert von Hans Eichner. Frankfurt/M., Berlin, Wien.

Schmidt, Jochen, 1985: Die Geschichte des Genie-Gedankens in der deutschen Literatur, Philosophie und Politik 1750–1945. 2 Bde. Darmstadt.

Schmidt, Siegfried J., 1980/1982: Grundriß der Empirischen Literaturwissenschaft. Teilband 1: Der gesellschaftliche Handlungsbereich Literatur. Teilband 2: Zur Rekonstruktion literaturwissenschaftlicher Fragestellungen in einer Empirischen Theorie der Literatur. Braunschweig, Wiesbaden.

Schmidt, Siegfried J. & Reinhard Zobel, 1983: Empirische Untersuchungen zu Persönlichkeitsvariablen von Literaturproduzenten. Braunschweig, Wiesbaden.

Schmidt, Siegfried J. (Hg.), 1987: Der Diskurs des Radikalen Konstruktivismus. Frankfurt/M.

Schmidt, Siegfried J., 1987: Skizze einer konstruktivistischen Mediengattungstheorie. In: Siegener Periodicum zur Internationalen Empirischen Literaturwissenschaft 6/2. S. 163–205.

Schmidt, Siegfried J., 1988: Kreativität aus der Beobachterperspektive. In: Gumbrecht, Hans Ulrich, 1988: Kreativität – ein verbrauchter Begriff? München, S. 33–51.

Schneider, Peter, 1980: Verbrechen, Künstlertum und Wahnsinn. Untersuchungen zur Figur des Cardillac in E. T. A. Hoffmans ›Fräulein von Scuderi‹. In: Mitteilungen der E. T. A. Hoffmann-Gesellschaft 26, S. 34–50.

Schnotz, Wolfgang, 1985: Elementaristische und holistische Theorieansätze zum Textverstehen. Tübingen: Typoskript (= Forschungsbericht 35 des Deutschen Instituts für Fernstudien an der Universität Tübingen).

Schönhaar, Rainer, 1969: Novelle und Kriminalschema. Ein Strukturmodell deutscher Erzählkunst um 1800. Bad Homburg, Berlin, Zürich.

Schröder, Rolf, 1970: Novelle und Novellentheorie in der frühen Biedermeierzeit. Tübingen.

Schubert, Gotthilf Heinrich von, [4]1862: Die Symbolik des Traumes. Leipzig.

Schunicht, Manfred, 1960: Der »Falke« am »Wendepunkt«. Zu den Novellentheorien Tiecks und Heyses. In: GRM 41, S. 41–65.

Schuster, Ingrid, 1971: Theodor Storm. Die zeitkritische Dimension seiner Novellen. Bonn.

SEGEBERG, HARRO, 1985: Ferdinand Tönnies ›Gemeinschaft und Gesellschaft‹ und Theodor Storms Erzählwerk. Zur literarischen Spiegelung eines Epochenumbruchs. In: DVjs 59, S. 474–496.

SEGEBRECHT, WULF, 1967 a: Autobiographie und Dichtung. Eine Studie zum Werk E.T.A. Hoffmanns. Stuttgart.

SEGEBRECHT, WULF, 1967 b. E.T.A. Hoffmanns Auffassung vom Richteramt und vom Dichterberuf. Mit unbekannten Zeugnissen aus Hoffmanns juristischer Tätigkeit. In: Jahrbuch der deutschen Schillergesellschaft 11, S. 62–138.

SEMBDNER, HELMUT (Hg.), 1984: Heinrich von Kleists Lebensspuren. Dokumente und Berichte der Zeitgenossen. Frankfurt/M.

SENGLE, FRIEDRICH, 1972/1980: Biedermeierzeit. Deutsche Literatur im Spannungsfeld zwischen Restauration und Revolution 1815–1848. 3 Bde. Stuttgart.

SHAFFER, PETER, 1982 (engl. 1980): Amadeus. Frankfurt/M.

SLESSAREV, HELGA, 1961: Der Abgrund der Betrachtung. Über den schöpferischen Vorgang bei Mörike. In: German Quarterly 34, S. 41–49.

SLOTERDIJK, PETER, 1983: Kritik der zynischen Vernunft. 2 Bde. Frankfurt/M.

SPIELHAGEN, FRIEDRICH, 1967 [1883]: Beiträge zur Theorie und Technik des Romans. Göttingen [Faksimiledruck nach der 1. Auflage Leipzig: Staackmann, 1883 – in der Reihe Texte des 19. Jahrhunderts, hg. von Walther Killy, mit einem Nachwort von Hellmuth Himmel].

STAIGER, EMIL, [5]1967 (1955): Die Kunst der Interpretation. Studien zur deutschen Literaturgeschichte. Zürich.

STAROBINSKI, JEAN, 1960: Geschichte der Melancholiebehandlung von den Anfängen bis 1900. Basel.

STEINKE, MARTIN WILLIAM, 1917: Edward Youngs »Conjectures on Original Composition« in England and Germany. A Study in Literary Relations. New York.

STEINMETZ, HORST, 1969: Eduard Mörikes Erzählungen. Stuttgart.

STEINMETZ, HORST, 1983: Historisch-strukturelle Rekurrenz als Gattungs-/Textsortenkriterium. In: Textsorten und literarische Gattungen. Dokumentation des Germanistentages in Hamburg vom 1. bis 4. April 1979. Hg. vom Vorstand der Vereinigung der deutschen Hochschulgermanisten. Berlin, S. 68–88.

STORM, THEODOR, 1958: Werke. Gesamtausgabe in drei Bänden. Hg. von Hermann Engelhard. Stuttgart.

STORM, THEODOR, 1972: Briefe. Hg. von Peter Goldammer. 2 Bde. Berlin und Weimar.

STORM, THEODOR – HARTMUTH und LAURA BRINKMANN, 1986: Briefwechsel. Kritische Ausgabe in Verbindung mit der Theodor-Storm-Gesellschaft hg. von August Stahl. Berlin.

STORM, THEODOR, 1987f.: Sämtliche Werke in vier Bänden. Hg. von Karl Ernst Laage und Dieter Lohmeier. Frankfurt/M.

STUCKERT, FRANZ, 1955: Theodor Storm. Sein Leben und seine Welt. Bremen.

STRUBE, WERNER, 1982: Die komplexe Logik des Begriffs »Novelle«. Zur

Problematik der Definition literarischer Gattungsbegriffe. In: GRM 32, S. 379–386.

Strube, Werner, 1988: Sprachanalytisch-philosophische Typologie literaturwissenschaftlicher Begriffe. In: Wagenknecht, Christian (Hg.), 1988: Zur Terminologie der Literaturwissenschaft. Akten des IX. Germanistischen Symposions der Deutschen Forschungsgemeinschaft Würzburg 1986. Stuttgart, S. 35–49.

Tieck, Ludwig, 1829: Schriften. Berlin.

Ueding, Gert, 1976: Einführung in die Rhetorik. Geschichte – Technik – Methode. Stuttgart.

Ulmann, Gisela, 1968: Kreativität. Neue amerikanische Ansätze zur Erweiterung des Intelligenzkonzepts. Weinheim, Berlin.

Ulmann, Gisela (Hg.), 1973: Kreativitätsforschung. Köln.

Vaget, Hans Rudolf, 1984: Thomas Mann-Kommentar zu sämtlichen Erzählungen. München.

Verweyen, Theodor/Witting, Gunther, 1979: Die Parodie in der neueren deutschen Literatur. Eine systematische Einführung. Darmstadt.

Verweyen, Theodor, 1988: Einführung [Zur Problematik literaturwissenschaftlicher Gattungsbegriffe: Erscheinungen von Interferenz]. In: Zur Terminologie der Literaturwissenschaft. Akten des IX. Germanistischen Symposions der Deutschen Forschungsgemeinschaft Würzburg 1986. Stuttgart, S. 263–273.

Vietta, Silvio, 1986: Literarische Phantasie: Theorie und Geschichte. Barock und Aufklärung. Stuttgart.

Vietta, Silvio, 1988: Raffael-Rezeption in der literarischen Frühromantik: Wilhelm Heinrich Wackenroder und sein akademischer Lehrer Johann Dominicus Fiorillo. In: Geschichtlichkeit und Aktualität. Studien zur deutschen Literatur seit der Romantik. Festschrift für Hans-Joachim Mähl zum 65. Geburtstag. Hg. von Klaus-Detlef Müller u.a. Tübingen.

Vinçon, Hartmut, 1973: Theodor Storm. Stuttgart.

Vischer, Friedrich Theodor, o. J.: Kritische Gänge. Hg. von Robert Vischer. München.

Vischer, Friedrich Theodor, 1857: Ästhetik oder Wissenschaft des Schönen. Dritter Theil. Zweiter Abschnitt. Die Künste. Fünftes Heft: Die Dichtkunst. Stuttgart.

Völker, Ludwig, 1983: »Komm, heilige Melancholie«. Eine Anthologie deutscher Melancholie-Gedichte. Mit Ausblicken auf die europäische Melancholie-Tradition in Literatur- und Kunstgeschichte. Stuttgart.

Voltaire, o. J. [1887]: Das Zeitalter Ludwigs XIV. Deutsch von Robert Habs. 2 Bde. Leipzig.

Vosskamp, Wilhelm, 1989: Der Bildungsroman als literarisch-soziale Institution. Begriffs- und funktionsgeschichtliche Überlegungen zum deutschen Bildungroman am Ende des 18. und Beginn des 19. Jahrhunderts. In: Wagenknecht (Hg.), 1989, S. 337–352.

WACKENRODER, WILHELM HEINRICH, 1984 (1797): Dichtung, Schriften, Briefe. Hg. von Gerda Heinrich. Darmstadt.

WAGENKNECHT, CHRISTIAN (Hg.), 1988: Zur Terminologie der Literaturwissenschaft. Akten des IX. Germanistischen Symposions der Deutschen Forschungsgemeinschaft Würzburg 1986. Stuttgart.

WATZLAWICK, PAUL (Hg.), 1981: Die erfundene Wirklichkeit. München.

WEISS, HERMANN F., 1976: »The Labyrinth of Crime«, A Reinterpretation of E.T.A. Hoffmanns ›Das Fräulein von Scuderi‹. In: The Germanic Review 51, S. 181–189.

WELSCH, WOLFGANG, ²1988: Unsere postmoderne Moderne. Weinheim.

WERMKE, JUTTA, 1987: »Hab a Talent, sei a Genie!« Zur paradoxen Aufgabe der Kreativität. Siegen: Typoskrip der Habilitationsschrift.

WERTHEIMER, MAX, ²1964 (engl. 1945): Produktives Denken (Productive Thinking). Frankfurt/M.

WETZEL, HERMANN H., 1977: Die romanische Novelle bis Cervantes. Stuttgart.

WHITE, HAYDEN, 1973: Metahistory: The Historical Imagination in Nineteenth-Century Europe. Baltimore.

WHITE, HAYDEN, 1986: Auch Klio dichtet oder die Fiktion des Faktischen. Studien zur Tropologie des historischen Diskurses (Tropics of Discurse). Einführung von Reinhart Koselleck. Stuttgart.

WICHMANN, THOMAS, 1988: Heinrich von Kleist. Stuttgart.

WIELAND, CHRISTOPH MARTIN, 1984 (1805): Sämmtliche Werke. Hamburg [= Reprint der Göschen-Ausgabe, Leipzig, 1805].

WIESE, BENNO VON, 1950: Eduard Mörike. Tübingen, Stuttgart.

WIESE, BENNO VON, 1956/1962: Die deutsche Novelle von Goethe bis Kafka. Interpretationen. 2 Bde. Düsseldorf.

WINSTON, RICHARD, 1985: Thomas Mann. Das Werden eines Künstlers 1875 bis 1911. München und Hamburg.

WITTGENSTEIN, LUDWIG, 1960: Tractatus logico-philosophicus. Tagebücher 1914–1916. Philosphische Untersuchungen. Frankfurt/M.

WÜHRL, PAUL-WOLFGANG, 1982: Madame kann nicht sterben. In: Mitteilungen der E.T.A. Hoffmann-Gesellschaft 28, S. 85–87.

WYSLING, HANS (Hg.), 1973: Notizen zu Felix Krull, Friedrich, Königliche Hoheit, Versuch über das Theater, Maja, Geist und Kunst. Ein Elender, Betrachtungen eines Unpolitischen, Doktor Faustus und anderen Werken. Heidelberg.

WYSLING, HANS (Hg. unter Mitwirkung von Marianne Fischer), 1975: Thomas Mann (= Dichter über ihre Dichtungen, Bd. 14). München.

YOUNG, EDWARD, 1977: Gedanken über die Original-Werke (aus dem Englischen von H.E. von Teubern). Heidelberg [= Faksimiledruck der dt. Ausgabe von 1760, mit einem Nachwort und einer Dokumentation zur Wirkungsgeschichte in Deutschland von Gerhard Sauder; in: Deutsche Neudrucke, Reihe: Goethezeit, hg. von Arthur Henkel].

ZIMORSKI, WALTER (Hg.), 1988: Theodor Storm. Studien zur Kunst- und Künstlerproblematik. Bonn.

Personenregister

(erstellt von Susanne Mayer)